# 叶秀山全集

[第十二卷]

叶秀山 著

江苏人民出版社

图书在版编目(CIP)数据

叶秀山全集.第十二卷/叶秀山著.—南京：江苏人民出版社,2019.11
ISBN 978-7-214-16641-8

Ⅰ.①叶… Ⅱ.①叶… Ⅲ.①哲学—文集 Ⅳ.①B-53

中国版本图书馆 CIP 数据核字(2019)第 193363 号

| | |
|---|---|
| 书　　　名 | 叶秀山全集・第十二卷 |
| 著　　　者 | 叶秀山 |
| 责 任 编 辑 | 陈　颖 |
| 责 任 校 对 | 薛耀华 |
| 责 任 监 制 | 王列丹 |
| 出 版 发 行 | 江苏人民出版社 |
| 出版社地址 | 南京市湖南路 1 号 A 楼,邮编：210009 |
| 出版社网址 | http://www.jspph.com |
| 排　　　版 | 南京展望文化发展有限公司 |
| 印　　　刷 | 苏州市越洋印刷有限公司 |
| 开　　　本 | 718 毫米×1000 毫米　1/16 |
| 印　　　张 | 22.25　插页 6 |
| 字　　　数 | 346 千字 |
| 版　　　次 | 2019 年 11 月第 1 版　2019 年 11 月第 1 次印刷 |
| 标 准 书 号 | ISBN 978-7-214-16641-8 |
| 定　　　价 | 104.00 元 |

(江苏人民出版社图书凡印装错误可向承印厂调换)

# 《叶秀山全集》出版说明

叶秀山先生遽然仙逝后，在他亲属和学生们的支持下，我们决定出版《叶秀山全集》，以永远缅怀他卓越的学术成就，延续和光大他的学术理念与思想事业。本次出版遵循如下原则：

一、只收录已经公开出版或发表的作品，其余作品（如手稿、书信等）以后择机再出续集。

二、各卷按照时间顺序收录已出版的著作（包括文集）。未收入已出版著作中但又公开发表的文章，按发表时间顺序分类收入最后两卷。

三、已出版的文集类著作中与之前著作收文重复者，只存目，但让《永恒的活火》和《启蒙与自由》二书保持完整收录。

四、编辑过程中，尽量尊重原出版物原貌，只作最小程度的技术处理。

我们向参与具体编校工作的叶先生的学生们，以及为全集的编辑出版提供各种帮助的朋友们表示感谢！

江苏人民出版社

2019年7月

# 目 录

## 散文随笔补遗

美学讨论中的主要分歧 003
从"味儿"想到的 008
可以更集中一些 010
戏剧的精炼及其他 012
漫谈京剧的派别 014
京剧音韵杂谈 017
杂谈戏曲表演程式 021
谈"字正腔圆" 025
为庆祝建院十周年而公布一份答卷 028
一个难度很大的研究课题 030
我读古书的几则笔记 033
哲学作为交叉学科的关节点 038
六十岁的祈祷 040
哲学的"回忆"与哲学的"希望" 047
世纪寄语书法艺术 055
提高什么 056
徐慕云《梨园影事》及其他 058
仍在路上 061

做哲学的辛苦 064

哲学：多读多思 069

关于"纯粹哲学" 074

于奇智《凝视之爱》之序 086

发扬中华文明传统 促进人文社会科学 091

走出自己与保存自己 094

沉思在这片土地上 097

哲学何所"思" 113

哲学与科学的历史互动 115

做学问不可急功近利 117

我的"金钱"观之变迁 120

坚守学术岗位 126

治学须扬长补短 128

答程炼 130

"移步不换形"之"形"的深层意义 132

一元大始——《学术家园》新年寄语 139

说谭论马 141

从纯粹的学问到真实的事物——"纯粹哲学丛书"改版序 146

德国古典哲学对中国哲学研究的意义 154

有"流行"才成流派 159

读《世界哲学》双月刊 162

为新时代哲学发展努力工作——改革开放30年西方哲学史研究
　　感想 165

"书"的生命与"读书-写书" 171

不知说些什么的大学生活 175

《美的哲学》重订本前言 182

学术研究与学术行政 190

## 访谈演讲补遗

与叶秀山先生谈书法 197

无尽的学与思——访著名学者叶秀山研究员 207

尼采在西方哲学中的地位 213

人,诗意的栖居 224

哲学的意义 227

作为精神家园的哲学 242

哲学中的贯通精神 262

学无止境 275

抓住中国哲学发展的机遇——访中国社会科学院研究员
　叶秀山 285

叶秀山:仁者寿,仁者无忧 290

西方哲学与西方精神 298

爱自由的学问 302

《叶秀山全集》总目 311

叶秀山作品全目 314

| 散文随笔补遗 |

## 美学讨论中的主要分歧[*]

近年来，我国美学问题的讨论已大大地活跃起来了，直接引起这个问题讨论的，是对朱光潜过去的文艺思想的批判，而就目前讨论情况看来，显然已超出了这个范围。朱光潜在 1956 年 6 月 30 日的《文艺报》上发表了一篇自我批判的文章，对他过去以"文艺心理学"一书为代表的美学思想作了认真的批判；同时他对"移情说"、"距离说"也作了保留。此后，就陆续有一些文章发表，作者都提出了个人一些不同的看法。其中一部分文章《文艺报》编辑部已编成专集出版（已出两集），其他散见于《新建设》、《学术月刊》等杂志。这种盛况，不能不归功于我们党的"百花齐放、百家争鸣"的英明方针。

就目前发表的文章来看，美学问题的讨论主要集中在"美的实质"这个基本问题上。现在的意见大致分成三种：一种认为美是客观的，一种认为美是主观的，另一种则认为美是主客观的统一。

蔡仪很早就批判了朱光潜过去的美学思想，指出"形象直觉"等学说是反动的主观唯心论的美学观点，同时也发挥了他自己的见解。他的"新美学"可以说是在我国试图用马列主义观点来阐释美学问题的第一本书。在这本书里蔡仪坚持美是客观存在的，是一种物的自然属性，是一种典型。在《评〈食利者的美学〉》（《人民日报》，1956.12.1）及《论美学上的唯物主义和唯心主义的根本分歧》（《北大学报（人文科学版）》1956，第四期），蔡仪仍然坚持"新

---

[*] 原载《哲学社会科学动态》1958 年第 1 期。

美学"的论点；可是蔡仪的美学体系，特别是他的"美是典型"说，已有不少人提出不同的意见。

朱光潜并不完全同意蔡仪对他的批判，他在自我批判的同时，也试图用马列主义观点来考察美学现象，他所得出的结论和蔡仪是完全不同的。他在1956年12月25日《人民日报》上发表了一篇题为《美学怎样才能既是唯物的又是辩证的》的文章，批评了蔡仪的美学观点，初步提出了他的"美是主客观统一"的论点。他认为蔡仪的观点唯物是唯物了，但不够辩证，在朱光潜看来，蔡仪忽视了美的本质中的主观作用。他的观点，最近在《哲学研究》（1957年第4期）的文章（《论美是主观和客观的统一》）里说得比较系统。他认为，他与反对他的观点的人的最主要的分歧点就在于他重视了"文艺是一种意识形态或上层建筑"这个马克思主义原理，他断定美是一种社会意识形态，因而是主客观的统一。

为了论证自己的观点，朱光潜在这篇文章里提出了一个新的"论据"。他认为列宁的反映论，不适合于美学领域，而必须加上"文艺是一种意识形态或上层建筑"的理论，好像这两者有什么不可克服的矛盾似的。接着，他把反映分成了两种，一种是科学式的反映，一种是意识形态式的反映，前者可以全无主观成分，后者则由主观成分决定，而美就是属于后者的，所以美是主客观的统一。必须指出，朱光潜一方面反对把列宁的反映论运用到艺术领域里，另一方面，他的"两种反映论"，据说又在列宁的言论中找到了根据。原来列宁在《唯物论与经验批判论》里说过这样一句话："一句话，任何观念形态都是历史地有条件的，可是任何科学的观念形态（例如，与宗教的观念形态不同的）符合于客观真理、绝对自然，这是无条件的"。（55年版，页123）朱光潜竟认为列宁在这里指的是艺术（以及其他上层建筑）和自然科学的区别，并声称这是目前争论的基本分歧。然而，列宁的话是很清楚的，列宁认为任何意识形态，不管符合客观实在与否，都是一个时期的阶级利益及历史局限所决定的，而科学的、正确的意识形态，却是客观真理。朱光潜在这篇文章里大声斥责反对他的人是歪曲马列主义，可是究竟是谁歪曲了马列主义呢？

朱光潜对美的定义是："美是客观方面某些事物、性质和形状适合主观方面意识形态，可以交融在一起而成为一个完整形象的特质。"（《论美是主观与客观的统一》）为此，他还列了一张美感经验过程的表，因为在他看来，美和美感本来是一个东西。

可是在这篇题为《论美是主观与客观统一》的文章里，朱光潜并没有详细论证"主客观统一"这个命题，更没有论证美和艺术的关系，而只是强调主观的作用，同时特别是他对于列宁的反映论的歪曲，显然是不能容忍的。朱光潜这篇文章是由他在北京师范大学的讲演整理而成的，随后在这个讲台上批评他的观点的是李泽厚，他也把自己的讲演稿整理发表在57年第10期的《学术月刊》上。

李泽厚在这篇文章以前，已经发表两篇文章（《论美感、美和艺术》，《哲学研究》，1956，第5期；《美的客观性和社会性》，《人民日报》，1957.1.9.）批评蔡仪和朱光潜的观点，提出他的"美是社会存在"的论点。

李泽厚和蔡仪一样，主张美是客观的，但他反对蔡仪的"美是物的自然属性"这一论点，认为这是机械唯物论的观点，而他主张美是物的社会属性。为此，他提出一个论点，认为人与自然的关系也是一种客观的社会关系，于是自然物就具有某种社会属性。我们知道，朱光潜在最初批评蔡仪的观点时（《美学怎样才能既是唯物的又是辩证的》）也是从批评蔡仪忽视美的社会属性入手，但朱光潜认为美的社会性在于它的主观性，在于美是主客观的统一，而李泽厚则认为美本身就是一种客观的社会属性。

李泽厚在《美术月刊》的那篇文章（《关于当前美学问题的争论》）里批判朱光潜的观点，说它是康德式的主观唯心论，并对他的"美是社会存在"的论点，作了较详细的论述。他说："我是在一种较广泛的意义上使用'社会存在'这一名辞的，它并不仅指狭隘的社会经济制度，不仅指生产方式生产关系，而是指人们现实生活中一切经济、政治、文化、军事种种社会关系社会事物的客观存在。"接着又说："例如，作为意识形态的艺术，在反映社会基础和现实生活的意义上，我们可以说它是主观的东西；但作为人对客观事物的认识成果可以说它是主客观的统一；（人们任何正确认识，意识在这意义上都可说是主客观的统一）但作为美感的对象作为美，它却又必须说是客观的，即不以人们意志为转移的客观物质的社会存在。"这样就使人产生了疑问，究竟现在分歧在哪里呢？照李泽厚的说法，这种分歧好像只是提问题的角度不同而已，并不是什么实质的争论了。艺术品作为产品存在，也是客观物质存在（如一部书，一尊像等），但作为它的实质，却是第二性的，是上层建筑。

但是，主张美是客观的（不论蔡仪或李泽厚）都没有明确地回答"究竟客观具有怎样的属性才能是美"这个问题。这就需要深入了解无产阶级的审美观点，深入工农生活，才能发掘客观美的本质属性的特点。

也有一些人认为美是纯粹主观的，高尔太在《新建设》发表的两篇文章（1957.2《论美》；1957.7《论美感的绝对性》）就是极力鼓吹"美是主观的"。但是高尔太的文章根本不打算用马列主义的观点去考察美学问题，而且他有许多论点，已经超出了美学问题的范围，例如"任何客观条件，都必须有主观条件作基础，否则它就不成条件"、"正是由于它缺少了一个心理条件，其他的条件都失去意义了，因为它们的意义都是在心理条件上建立起来的"等等（均见《论美感的绝对性》）。不言而喻，这种观点显然是露骨的主观唯心论。

吕荧也是主张美是主观的。吕荧是第一个批评蔡仪的"新美学"的，早在1953年第16、17两期《文艺报》上他已提出他的"美是观念"说，并说蔡仪的"美是客观的"、"美是典型"等等是黑格尔的绝对观念，是唯心论。在最近发表在《人民日报》的文章（《美是什么》，《人民日报》，1957.12.3.）里，他把"美是观念"的提法改成"美是社会意识"；可是他却反对朱光潜"美是主客观的统一"说，认为它只说到美的认识，没有说到美的本质。可以看到，他反对朱光潜的说法是没有力量的，果然，紧接着他又说："美的观念（即审美观），一如任何第二性现象的观念，它是第一性现象的反映，是由客观所决定的主观，在它里面，客观性和主观性是统一的。"那末，吕荧又有什么理由反对主客观统一说呢？

其次这篇文章有些地方是不能令人信服的，他不同意"美是物的属性"，他说："如果美是物的属性这就是说，一切的物都具有的一种性质"。这种推论显然是不正确的，因为说红是物的属性，并不一定任何物都是红的。

以上是目前争论的大概情况，其他还有一些问题，如美学的对象，形象思维与逻辑思维的关系等问题的讨论，都还未曾充分展开。现在主要的争论是在美的主客观关系上，美的本质问题上。这种讨论将要沿着理论联系实际的方向继续下去，并且一定会促使马列主义美学的发展。

附记：目前美学讨论发展很快，蔡仪同志在最近《人民日报》、《美术月刊》又发表了两篇文章，本文因时间关系，不能涉及，请读者注意。

## 从"味儿"想到的*

朋友看戏回来,大大称赞某某演员唱得真有"味儿",或问他什么才是"味儿"?你怎么判断他唱得有"味儿"?朋友有点踌躇了,不知怎么回答好。这种现象很普遍,但"味儿"却成了评判演员说、唱方面的艺术标准了。这也有个解释。有人说人在欣赏艺术品(审美、美感)的时候,确有"直觉"之感;或许真有"直觉"之感,但这总不能是朱光潜过去所说的"直觉"吧,所以我们对它的涵义,必须分析清楚,像这样表示美感现象的概念是不是很少呢?我想是不少的。我国古代文艺批评有自己的范畴,古书上用的不少,什么"婉约"、"豪放"等等,它们的区别都很细微,表示了思想的深刻;另外,在我们现代口语中也有不少为人民大众所乐用的文艺批评的概念(各种艺术形式,如戏剧、美术、书法,甚至都有它特殊的概念);可是我们的文艺理论家却只知沿用外国人的概念(这当然也重要),对我国固有的范畴,很少作理论上的分析。

是否这些概念没有内容、不值得研究呢?

就拿"味儿"这个概念来说,要仔细想起来,确有好些问题。譬如,不少人只是孤立地来看"味儿",觉得嗓子好听就是有"味儿";其实嗓子好听只不过是一种生理过程的"快感",快感一般讲是美感的必要条件,但不等于美感。嗓子只是一种自然的声音,它还没有足够的内容。演员练嗓子喊"啊"、"衣"

---

\* 原载《中国戏剧》1958年第3期,署名秋文。

等声音，只是为了打基础，到了台上绝不能只嚷"啊"、"衣"、"喔"了。一出严肃的戏，唱得嘻皮笑脸，嗓子再好听也没有"味儿"。由此可见，"味儿"必须是嗓子和内容的统一。成功的演员都很注意角色在特定环境下的感情。杨宝森唱"伍子胥"，悲剧气氛很够。一声"马来"（"昭关"），确是愁云满台，相当有"味儿"；但到后来，特别是道白，就显得全无刚气，没有"落魄英雄"的气概了。这不是天赋问题，而是体会问题。

"味儿"还有一个重要条件，就是"字正腔圆"，但我们也不能孤立地看吐字、行腔，这些都有生活根据，从而也有艺术根据。戏剧语言不同于生活语言，但又是在生活语言的基础上加工的。古典戏曲的吐字，都是忠实于剧情的（也就是忠实于生活），譬如武生的吐字和老生、青衣的就不同。花脸吐字更是有许多特点，鼻音很重，有些该为"人辰"辙的可念成"中东"辙，显得鲁莽。至于"腔圆"，更必须与感情相结合，它是字音在感情基础上的夸张。什么地方用西皮，什么地方用二簧，都有一定的道理。

于是我们看到"味儿"就不仅是嗓子好听的纯粹快感，而是字音、腔调、感情的统一，它就有了内容，成了美学概念了。

研究这些概念，对文艺理论家、美学家来说，可以深入了解我们民族的美感的特点，找出一般规律，丰富马列主义美学；另一方面对提高表演艺术和欣赏、审美能力，指导艺术实践，都有极大的好处。

## 可以更集中一些*

《赤壁之战》的改编，我满意的是保留了原剧的菁华，而且在许多重要人物的性格上，有了更进一步的刻划。但是，我感到改编以后的演出中，也还有一些值得讨论的问题，提出来和大家商量。

京剧《赤壁之战》一般说来，比较散些，演出时间占四个半小时左右，似乎太长了些。当然，好戏不在长短，散不散也不在时间上。为什么感到有点散呢？我想，这里可能有个创作思想问题。从一些已经发表的文章来看，改编者是想在这个剧中刻划一系列的英雄人物：诸葛亮、周瑜、鲁肃、黄盖、刘备、曹操；同时还要着力描写张昭、蒋干等人。这样力量是否就分散了一些？在短短几小时内，要想充分表现这样一些人物确是有困难的。改编者想在每个人物身上都用很大的力量，结果反而平均使用了力量，使得中心人物不突出，反给一些次要的场面和人物遮盖过去了。这是一个问题。还有一个问题是，我们用什么方法来刻划人物性格呢？在改编者看来，好像就是给这个人物加几场戏。这当然是一个办法，但不是唯一的办法，甚至不一定是最好的办法。因为如果使一些不太主要的人物的戏太多了，主要人物的戏就会相对减少。这就是人物不突出的原因。不少同志觉得《壮别》那场戏不错，演员表演也很好，但就是和全剧的有机联系少了点，使人有一种多余的感觉。改编者可能是想使黄盖这个人物更丰满些。我觉得，这个戏刻划的人物本来就很多，在这种情况下，刻

---

\* 原载《戏剧报》1959年第2期，署名秋文。

划黄盖的性格不一定要加戏。我们知道,戏剧舞台上不乏这样的例子,有的角色在整个舞台上不占主要地位,甚至只有一场戏、一句话,但就是这样一场戏、一句话,如果戏写得好,演员演得好,也能刻划这个人物。因此,像黄盖这个人物,在《赤壁之战》中不一定需要那样大的篇幅去刻划(当然,这并不妨碍他在别的戏里可以成为主角);如果要加强对黄盖的描写,我觉得可以在《打盖》这场去设法丰富他的形象。

在以后演出中,整个戏是否可以再集中些、更突出些?

## 戏剧的精炼及其他*

在戏曲舞台上,一切好戏对观众的感染,主要是依靠剧目本身的思想性、艺术性和演员的表演,布景只能起衬托作用。舞台布置的浪费,不仅造成经济上的损失,而且对艺术是有害无益的,联系到现在我们勤俭办一切事业(当然包括戏剧事业)的方针,节俭办戏剧不仅在经济上可以节约一大笔开支,而且对戏剧艺术的发展,提高艺术水平,也有极大的意义。

的确,一切浪费、浮华都是和艺术的本性格格不入的。艺术要求的是精炼,特别是戏剧艺术;要在一定的时间、空间内,表现超出这时空范围好几倍(甚至千百倍)的故事情节,如果不求精炼,是不可想象的。我们做任何事情都是这样:要取得一些东西,必须要舍弃一些东西;要突出一些东西,必须缩减一些东西。我们的优秀古典作品绝不把精力浪费在无谓的笔墨上。《三国演义》总是把人物在途中的情况略去不提或一笔带过,因为不过是一些晓行夜宿、饥餐渴饮之类,没有什么可写的,古典戏曲更是一个"圆场"(或"过场")就是几千里路。我们看《打渔杀家》里,倪荣、李俊上场,萧恩在船头纳凉,此时萧恩没戏,就应坐在那里别动,因为李俊、倪荣正在那里唱"闲来无事江边游",如果你觉得萧恩是主角,在这里也必须表现一番,那末就分散了观众的注意力,观众究竟看谁呢?同样,等到萧恩和郭先生说话,李、倪二人在那儿喝酒也不应乱动或大嚷"干!"因为这时候是萧恩和郭先生的戏。

---

\* 原载《江苏戏曲》1959 年第 7 期,署名秋文。

于是，不难想象，如果布景不是为演员的表演艺术服务，而大搞机关布景、室中飞人，弄得观众眼花缭乱，究竟是看演员的表演呢还是看热闹的布景？

正像亚里士多德说的，戏剧有它自己的目的，机关布景也需要技巧，也能使人愉快；但脱离了表演的机关布景就不是戏剧所需要的那种"自己的、适当的愉快"。

其次，就我国古典戏曲使用繁杂的布景来说，还有一个风格问题，我国古典戏曲的表演艺术是虚拟的写意性的，演员的做、念、唱都有高度的概括性，开门、关门、上马、下马都有加以提炼的动作，如果真门、真马上台那就麻烦了。可以想象，《三岔口》如装上了布景是没法演出的。关于风格问题，还有个例子：我们看《四进士》，宋士杰一出场，念引子、道白等，我们在舞台上看着满舒服，可是到了电影里就不一样了。电影《宋士杰》里，把两侧装上房子，倒是一个真实的街道形象，但使人感到宋士杰好像是半夜三更出来的，因为街上一个人都没有。后来我想，加上群众场面，来一些行人、商贩子行不行？也不行。因为如果这许多人在街上走，而宋士杰在那里手舞足蹈、自言自语也不像话。所以，这的确是个矛盾，这是两种不同风格的矛盾。

我不是一般地反对古典戏曲用景，适当地美化舞台也是必要的；但是复杂繁多的布景不仅会造成经济上的浪费，而且对艺术本身更有极大的妨害。

## 漫谈京剧的派别*

提起京剧,很容易想起它的各种派别。的确,在京剧发展史上,各个流派的演变,占有很重要的地位。最早的名演员如程长庚和余三胜等,据记载,这两位艺术家在表演上是各有风格不能代替的。谭鑫培是京剧史上公认的最有创造的艺术家,他是集以前各派的大成,加以融会贯通,创造出谭派的唱腔和表演,以后的演员,几乎都脱离不了谭的路子;但凡是成功的演员,又都是在某些方面在谭的基础上有所创造发展。拿近的来说就有余叔岩和言菊朋,都是有创造成就的演员;而尚健在的马连良、谭富英和新故的杨宝森等,又都是各有千秋。京剧上这许许多多的派别,从一个方面来看,固然曾经形成互不服气的门户之见,但京剧史上,却形成表演艺术的百花争艳的局面。

现在我们应该来考查一下,这种派别的形成,究竟好不好?它合不合乎艺术发展的规律?

京剧表演艺术上所谓派别,也就是指不同的艺术风格而已;这种风格的形成,是和演员的特长、修养和天赋分不开的。

对京剧演员来说,善于运用自己的特长、天赋是相当重要的。这里所说的天赋,是指在选择行当时全面考虑到自己的条件问题。但是,天赋也并不是决定性的因素,关键在于刻苦钻研和善于运用自己的条件。据说,程砚秋自觉个子太高,于是就在步法上下功夫,出台时两腿微微弯曲,而又不能露出破绽

---

* 原载《新文化报》1959年第10期,署名秋文。

来，于是竟形成了程派独特的步法。这种例子是多不胜举的。杨宝森嗓子较哑，但竟能唱《文昭关》；原来《文昭关》是谭鑫培的拿手好戏，汪桂芬对这出戏也有所创造，而他们两位都是一付好嗓子，以后的王凤卿走的是汪的路子，嗓子也高亢嘹亮；而杨宝森的嗓子是不及他们的，但杨不但唱了，而且颇受群众欢迎，成为生前常贴演的剧目之一。

杨宝森的"昭关"和谭、汪二人的比起来，我觉得，杨宝森利用了自己嗓子的特点，加强了这出戏的悲剧气氛，因而同样能感动人。杨唱这出戏，把许多高腔都改成低腔，其中大段二黄三眼，可说声泪俱下，虽然台上只有一个人（后来东皋公才出来唱两段），但腔调之悲愤，却牢牢吸引住了观众。和这出戏有类似情况的是《碰碑》。这出戏从余叔岩起，已经向悲哀方面发展了一步，杨宝森更是利用自己特长，用苍劲厚朴的嗓子唱出一个老英雄悲剧的下场。记得有人批评过杨这出戏是悲哀有余而壮烈不足，这个看法也是过去部分剧评者对余派的批评，觉得这一派不如谭、汪高亢，是靡靡之音。其实，这个批评我认为是片面的。如果不涉及戏剧的主题思想、内容题材，仅就风格来说，风格的不同，和演员对其天赋、条件的利用和表演技巧修养等有关，不能以此来评定一个演员的优劣；这就是说，风格问题是不好拿来做批评的标准的。

当然，演员对剧中人感情的体会，是不能违反剧情的基调的，本来是悲剧不能唱成喜剧，喜剧也不能唱成悲剧。杨宝森之所以敢演"昭关"而不演《辕门斩子》就是这个原因，虽然这两个戏在过去都需要很高调门的嗓子。原来"昭关"有悲哀的一面，可以让善于演悲剧的演员去发挥，而《辕门斩子》则只有怨气的一面，悲剧演员就无用武之地了。

这样看来，对于派别的划分，我们虽然不能找出一个绝对的标准，但可以看出一些端倪。我觉得周信芳演具有忠义性格的人物是举世无双的。因为他那苍劲有力的白口和斩钉截铁的动作能够充分刻画出这样的人物的气概。程砚秋善于演悲剧的角色，其他如善于演潇洒的，善于演严肃的，善于演忠厚老实的，等等，都形成一个演员的特殊风格。怪不得每个成功的演员，都有他自己的保留剧目（所谓"看家戏"）。这些剧目，在表演上必定有其独到之处。

当然，风格、派别的划分，不在于一种感情、一种人物，有的演员戏路子宽，有的演员戏路子窄。梅兰芳先生就是博大精深，花旦青衣戏，几乎无所不善；各种类型的人物，他都能演得很好。有的演员擅长一些戏，而对于有些戏就不太擅长。这是各人的艺术修养造诣有别，也可以说是各人的风格不同。

说了半天京剧派别问题，对于我们现在的演员和创造现代剧来说我看也不无关系。因为，艺术本来是通过个性来表达共性的，个性愈突出，就愈能感动人；因此，我们对于某一种人、某一种类型的感情，加以研究，用艺术概括的手段，提炼出典型的表演手法，然后再根据具体剧情、人物的条件不同，加以变化，这样的戏剧效果，是可想而知的。

我们现代的生活就是丰富多彩的，有各种不同风格的人，表现在我们的戏曲上则也有各种不同风格的戏，我们应吸取前辈艺术家在发挥自己特长，创造出具有独特风格的演唱艺术的优良经验，在表演现代剧上，创造出多种多样的独特的风格来；希望对于过去的派别，不要把它和门户之见等同起来，一起摒弃。因为门户之见是旧社会带给部分演员的错误思想影响；而凡是能独创流派的演员，哪一个不是在总结和虚心吸取前人表演经验上有所发展创造而来呢？余叔岩跟谭鑫培学戏的例子是很可以说明问题的。

所以，我看我们现在也可以来个艺术派别的大竞赛，提倡百派争艳。

## 京剧音韵杂谈*

京剧和其他古典剧种一样，十分重视音韵，唱戏讲究字正腔圆，并且在这方面积累了丰富的经验。这是一笔宝贵的遗产，值得我们仔细研究、吸收。

讨论京剧音韵首先碰到的问题是：京剧音韵是一些一成不变的规矩呢，还是有变化、有发展的？有人会说，提出这样的问题是幼稚的，什么事情没有变化、没有发展呢？不然。我们知道，过去有不少研究京剧的人都认为京剧字音已经固定了，不能有丝毫改动；或者认为京剧比起以前的剧种来，是有变化的，有发展的，但好像发展到京剧，已经登峰造极，不能再发展了。我们也应当看到，现在还不乏持这样观点的人，因此，明确这个问题还是必要的。京剧是由别的剧种发展、糅合而成，在字音方面，当然有不少改变，而京剧音韵本身也是在变化发展的。拿阳平字来说，过去的老艺人都是高出低收，声调较高，以后受汉剧的影响，就改变了方向，沿着余三胜的路子走，按湖广韵阳平字低唱，特别是谭鑫培、余叔岩以后，奠定了阳平字低唱的基础。上声字也是这样，最初大都按北方音系唱，后来才逐渐上、去二声倒置，如按本音唱，反斥为倒字。但是，现在也有一些很有成就的演员保留了阳平高唱、上声唱本音的用法。

变化、发展肯定是有的，那末这种变化、发展的规律又是什么呢？为了寻找这个规律，我们还是从一些重要的现象讨论起。

---

\* 原载《戏曲音乐》1960 年第 4 期，署名秋文。

我想，我们研究一下入声字在京剧字音中的变化，至少可以提供一点发现这种规律的线索。

京剧字音有没有入声字？过去答案不太一致，有人认为京剧有入声字，有人认为京剧按"中原音韵"，没有入声字。我觉得，入声字在京剧中正处在从有到无的过程，这个过程还在继续，至今京剧中还保留了一些入声的念法。

我们知道，京剧是合南北各剧的特点，加以创造发展而成的，而南曲有入声，北曲无入声，因此，起初京剧带有入声字，也是很自然的事。沈宠绥"度曲须知"里说："阴去忌冒，阳平忌拿，上宜顿腔，入宜顿字。""则凡遇入声字面，毋长吟，毋连腔，出口即须唱断。"又说："顿字者，一出字即停声，俱以轻俏找绝为良。"用这标准去衡量京剧发音，则大有入声字在，如余叔岩的"托兆"。二簧快三眼转原板："七郎儿，回雁门"的"七"字，按"中原音韵"为入声归于阴平，可是余叔岩却按入声唱得低而短促。又如"斩谡"的"我哭（哇），哭一声小马谡"的"哭"字，亦为入声归阴平，而按规矩应当低而促，出字即断，然后垫"哇"字。这样的例子多不胜举，如"失落了"的"失"字，"杀"、"托"等，这都说明京剧是有入声字的。所以马派的"不"字与一般念法不同，有人说是苏北音，其实是按入声念，是有一定道理的。

但是，我们发现这样的事实：京剧中保留的入声字，大都是入声归阴平的，而归入其他三声的，按入声发音的就很少。同时，即使入声归阴平的，按趋势看，也有逐渐按阴平念的趋向。如《文昭关》二簧原板："我不杀平王，我的心怎甘"的"杀"字，杨宝森就按阴平念，也觉得咬牙切齿，并不逊色；前一句"我对天发下洪誓愿"的"发"字，杨也按阴平念。杨宝森的《碰碑》白曰："为大将者，宁失千金不失寸铁"的"铁"字，也按上声念（音高扬），好像有意要取消京剧中的入声字似的。归于其他三声的入声字，大都不按入声字唱了，如《搜孤》里的"娘子不必太烈性"的"不"、"必"、"烈"三字，余叔岩都按去声耍腔了。言菊朋的《上天台》中也有不少原属入声字而不按入声唱的，如"发湖所灭他的情性"的"发"字，就按阴平唱，而"灭"字则按去声唱，"郭娘娘降下罪由孤担承"的"郭"字也按阴平唱了。

这里能看出：至少就入声字的变化来说，京剧音韵是向着北方音系发展了。可以肯定地说，现在京剧演员中保留的入声字已经不多了。

另外，从尖团字上也能看出一点端倪。尖团字是京剧最讲究的，可是也有一些字，是有变化的。如"数"字，按湖广韵念尖字，中原音韵则念团字，现在从中州韵的人显然是占优势的，而在昆曲里仍念尖字；又如"旌旗"的"旌"字，原是尖字，现在一般都念成团字，如"朔"、"槊"等字都是中州韵念团字，湖广韵念尖字的。

同时，我们前面已经说过，有许多演员对上声及去声还保留了本音的唱法，如周信芳念"杨素贞"（《宋士杰》）三字，几乎完全是本音，但谁也不能说不是京剧韵味。

这样看来，我们是否可以大胆地下个断语，说京剧正在沿着北方音系的方向变化呢？我看是可以的，虽然这个过程还远不能说已经结束。

那末，这是否又意味着，京剧应马上改变传统咬字法，完全京音化呢？我看如果这样想，也未免性子过急。我们知道，语言发展，是个渐进的过程，在这个过程中，逐渐地起着质的变化，何况，艺术的语言，更是有它自己的特点，更不能简单地要求艺术来完成推广普通话，完成汉语规范化的任务。

人们会问，你自己说京剧音韵沿着北方音系发展，又不主张完全京音化，这不是矛盾吗？我想，如果是矛盾的话，也是现实的矛盾。我们可以掌握规律，但规律的完全实现，却又需要一个过程，语言变化的规律，正是在点滴变化的基础上进行的，要想在一天之内改变语言，本身就是不合规律的。我们前辈的艺术家已经做了一些工作，如前所述的逐渐取消入声字，上去声按本音唱等等。

近几年来，戏曲艺术在党的"两条腿走路"方针指导下，有了极大的发展，京剧不但在传统剧目的演出上有很大的改革，而且在演出现代剧目上也有成功的尝试。同时，由于大力发展现代剧目，对京剧的音韵改革，也就起了很大的推动作用。特别是一些有成就的演员，在演出现代剧时，一方面继承并发扬了京剧艺术固有的优秀传统，另一方面在音韵改革上也表现了独创精神。例如，李少春同志在扮演《白毛女》中的杨白劳时，大胆地取消了尖团以及上口字，但四声仍大体按中州韵，这种慎重而又不墨守成规的精神是值得鼓励的。少春同志对旧剧有深厚的基础，能够掌握语言的规律，虽然取消了尖团及上口字，但仍然字字交代清楚，没有含混的地方，同时在唱腔及咬字上很有韵味，得到观众的好评。

于是，我们看到，京剧音韵正在（已经）按着一定的规律在变，但规律需要人们自觉地去运用，如果自觉地运用这个规律，那末就可以更好地改革京剧音韵，我们盼望在京剧音韵改革方面，出现更多更好的成绩。

## 杂谈戏曲表演程式*

中国戏曲表演艺术有一个特点,就是程式。它使我国戏曲的表演艺术形成了一种独特的风格。

所谓程式,过去也曾受到许多人的非难,认为是形式主义的东西,要不得。这也难怪,因为的确有些戏曲演员不善于灵活地运用程式,不能与人物内心感情结合起来,流于形式主义。但现在似乎也逐渐明确了,戏曲的程式是有生活基础的,是从生活中提炼出来的表演格式;所谓形式主义,不是程式本身的过错,而要看演员如何运用它。就像诗歌的格律一样,格律诗犯形式主义毛病,问题不一定在格律本身,而在写诗的人不善于利用。当然,戏曲演员比较容易犯形式主义的毛病,这是因为一件事情总有它消极的一面,我们就要防止这一面,多让戏曲演员体验角色的内心感情,就可能防止形式主义。这就像话剧演员比较容易犯自然主义毛病一样,就要加强话剧演员的形体锻炼、外形表现。因为任何有价值的表演,都是内心与外形的统一,就像任何有价值的文艺作品,都是现实和理想的统一一样。

戏曲程式是从生活中提炼出来的一些比较固定的表演形式和过程。那末,过去的表演艺术家为什么要创造这样一些程式呢?根据我个人的理解,无非是下列几个主要原因:首先是为了更典型、更集中地表现人物的思想感情。舞台上的动作,要比日常生活中的动作更典型、更夸张、更理想、更有普遍性。这

---

\* 原载《上海戏剧》1961年第3期,署名秋文。

个普遍性很重要，它是程式的基础，没有这个普遍性，也就谈不到什么程式。其次是为了美化外形，并使得外形与内心一致。在现实生活中，美的内容与形式有时是矛盾的，人物的内心与外形有时也是矛盾的。譬如一个很高尚的人可能长得并不漂亮；或者虽然很悲哀的事，有的人哭起来近乎滑稽；而有些可笑的事，有的人表面上反倒装得很严肃。这种矛盾，在戏曲中（在艺术中），一般是要求取得和谐统一的。花脸有各种脸谱，善恶分明；戏曲行当的划分，我看主要也是要取得外形与内心的一致。当然也有例外的，如《伐子都》的子都，就是外形与内心矛盾的人物。戏曲中的哭、笑都有一定的程式，哭时不至使演员失声痛哭，破坏面部美观和使嗓子失音。这样就是为在外形与内心一致的和谐的条件下，增加美感。格律诗的格律，表面上看起来是个限制，但如果内容与形式结合得好，则反倒比自由诗更经得起吟诵。戏曲程式亦是如此。表面上好象"二黄"、"三眼"都得按那些基调去唱，起霸、趟马都是那一套，但运用得好，真能唱出感情、表演出感情来，反倒更能感动人。本来艺术有一条基本规律，就是变化和统一的结合。从表演艺术来说，戏曲表演艺术是统一中有变化，而话剧则是变化中有统一。二者都要统一与变化结合，但重点各有不同。曾有些同志讨论"一曲多用"和"专曲专用"的优劣问题，我以为以此来分优劣似乎不大妥当，因为这是两种不同的风格，就像绘画和戏剧，抽象地谈何者优、何者劣是不可能的。"一曲多用"是统一中有变化，不光是有统一，也有变化；"专曲专用"也不说光有变化，没有统一。戏曲程式的灵活运用的例子是很多的，比较有成就的演员大都是在某种程度上灵活地运用程式的，大都能看出统一中的变化。

我看，有这样一些好处，一般地说，程式的合理性是无问题的了。但碰到一些具体的程式，我们又要采取分析的态度。举一个例子，譬如青衣有一部分程式，就反映了对妇女的封建礼教观点，像走路、说话、举止等都那末迟缓（所谓"稳"），因为封建社会的妇女都得规规矩矩，不能乱说乱动，否则就被目为"疯癫"、"不守妇道"、"缺乏教养"等。就拿青衣的哭和笑来说，青衣的哭是最没有力量的，"喂呀"一声就完了，原来在封建社会里妇女嚎啕大哭是"有失体统"的。青衣的笑一般也是很少笑出声音来的。自然也有例外。就是老生的动作，也是比较"温"，因为要表现出封建社会知识分子"老成持重"、动作迟缓的特点来。

　　这里就联系到现代剧的程式问题。我们看到，戏曲现有的一些程式都是从封建社会生活中提炼出来的，在表现现代生活时，有一些还有用，但很大一部分用不上了。怎末办呢？那就要在继承一些优秀传统的基础上，创造出新的、适合于表现现代生活的程式来。一方面把一些有用的程式加以改造，使之适合于现代剧，一方面还要研究传统程式中的一些基本原则精神，这对我们创造新程式不无补益。可惜，这些基本原则，至今我们还没有把它系统化。

　　例如，传统程式中有一条基本原则就是——"圆"。中国戏曲表演艺术很讲究这个"圆"字。什么是"圆"呢？按我的理解，主要是指演员的表演，各个动作之间，要有有机联系，不但要表演动作的结果，而且要表演过程。既要表演有机联系，那末这个动作过程就不能不是圆熟的。当然，"圆"还有其他很多含义，譬如夸大空间观念（进场时走一Ｓ形就显得距离远了），表示对称等等，但最主要的恐怕还是要有有机联系。这一点，在创造新程式时要不要吸取呢？显然是应该吸取的。

　　其次，戏曲程式还有一个特点，就是塑型美。这也可以说是连续的中断，在许多联贯的动作中，有一个中断，行话叫做"亮相"。这在戏曲表演中也是很讲究的。这种"亮相"，给观众加深了人物的形象，产生恒久的印象，把造型艺术的特点发挥出来了。许多人看关公戏很喜欢关羽的几个亮相，红面绿袍，左右关平、周仓，煞是威武。《昭君出塞》，昭君、马夫、王龙，在舞台上也形成一幅幅美丽的画面。显然这个原则也是应该吸取的。不久前，我曾看过某京剧团演出的现代京剧《柯山红日》，杨司令到亚德土司那里谈判，等得不耐烦，拿起军帽就要走，正好亚德土司一群人上场，杨司令留步回身，在台阶上斜身弓步亮相，右手军帽平举胸前，这个亮相很威严，给人印象很深。我觉得这些都是很好的尝试。

　　最后我还想说一点，就是我们不要以为研究外形的程式是细枝末节，生活小事，不值得大力去搞。我觉得，搞表演艺术的，固然不能忘掉如何表现感情、如何体验感情等大问题，但也不能忽略研究生活细节这个小问题，因为小问题是和大问题密切相联的，没有许多生活细节的结合，就表现不出完整的形象来。我们搞艺术的人，不但要求大真实，而且也要求小真实，要求细节的真实。我们要在研究大问题的基础上研究小问题。设想一下，如果过去的表演艺术家觉得戴帽子、理袖子这些都是日常生活中极小的事，值不得花工夫研究，那末就创造不出"整冠"、"抖袖"这一套程式来。欧阳予倩同志在《自我演戏以来》里谈到他为了演好妇女形象，曾观察过社会上各阶层的妇女的举止。因此，我们要研究人们的生活，不但要研究内心、精神面貌，还要研究外形，研究生活细节。要在紧密结合内容的基础上，把生活加以提炼，进行艺术概括，这样才能创造出新的、适合于表现现代生活的程式来。

如何进一步提高现代戏曲的演出质量呢？研究原有程式、创造新的程式也是重要的关键之一。

## 谈"字正腔圆"*

最近读徐慕云先生的新作《京剧杂谈》(北京宝文堂书店出版),其中谈到"字"与"腔"的关系问题,引起了我不少兴趣,这里想提些自己的看法,与徐先生商榷。

徐先生在书中说:"以字行腔,字正则腔圆。"这种说法我认为是不够全面的。"以字行腔"当然是对的,但"字正则腔圆"就不一定正确了。我们知道,字正了,腔还要经过一番加工、创造,才能达到"圆",不能说只要字正了,腔就一定会圆。当然,字正是腔圆的必要条件,但要达到腔圆,光字正还不行,还需要演员在腔调上下功夫,悉心创造。

我们知道,所谓"字正",其目的不过是要求演员按照一定的语言规律来咬字,以便观众不但字字入耳,而且能清楚地分辨出究竟是哪一个字。为了字字入耳,演员必须把字的首、腹、尾(声母、结合韵母、韵母)都交待得清楚,送到最末一排的观众耳中。一般说来,戏曲演员比较重视字的首尾,很讲究发音、收音。这是因为字腹往往是比较响亮的(个别韵如"齐、微"则例外),而首尾则较轻,因此如果演员在舞台上不对字的首尾略为提高,就不容易把每个字完整地送到听众耳中。另外,中国语言还有一个特点就是要分四声阴阳,演员只有根据一定的音韵原则才能让观众清楚地辨别是何字。譬如"人"字,如果你不按一定的音韵原则,而是这一处按北方音系的阳平念

---

\* 原载《光明日报》1961 年 4 月 12 日。

法（高扬），另一处又按湖广音系的念法（低抑），那末观众就分不清究竟是"人"还是"忍"了。所以，"根据一定的音韵系统"是很重要的。我认为，只要根据这两条原则（一即分清字的首尾腹，二即按照一定音韵系统确定字的四声阴阳），就可以说，字基本上是"咬正"了。

那末，从这里怎能得出"字正了腔一定圆"的结论呢？所谓"腔圆"，主要是指演唱的行腔要悦耳动听，要美。当然，要使腔调悦耳动听，就必须首先服从字的自然的音韵规律，腔调不能受自然发音规律的限制。例如，一般说，阴平字就不如去声和上声字容易耍腔，当然我们更不能把阴平字念成了上声或去声（这就是所谓"倒字"），但是自然离美还有一段距离，艺术必须在自然的基础上进行创造。同样一句戏词，就有不同的唱腔，这里就有上下优势以及风格的不同。例如《清官册》里寇准的一段二簧原板："扭回头便对夫人论，下官言来你是听"，言菊朋和马连良的唱腔就有不同。言菊朋的"下官言来"四个字是在一板之内，而马连良的"下官"二字就占了一板多。这两种唱法，我想字都是正的，但是腔却有很大不同，言菊朋这个腔虽然四个字一板显得有些局促，却是清新，有创造，而马连良的只是二簧原板的一般唱法。京剧中相同唱词不同唱腔的例子是很多的，有的是与咬字正倒有关，有的则虽同是字正，但唱腔仍可不同。

就"字"与"腔"的关系说，我们固然不能因腔害字，但也不能因字废腔，甚至因字害腔。京剧史上言菊朋在咬字行腔方面有许多创造，他是坚决反对因腔害字的，但是，正因为他还不能全面理解字与腔的关系，所以有些地方他却犯了因字害腔的毛病。言菊朋咬字行腔往往只孤立地注意一个字的首、尾、腹和四声阴阳，而对于字与字的联系，以及因这种联系而造成的声韵方面的变化（如"两去则一平"等现象）则往往忽视，所以人们常常说言腔"怪"，正是这种形式主义的结果。譬如他的《珠帘寨》的倒板"叫太保推杯，换大斗"一句，"换大斗"三字为两去一上，言菊朋"换大"二字完全按京剧去声唱法，已属难听，特别是"斗"字，还要死守"逢上必滑"的规矩，就显得太"怪"了。因为前面"换大"二字已近乎滑音，"斗"字再滑，就不美了。因此这三个字中至少要有一个字平平带过，方能悦耳。余叔岩在唱这一句时，就没有这种"怪腔"，就比较悦耳。

由此可见，对于字与腔的关系，我们应当有全面的观点，既要看到腔服从于字的自然发音规律，又要看到腔的悦耳、美，还需要演员的一番创造，不能像徐先生在这本书中说的，字正了腔一定会圆，更不能把"字正"作为衡量演员演唱的第一标准，而应当从字腔统一的观点去评价演员的演唱水平。譬如，徐先生在本书中提到汪（桂芬）、谭（鑫培）优劣时，曾有汪以"韵"胜，谭以"腔"胜之说。在徐先生看来，实际上指汪以"字"胜，从徐先生重"字"、抑"腔"的观点看，自然汪胜于谭了。在我看来，就演唱技巧讲，汪桂芬咬字以中州韵为主，而谭鑫培则是中州、湖广二韵结合着用，这两个韵是有不同的，特别是阳平及上声字区别较大。从音韵来说，他们所根据的只不过是两种不同的方言（湖广韵以湖北、广东方音为基础，中州韵则以河南方音为基础），反映了京剧音韵的不同时期的演变，似乎在艺术技巧上很难论其优劣。汪桂芬咬字固然首、尾、腹分明，字字入耳，谭鑫培何尝不重咬字呢？以后宗谭的余叔岩、言菊朋不又都是出名的讲究咬字的吗？就腔调论，应该承认，谭鑫培是比汪桂芬圆熟、悦耳，这是谭在京剧史上重要的贡献之一，是不能轻易抹杀的。我们知道，谭的腔比较多于变化，而所谓"腔圆"正是要求在腔调上有圆熟的起伏和变化。如果要讲"韵"的话，那也应当是字与腔的结合，光有字没有好腔，就像光有腔而字不正一样是谈不上什么"韵味"的。

# 为庆祝建院十周年而公布一份答卷*

下面这份答卷是报考今年"西方哲学通史"博士生的吕祥同志做的,我愿意向大家推荐这份答卷。

对于"西方哲学通史"的这四道专业试题,我在出题时是有一些考虑的。这四道题当然谈不到囊括西方哲学史的主要问题,但还是比较关键的。通过对题中所涉及的问题的分析,可以大体看出考生对西方哲学思想的历史发展掌握和理解到什么程度,而同时又可以归总于第一题所要求回答的对西方"哲学"本身的理解上去。围绕这四个问题,我自己自然也有一些想法,但就题目本身而言,并没有很偏僻的,主要是提供考生进行各种不同层次的发挥的机会,所以我虽有一些基本的要求,但并没有"标准答案"。我在"等待"。

应该说,在读到吕祥的这份答卷时,我的确十分高兴,甚至有点激动。我的"等待"没有落空,他真的把这四道题连贯起来了:西方哲学的历史发展在这个答卷中有一个相当完整的观念,而这些观念又不常见于各类哲学史教科书(包括欧美的在内)中,竟是自己从研究原著和思考问题中自然形成的。而在把一些基本观念运用于理解柏拉图、休谟和康德哲学时,答案所提出的见解,我敢说,即使对于专门研究这些题目的学者,也是具有一定的参考价值的。

在总的哲学内容方面,这个答卷紧紧抓住"经验"这个问题为核心,把古

---

* 原载《中国社会科学院研究生院学报》1988 年第 5 期,第 101—104 页。

代、中古、近代和现代结合起来考虑，也是很有见地的。应该承认，我本人也只是在最近几年把康德、黑格尔、胡塞尔、海德格尔以及对立的维特根斯坦等联系起来考虑，才逐渐认识到这个问题的重要性的。

我感到，这个答卷本身就是做了一件创造性的思考的工作，所以建议将它公布出来，以便在学术上交流。

当然，公布这个答卷也是希望有人分享我的喜悦。中国社会科学院研究生院成立已经十年了，培养了不少人才，哲学方面也是如此。哲学研究的问题来自最基本的生活，因而人人都可以对它有兴趣，但作为一门专业学问而言，却并不要求人人都成为哲学专家；反过来说，并不是任何人都适合于这个专业的。然而，对于在哲学上善于思考、善于学习的青年，我们要满心喜悦地去发现他们、培养他们，这是学院的责任、老师的责任；扩大开来说，也是社会的责任，社会管理者的责任。

## 一个难度很大的研究课题*

"艺术的起源"可以说是一个永恒的论题,"探本求源"原是人的理性的一种习性,我也时常想这个问题,读一点这方面的书,但没有专门下功夫去研究;章建刚、杨志明做了大量的研究,写成这本书。这本书给我的印象是很丰满,材料很多,也有相当的理论深度。

看得出来,这本书的作者很强调对"艺术起源"问题不仅要从实际历史、考古材料上入手,而且还要有哲学理论上的探索和思考,这一点,我是很赞成的。

"艺术"的"起源",不像"恐龙"的起源。世界上何时有了"恐龙",何时又灭绝了,是可以弄清的;可是"艺术"的"起源"就不太容易弄清。倒不仅仅是因为"艺术"这个指称不像"恐龙"那样明确,好下定义,而且还在于"恐龙"仅为一物(物种)而"艺术"则带有"精神性"。"精神"不同于"物(质)","精神""在"哪儿?世上实在找不到"精神"来,所以有的哲学家说,"精神""不存在","精神"为"无"。

对世上"有"的东西,我们可以找出它的"起源",而对于那世上所"无"的东西,我们如何找出它的"起源"来?过去我也曾经向做"艺术起源"研究的朋友们提出过这个问题,他们也都觉得需要认真思考。

当然,如果我们问:"京剧"起源于何时?我们可以有把握地回答:"京

---

\* 原载章建刚、杨志明《艺术的起源》序,云南大学出版社1996年版。

剧"作为一种特殊的艺术形式（物），形成于清乾隆年间；如果问"戏剧"的起源，就麻烦得多，扩大开来，问"艺术"的起源，难度也就大大增加。不仅如此，一切的具体事物，我们只要下功夫，都可以弄清它的来龙去脉，但宇宙作为一个整体的"起源"，就是一个大难题；而我们哲学上常说的"无限"、"万有"（万物），同样在世上找不出来，世上没有一个东西叫"无限"，因此，它的"起源"就更难说起。

"无限"、"万有"（万物）原本是我们思想中的一种观念，哲学上叫做"本体"——因"本体"的外文为 noumenon（noumena），来源于希腊文 νοῦs，即"思想"、"精神"的意思，此种只在 νοῦs 中的观念（ideal），现实世界无一物与其对应。"本体"（noumenon, noumena）是指只在思想中才有的东西。

这样，一切精神性的东西其"起源"与其"本质"就统一了起来。我们不容易在现实时间——历史、考古中发现一个"点"，说它就在这"点""开始"，而却要探寻"精神"之所以为"精神"、"艺术"之所以为"艺术"的根据所在。这样，求"本质"不是为其下定义，而是求"本源"，这大概就是海德格尔《论艺术之本源》这本小书的立意所在。海德格尔说，既不是你做出了"艺术作品"使你成为"艺术家"，更不是你是艺术家才使你的"作品"成为"艺术品"，而是"艺术"使你和你的作品都成为"艺术的"（"人"和"作品"）。从这个思路想下去，从理论上说，我们并不能问谁是"第一个艺术家"，也不能问世界上什么是"第一个艺术品"，而是要问如何理解"艺术"。"如何理解艺术"：是一个历史性的问题，同样也是一个现实性的问题。对"艺术"的理解，对"艺术""本源"的理解，在"古人"的生活中，也在"今人"的生活中。

"艺术起源"之困难，还来自"人"问题本身的困难。"人"作为一个"生物""物种"，当然有它的起源、开始，我们不能说"人"这"种""生物"与天地共老；但"人"之所以为"人"，不完全在于它的"生物"特征，甚至也不完全在于它的社会特征。譬如，我们能比较清楚地知道"奴隶"与"奴隶主"阶级是何时分化出来的，但对于活生生的"人"，却很难加以规范。从一个方面说，"人"是被"决定"的，但换一个角度来看，"人"又是"自由"的。连过去都有"将相本无种，男儿当自强"的说法，如今的"人"，则更有多方面的"可能性",有更多的"机会",不是一般外在环境所能限制的。所以我们也说,"(某)人","不可限量"、"前途无量"等等。对于"自由""人",因其"无可限量",所以也难以究其"起源"。由此类推,举凡与"自由人"相关之一切,如其"意识"、"思想"等及"艺术",亦皆难言其"起源"。"意识"、"思想",作为"人"的生物特征——特殊功能,当然有其生物、生理上的产生、进化、发展过程,像"语言"、"文字"等"工具",也都能相对清楚地确定其"起源",而作为活生生"人"的存在方式的"思想"、"意识"、"语言"、"文字"、"艺术"……其"产生"、"进化"、"发展"等问题,就难以判断。

"人"作为一个"物种"、生物族类的存在,以自己的劳作、活动"改变"着世界的具体面貌和进程,但指导、支配"人"的物质活动的"精神"、"思想"、"意识"却并不能"物质地""进入"物质世界,世界上此种"精神"之"刻痕"和"轨迹"只有"自由"的"人"才能"辨认"出来,"世界"只有面对"自由"的"人"、"文明"的"人"时,才具有"符号"、"象征"的意义;"自由"、"文明"使"世界"成为"艺术品"。"艺术"之所以成为"艺术","艺术"之"起源"、"本源",在"人"本身。

建刚和志明的书要出版,嘱我写几句,所以就发了一点议论,很不成熟,请读者批评。

## 我读古书的几则笔记[*]

《论语》"八佾":"林放问礼之本,子曰,大哉问!礼,与其奢也,宁俭;丧,与其易也,宁戚。"前句说礼,好懂,后句说丧,则何谓"与其易"?此处"易"作何解?有注"齐"者,不知所指。或谓古人出丧讲究仪式,大殡之时必有家人亲眷嚎哭,则富贵人家亦有雇人代哭之事亦未可知,孔子认为不可,故"易"者,"易"人而哭也。此解联系后文:"祭如在。祭神如神在。子曰,吾不与祭,如不祭。""祭"尚有"不与"——不参加,叫人代替参加——者,想必"丧"之礼——哭,或也有让人代替者,于是,孔子批评道,与其让人代哭,不如不要这个仪式,而内心悲戚就很好了。此解尚可通顺。

《论语》"雍也":"子曰,知者乐水,仁者乐山;知者动,仁者静;知者乐,仁者寿。"仁者静穆如山,知者流动如水,此或孔子针对道家而发。盖道家尚水而主静,孔子曰,儒家方为真静,静如山,久驻而寿;乐水知者,如鱼在水中,其乐无穷。或谓后两句事亦涉政治。知者之治,乐也融融;而仁者之治,则能长治久安。征之孔子"安于仁",可谓儒家一贯之主张。

《论语》"雍也":"宰我问曰,仁者虽告之曰,井有仁焉,其从之也?子曰,何为其然也!君子可逝也,不可陷也;可欺也,不可罔也。"孔子之答,颇费解。今特注意宰我问话中之"仁"字,不可作"人"字解,而只读作"仁",其义或可通。盖宰我乃一讽刺语,谓:井里有"仁"呢,跳下去吧。故

---

[*] 原载《中国哲学史》1999年第1期,第3—5期。

孔子怒斥"何谓其然也！"然后又斥道，你可以不理君子（让君子逝去），不能"陷害"他；你可以"欺骗"他，却不能让他"弯"下那"正直"的身躯。全句如是则可通解。

《论语》"述而"："子曰：圣人吾不得而见之矣，得见君子者，斯可矣；子曰：善人吾不得而见之矣，得见有恒者，斯可矣。亡而为有，虚而为盈，约而为泰，难乎有恒矣。""圣人"与"君子"为同一范畴而不同层次，其意甚明；然"善人"与"有恒者"如何为同一范畴而不同层次则颇为费解。从文意来看，此处"善人"不作"道德"意义解，而指"技术"、"技巧"、"能力"这类意思而言，即"工欲善其事"之"善"的意思，乃"能工巧匠"也。于是下文谓：没有本事说成有本事、腹中空空却要装出满腹经纶、只有三分本事夸大成七分，这样就难以"有恒"了。孔子是说，大匠他未见到，但看到有许多有恒心、有毅力的人，不自满、不自夸，锲而不舍，也就很好了。于是文意可顺。

《中庸》说："或生而知之，或学而知之，或因而知之。及其知之一也；或安而行之，或利而行之，或勉强而行之，及其成功一也。"此"知""行"对应，"知"当以"知识"、"认识"解；但"生而知之"颇费解。后人常以"唯心论"、"先验论"评判，似多牵强。今试作"聪明"、"智力"讲，则可通畅。谓人有天生聪明的，有学习以后聪明的，更有在吃了亏以后才聪明起来的，即"吃一堑，长一智"是也。于是，这里的"知"，不译为 knowledge，而可译为 wisdom，或者 clever，然后，上文后一段话中的"行"也就不可作"行动"、"行为"讲，而要作"流行"、"实行"、"施行"等意思讲，即不是正在做的"动作"而是已行"之事"，故曰，"安"也"行"，"利"也"行"，"勉强"也"行"了。这里的"行"与"成"相对应，不译为 act，而可译为 complete，或名词 completion，"行"者如平常所谓"行！""成！"英美人所谓 "done" 之意。这样，就仍是一句很普通的话。也许，这个意思宋儒也理会错了，他们自己很注重"知"、"行"的"认识"和"行动"的关系，这当然是很有意义的，但以为早期儒者就已作如此明确的分别，则不免过于牵强了些。

《论语》"雍也"谓："知者乐水，仁者乐山。知者动，仁者静。知者乐，仁者寿。"论者习于个人生活上去理解，当无大错，只是此处尚有一层政治的意思被忽略掉了。所谓"山"、"水"，自是比喻的意思，"动"、"静"或亦无关乎"儒"、"道"之别，说的是"变动"与"稳定"的区别，孔子意欲复周礼，则不愿当时之变动也；至"知者乐，仁者寿"如作个人生命状态讲，殊觉勉强，今与政事相连，则可通顺。盖知者好变，固乐在其中，但唯有仁者以不变应万变，则能长治久安。故此处"寿"字，非指个人生命长短，乃指统制之长久也。"寿"字古书常有此用法，如《老子》书第三十三章说："不失其所者久，死而不亡者寿"，可见，"寿"者并非"不死"。老子这段话同样有治理国家的意义在内。

《中庸》从十九章后段开始讲"诚"至二十五章，相当集中，"诚"亦为儒家核心概念，须当慎思之。

第十九章讲，"诚"为由远及近，直至"自身"，所谓"不明乎善，不诚乎身矣"。可见，"诚"者，基于"自身"。"自身"即"自己"，即事物之"内在本质"；亦即"自由"，盖为"发自自己者"。

于是，"诚"者，不限于人的主观品质，而是"天之道也"；尚有"人之道"，是为"诚之者"。所谓"诚之者"，乃"使之诚"，明天道而使人诚。

故曰，"自诚明，谓之性；自明诚，谓之教"。从"诚"而得"明（天道）"，乃是出自本性；由"明（天道）"而得"诚"，则为从"教育"而来。或可谓，前者为"先天的"（内），后者为"后天的"（外）；但不论先天还是后天，不论由内而外或由外而内，为"诚"、为"明"则一，故曰"诚则明矣，明则诚矣"。

由此可见，不仅"人"有"诚"，"万物"皆有"诚"。

"诚者自成也。""自成"乃事物之"自我完成"，"完成"其"自身"。故"诚"为"物自己"、"物自身"。"物自身"非为一抽象概念，而是"在"时间中。故曰："诚者，物之始终。不诚无物。"又说："故至诚无息，不息则久，久则征。""无息"就是能"有始有终"，不会半途而废，故为有成，有成则有征，在历史上留下痕迹，而不会是过眼烟云。故曰："悠久所以成物也"。"成物"亦为"成功"、"成事"，有所作为。

是故，"诚"者"成"也。"诚"于"内"而"成"于"外"也。"诚者，非自成己而已也；所以成物也。成己，仁也；成物，知也。"由此可见，《中庸》的"诚"，"合外内之道也"，合"道德"和"知识"而具有形而上的意义，不是光用"道德修养"所能完全涵盖的了。

《大学》开宗明义第一句话,并不太好懂:"大学之道,在明明德,在亲民,在止于至善。"这几句话的内在联系如何,颇费斟酌。

"在明明德"似乎好说,第一个"明"字是动词,为"使……之明"的意思;第二个"明"和"德"字相连,"明德"为"(光)明正大"的"德",是为"大德"。接下来,"在亲民"如何说?程伊川说该是"在新民",则意在扩大势力范围的意思,果如是,则整个意思在政治,所谓"大学",则是"治国之学",而与后面"知止而后有定,定而后能静,静而后能安,安而后能虑,虑而后能得"这一段相连,也同样是"治国"的学问,不是简单的个人修养——学习的问题了。

当然,《大学》是把"治国"和个人修养结合起来讲的,强调的是"正心、诚意、修身、齐家、治国、平天下"的系统工程。由里及外,由小到大,由个人到全体;但《大学》的目的不限于"修身",不限于个人,而是一下子就提出一个大目标来,所以叫做"大学"。

《大学》说了要"知止",但又强调"日新",什么意思?其实,《大学》已经说了,"止"要"止于至善",这个"至善",不是轻易能够达到的,所以要"日日新,又日新"。《大学》的胃口很大,要人"无所不用其极"。

不过,《大学》对于"至善"也有个说法,不是西方哲学里的"无限",而是"有限"。《大学》引诗经的话,"用千里,维民所止",多大的疆土,都以民为限,这样,"新民"就有了极其重要的意义:扩大势力范围,首先是扩大被管辖的民众。这大概并无极限的,自然是多多益善;但在实际上也会有个限度。所以孔子又批评那野心的无限扩张,说这样的君主连鸟兽都不如。

因为要强调"知止",下面的问题又转向道德的规范上来:"为人君,止于仁,为人臣,止于敬,为人子,止于孝,为人父,止于慈,与国人交,止于信。"这里的"止",则是"立足于……"的意思了。当然这里的"止"和"止于至善"也是可以相通的。我们可以说,"君"的"至善"为"仁"等等;不过这里的意思,如何与"治国之学"的"新民"联系起来,则又需要一番研究了。

《中庸》第二十六章说:"故君子尊德性而道问学;致广大而尽精微;极高

明而道中庸。温故而知新，敦厚以崇礼。"此处"尊"、"道"、"致"、"尽"等，都是动词，所谓"道问学"是指"通过""学问"而达到"尊德性"；循此，则"极高明，而道中庸"亦当如是解。"极"为以"高明"为"极"，而要达到此"极"，则要"通过""中庸"的"道（路）"。故此，"中庸之道"，乃是一条"道路"，通过"中庸"的"途径"而达到"高明"境界。扩大开来讲，古时候的"道"，也是指的"道路"、"途径"的意思，或许与"形而上"、"形而下"之"道"、"器"相对应的"道"，略有区别；当然，如从"形上"之"道"乃"无定（非器）"之"路"言，则又有相通之点了。

作者附言：我做西方哲学的研究工作，因为觉得中西的学问是相通的，所以也读中国的古书，只是本来底子薄，读书又时断时续，一点系统也谈不上，或有所感，陆续做点札记，谈不到"研究"。只是表明我读书还算用心而已。

# 哲学作为交叉学科的关节点[*]

我们的时代是开放的时代，学科也是开放的。其实，真正的"科学"，从来就是开放的，古代如此，20世纪如此，21世纪也会如此。只是开放的程度不同，道路也不是直线的而已。

各个学科相互交叉、相互开放，原本是各学科自身所要求的，是时代、生活所要求的，因为我们的实际生活原也并不分什么学科。我们并不是说今天过物理的生活，明天就只过数学的生活，而是这些分门别类的学科对我们生活的方方面面，给予了很大的帮助就是了。

各学科的交叉还有个学理上的基础，就是我们有分科的学问外，还有一个综合性、总体性的学科——哲学。

"哲学"是自然科学和社会科学的综合，现在似乎还要加上"人文科学"。在西方的传统哲学观念中，"哲学"似乎是各门科学之"母"。这是他们的观念，我们大可不必同意。因为事实上，哲学也很受各学科发展的影响，这是不争的事实。

在古代希腊，哲学被叫做"爱智学"，后来亚里士多德叫"第一哲学"或"神（圣）学"，再后，亚里士多德这一部分著作被整理出来起名为"形而上学"。

"形而上学"（meta-physics）这个名字起得不错，"physis"这个词在希腊

---

[*] 原载《方法》1999年第2期。

文是"生长""开显"的意思,加上"meta"是指"万物""生长""开显"的"根据""原则""原理",问的是万物"根据"什么"原则""原理"才"开显"出来的。中文把"meta-physics"译成"形而上学"很好,因为按中国传统,"形而下"谓"器","形而上"谓"道","道"是"方法""道路",也就是问"器"是"如何""循什么道路""按什么方法"成"器"的。在这个意义上,"哲学"乃是问万物之根本的方法、道路,自然要和"万物"交叉。

以后"哲学"在西方的发展,同样也说明了这一点。从希腊到中世纪,"哲学"由受物理、数学、政治影响到受宗教之控制,然后文艺复兴又和文学、艺术相结合,由感性问题进入心理学,遂有近代英国经验主义诸家,由此影响及法、德,包括德国古典哲学在内,问题都集中在"意识""精神"方面,努力从"心理"方面超越(meta)出来。这样有现在我们很重视研究的胡塞尔"现象学",我曾经管它叫"元心理学"(meta-psychology)。

如今,随着当代高科技发展,"哲学"要迎接各学科的挑战就更多了,像"信息"方面的问题、天体起源方面的问题、物质概念方面的问题等等,都要引起哲学的思考,重新检验哲学的传统观念,给出新的理解,并思考新问题;而哲学对这些问题的思考,当然也会对这些学科的发展有所影响。

这是西方的情形。就中国的情形来看,各个学科更是有"交叉"的传统。这一点可以说是研究中国传统文化的共识,不用我这个外行多说了。我们既然已经意识到在新世纪里,弘扬我国传统文化的重要性,则更可看到,各学科之"交叉"运行,在中国文化中,已是根深蒂固,坚定不移的。

## 六十岁的祈祷*

这年——1996年一过,我都六十二岁了,在某些聚会中,老同事、老朋友还叫我"小叶",而那些不熟识的年轻人竟有叫我"叶老"的,弄得我只能以哈哈大笑来解嘲。我希望我永远能做"小字辈",或者永远能被叫"小叶",因为这意味着我永远拥有"老朋友",祝他们健康长寿,即使我不在时,当他们回忆起我来,仍然叫我"小叶"。

的确,年过花甲,死了也不算"夭亡"。王国维五十岁就死了;如果我也在五十岁那年死了,我固然不敢狂妄地说"天下遂不知有个叶秀山",但至少现在这篇文章是写不成了。

然而,如果真有什么"部门"、"大官"管寿命的,我倒要向他们提出一份申请,或叫"提案"也行,请他们批准我们这一代人能延长在地球上的居留期,我的理由是:我们这代人被耽误了太多的时间,受到很多的干扰,学问根底太浅,有关"部门"应把亏欠我们的时间还给我们。

过去的年月,我也不用再算细账了,不但我自己说过,许多同事和朋友也都在不同场合、以不同方式说过各自的体会,而更有一些作家,把那个时代写成了小说,流传于世,深入人心。总起来一句话,我们这代人学问基础相对地差一些。

当然,我不能说,我们这代人都不行。不能因为自己不成器,拉着别人一

---

* 原载张志林、吴重庆主编《自由交谈》第4辑,四川文艺出版社1999年版。

起下水。我们这代人中自然有各种类型的代表人物,大学问家也是有的,他们一直是我学习、羡慕的榜样。

然而,我还是要告诉你们,或者偷偷地告诉你们:我们这代人——或加以限制:当然包括我在内的相当一部分人,在学问上是长不大的人。在这一点上,至少我本人真的永远是"小字辈"。

我说这话,一点没有要谦虚的意思,也不是要强调"永葆学术青春"之类的哲理,而是一句大实话。

几十年前,贺麟先生跟我说,做研究工作,三十岁前看"聪明",三十岁后要看"学问"。我当时不到三十岁,所以贺先生才对我说这话的;如今我六十多岁了,"学问"又如何?

我的专业是"西方哲学",按这个专业的要求,我学了几种外语,程度不等,但都谈不到"好",勉强读读书,有的也只能参考参考,不能独立应用;西方哲学史上的原著读过一些,有些断代也作过点研究,但我告诉你们,书太多了,读不过来。有的书过去明明读过,而且是仔细读过了的,现在再来读,好像初次见面一样。倒不是记性不好,而是当初没有读懂。譬如,斯宾诺莎的《伦理学》是贺先生译的,他根据拉丁原文校过,我也对照拉丁文本读过,不谓不仔细了,但前不久拿来读,大为惊讶,为什么过去竟没有注意那些"道理"?!过了些日子,拿起费尔巴哈的书来念,有时还对照德文读读,大为赞赏我们老师的译笔——记得经王太庆先生校过的,不但信实,而且优美、流畅,把费尔巴哈的文风表达得很好,同时也怪自己,为什么过去不好好读它,以至于有一个"费尔巴哈较为浅显"的观念!

还有那培根的书、莱布尼兹的书……过去都读过的,现在想起来惶恐得很,肯定是没有读懂!于是又想一本一本去读它们,但是哪里还有那许多"时间"!

康德、黑格尔的书是我比较熟习的,也常常反复读一些段落,一直没有"丢生";但说也奇怪,每次想"参考"一下其中的章节,读着读着,又想把全书甚至他们其他的书都要读一遍才好,然而,又是那句话,哪有那许多的"时间"!

更不用说,还有那过去没有读过的书,而这些书,研究西方哲学的理应都要读的，很懊悔年轻时未曾多读些书。

当然，我有时也和朋友们作些自我解嘲的排解功夫：我说，有些书"读早了"，不如"读巧了"，有些书的确感到"读早了"。十七八岁的娃娃读《资本论》，不容易领会，二十多岁的人读斯宾诺莎、莱布尼兹的书也不容易懂的。

然而，当你似乎能读懂时，何人又给你"时间"来读？

何况，"西方哲学"除了"历史"以外，还有"现状"。如今是"信息"时代，资料的传播快如风云；而且如今又是"群众"的时代（后现代?），几乎人人都可以写书，都有一得之见，谁敢"忽略不计"？八十年代风气初开，大量西方信息涌入，我和所内一位青年学者说，我和你对西方现代哲学的研究几乎是同时起步的，可是老年人要和你们在同一个起跑点上比赛，非累死不可。

再说中国的学问。我的专业是"西方哲学"，但是中国人来做的，自然要有"中国特色"，然而，我们这一代人中相当一部分（限制一下好），尤其是做西方哲学的，中国学问的根基，可以说几乎是一张白纸。

首先，说一句该忏悔的话，我们做西方哲学的在过去都不大看得上中国哲学，不是说中国哲学不是学问，它当然是很高深的；但它不大像"哲学"。于是，研究中国哲学倒是要掌握一定的西方哲学的知识；而研究西方哲学的却可以"名正言顺"地不读中国哲学的书。在大学读书时，实在是张岱年先生课讲得太好了，我背他的讲稿，考试也能得个好成绩，至于中国哲学的原著，在校期间则没有读过。

不过，对于中国的文学艺术，我还是很有兴趣的。不读中国哲学的书只是认为它不像"哲学"，而中国是个诗的国家，中国的诗、书、画、戏曲都有极高的水平，这一点我是很清楚的，所以我一直对这些艺术有很大的兴趣。贺先生知道我的兴趣，时不时还送我一些他买重了的法帖，但对于我能不能做一点中国学问，却未置可否。有一次他对我说，他们这一代人从小都有中国学问的基础，在接受了西方文化教育以后，转而研究中国学问，就比较自然、顺当，下面的意思他没有说出来，我的领会是：像我们这代人，从小没有中国学问的训练，不大容易研究中国的学问。贺先生说得很对，我从小没有上过"私塾"，学校里学的是物理、化学、生物（自然）、历史、地理等"新学科"，当然也学点古文，但零零散散，作为"基础"，就太薄弱了。

所以，中国学问这一课，还得从头补习，而中外的学问都一样，许多书不是一遍、两遍就能读懂的。过去人们看不上那摇头晃脑背"四书五经"的"老冬烘"，其实，真的要能体悟出些自家的东西来，还真的要摇不少次脑袋才能"出"得来的。所以，当有朋友问我要不要做点中国的学问时，我总不敢正面回答，而以"谈何容易"表白自己的心态。

对于读中外古人的书，我不大采用"审案"的办法，即用自己现成的一套套古人（他人）的学说，不会的则"划"为什么什么主义，而倾向于从体会古人的意思中引发出自己的意思来，所以侧重点不在建构自己的"体系"，而在于体会"他人"的意思，努力把握古人真正的思想。我相信，有了这番功夫，真正把古人的思想弄懂了，"自己"的"意思"会自然而然地引发出来的。我感到，这样引发出来的东西，就既不委曲、误解古人，也定会是不同于古人的。我们毕竟生活在现代，我们受的教育、处的环境、个人的经历都不同于古人，对问题的看法也就不会与古人完全一样。

我把这个意思再说得具体点，我们研究古人的思想，要做到这样的地步：如果古人要生活在我们这个时代，他（们）会是怎样想的。也就是说，根据他（们）的"思路"（理解），他（们）如果在现代，对某某他（们）过去讨论过、想过的问题，也会有新的阐发、新的思想、新的想法的。

这些新东西，也许和过去的完全不同，或者是过去的否定，或者是修改、发展，但"精神"却是一贯的：都在探求"真理"。我相信，这样引发出来的思想，既是"新"的，又是言之有"据"的。

这就是说，"学术"应有自己的"生命"，"学术的生命"大于"个人的生命"。并不是说，"学术"没有"断裂"的时候，其实，我们这一代人恰恰就是处在一个"学术"的"断裂层（带）"中。扩大开来说，"学术"也经常处于这种"断裂层（带）"中。中国学问讲"传统"，还好一点；而西方的学问则常常要"反传统"，要将过去的"传统"（在西方哲学是"形而上学"传统）都批判掉，彻底决裂等等，但往往"断裂"是为了更广泛、更深入的"延续"，由旧传统开启一个新传统。其实，西方那些"后现代主义者"或"解构学家"，大都也是饱学之士，他们"解"这，"解"那，没有学问则只是一股激情，或是一种"聪明"——像贺先生说的，在做"三十岁以前"人做的事，而谈不到

"学术"、"学问"。

所以，要做"三十岁以后"的"学术"、"学问"的工作，就又得先读大量的书，读古人的著作；而中国如此悠久的历史，涌现如此众多的有才学之士，应读的"书"真是浩如烟海，过去是"视而不见"，如今只剩下"望而生畏"、"望洋（书）兴叹"了。

不仅如此，学哲学的人兴趣又特别广泛，什么都想"知道"，都想"弄懂"它，不仅人文社会现象，就连那日月山川的自然现象，也都是哲学家思考的对象。

按传统哲学的观念，"哲学"研究"无限"，"无限"就是"不受任何条件的限制"，没有任何东西能够"限制""它"。所以，在某种意义上，"哲学家"并不是通常意义上的"专（门）家"，而常常是一个"通才"、"通家"。

我上大学时，是解放后院系调整后的第一年，那时哲学系分三个专业：自然科学、社会科学和逻辑。我选了"自然科学"作专业，所以学了"高等数学"、"物理学"、"化学"、"生物学"等课程，虽然分数记录逐年下降，但也可以看出我年轻时的意向。

至今我还是很想读自然科学方面的书，手边经常放一些这方面的书，表示阅读的决心，但就是没有时间。好几年前，我读了爱因斯坦和英费尔德合写的《物理学的进化》激动不已，觉得大科学家们竟能将深奥的科学问题如此深入浅出地表述出来，足见科学的道理是要人明白，而不是让人糊涂，当时想写一篇读后感，但实在自知基础太差，未敢动笔。

我还一直想补习中学的数理化课程，有一套这方面的"自学丛书"，一直放在我家中书架的"前沿"，不把它们"束诸高阁"。我这个非分的想法，是因为有杨向奎先生的典范在鼓励着我。杨先生早已是知名历史学家，曾任山东大学文学院院长，但居然发奋攻读物理、数学方面的书。他告诉我，起初竟从中学的课本入手，后来进入高等阶段，慢慢能与爱因斯坦、海森堡诸家对话，不但在他研究古代思想史的文章中运用严格自然科学新观点，无人能及，而且能直接对相对论所涉问题发表意见。我有幸和杨老先生住在一个大院多年，至今还经常读到他的新作。杨先生的学问对我说来是难以企及了，但他的精神我是一定要学的。

与此有关的，是"逻辑"这门学问，这本来是搞哲学的一个最根本的训练，但如今却似乎各自"分家"了。在大学分专业时，从南方来的几个同学劝我跟他们一起选"逻辑"专业，我没有做，他们现在都是这方面的专家，有两位和我一起在哲学所工作了很多年。我对他们很尊敬，因为他们都学有专长，其中有的朋友还很有哲学头脑。我常劝他们，年纪大了，不要专门的逻辑，而要扩展开来做哲学；对我自己，则老想从头至尾好好地学"数理逻辑"，包括做习题在内。他们的书，更一直是放在了我小写作间的"前沿"，表示学习决心之大；但却断断续续，未能持之以恒，故而事倍功半。前些日子，我的课题做到了亚里士多德部分，我决心不避开他的"工具论"，围绕这个问题，学了一些逻辑皮毛，勉强将这部分写了出来，但自知远远不够，所以那一批占据书架"前沿"的书，不敢撤下来。

喜欢探索自然的奥秘，我想这的确是人的一种自然倾向，而且我对动手的技术工作，也并不完全拒斥。我小的时候倒没有把座钟拆下来装不回去的经验，但后来却拆坏了好几只半导体收音机；如今的家用电器，有的是高科技产物，不能随便拆卸，但有时还是忍不住要碰碰它，当然这种做法不会有什么好结果的。我很羡慕我的一位搞美学的朋友，他能自己装半导体收音机。"文化大革命"中他装了一只八个管子的收音机，居然给他弄出短波台来了，当时我也激动不已，竖着耳听那很不清楚的声音。

我一直相信，科学和艺术固然各有自己的特点，但科学和技术从根本上说对艺术是有利的。譬如现今的音像技术，其意义不应亚于当年的印刷术。因为有了"书"，"语言"才不会成为"枕边风"，而得以"存留"，供人"反复"体会、思考，理论、思想才容易得到提高，哲学也因此更加深入；录音、录像技术，把声像完整地"存留"下来，对我们的思维方式有何种影响，如今还没有完全显示出来，我想，绝不会是无足轻重的。

说到文学艺术，在某些领域我还做过点工作，一度我也曾经是搞"美学"的。就文艺领域说，我简直没有时间读小说，不是认为它是"闲书"，实实在在是没有时间；我对西洋的绘画所知甚少，可以说没有分辨"好""坏"的能力，我也收些画书、画册，计划找时间熟习它；西洋的音乐我很着迷，但所知甚少，实在也是没有时间。

我的兴趣实在也太杂了，实质也是一种"奢侈"，但因为它有一层"知识"的光环，成为这种占有欲的借口；过去也有朋友劝我做学问不能铺得太开，我自己也知道，如此的奢求，可能会使自己一事无成。

聊以自慰者，我从事的"哲学"的研究工作，本是一件很特殊的"事"，或者说它是一件最"普遍"（普通）的"事"，它不像修桥铺路那样具体要做一件或一些"事"，譬如既修桥，就不必再铺路，把河填起来成了"路"，也就用不着再架"桥"。"哲学"本就是"路"，本就是"桥"，而"条条大路"通"哲学"，"哲学"讲的是一个"通"字。

这个"通"不是一下子就能达到的，如果真的天下本无"事"，没有任何"障碍"（佛家语），四通八达，则"通"不成为"问题"，因而也就没有了"哲学"。正因为世上有纷纷扰扰的万事万物，所以"哲学"才要来做那"沟通"的"事"，来"铺路"、"架桥"。就我本人来说，我也是想努力把我各种的兴趣，——有许多是很世俗的，都能"沟通"起来，使"哲学"不成为苍白、空洞的东西，而与完整的人的生活的"历史""汇通"起来，与"万事"、"万物""汇通"起来。

而我们知道，"历史"是"时间"，因此，"哲学"如果不希望成为空洞的教条，则一定是"时间性"的，而不是"非时间性"的。

"哲学"需要"时间"，做"哲学"的"人"更需要"时间"。

人有早熟的，也有晚熟的。一般说五十岁是分水岭，孔子"五十而知天命"，康德《第一批判》的出版在五十岁以后，牟宗三先生在五十岁时有一个《自述》，标志着思想的成熟；不过我们这一代人的"成熟期"要往后推推，所以，我在六十岁已过的时候，只能写一篇短文章，而它只是个"申请书"，或是一篇"祈祷文"：希望我们这一代人能在地球上多滞留几年，祝福新一代的人能不失时间地走自己的"心路历程"。

完了，阿门！

## 哲学的"回忆"与哲学的"希望"*

我的记性很坏,但常常幻想,总觉得我的过去似乎没有什么太多可以回忆的,我的"现在"肯定比我的过去好,"将来"也肯定比"现在"要好。"现在"是"历史"为我安排的"最佳状态",而"现在"是常青的。当然,"现在"不是从天上掉下来的,而是从"过去"发展出来的。所以我也记住一些事,但似乎只记得住那些对"现在"仍经常起作用的事,这也许就是伽达默说的那个"有效应的历史"吧。

如今做哲学工作,大量打交道的对象还是"书籍",通过读书来增长自己的知识,训练自己的思想,来做自己的工作。然而,读书并不是容易的事。古今中外的书浩如烟海,现在的人绝不敢夸口说"无书不读"。那么,读哪些书——这个问题可以从某些书后面的参考书目得到解答,而我自己则是得益于老师们的教导。

第一个教我读哲学书的是我的一位中学老师刘檀贵先生。说也奇怪,他在德国留学学哲学,回国后却安排在中学教代数,所幸解放后提倡学哲学,学马列主义,他在教员中主持学哲学小组,把我也吸收来旁听,当时学的是毛主席的《实践论》和《矛盾论》。这不仅是我第一次读哲学书,可能也是我第一次注意到"哲学"这个词,从而决定我在上大学时选择了哲学系。

大学时期,我一点也不用功,课堂讨论也不能像有的同学那样有一套一套

---

\* 原载董驹翔、董翔薇编《哲人忆往》,中国青年出版社 1999 年版。

的话说。但我对王雨田老师开的"马列哲学原著选读"这门课却有兴趣，他帮我们读了《费尔巴哈论纲》、《反杜林论》、《唯物论与经验批判论》等几本书，使我懂得了只有像他那样钻研书、读书才是有趣的事，而也只有那样一些经典原著，才经得起那样的钻研。

当时学校里设有"西方哲学原著选读"课，我虽然选了"康德的先验唯心主义批判"作为毕业论文题目，但对康德的原著并未钻研，而是靠着桑木严翼那本浅显的书应付了过去。当然，这绝不是说，我的论文指导老师郑昕先生不强调读原著，而可能是"因材施教"，我当时既不能读德文，也不能读英文，剩下那本胡仁源的中译本如同天书，是谁也读不懂的，郑先生觉得没有希望，也就不要求了。

我的论文当然写得不好，但贺麟先生觉得还有一点"聪明"，那时他正筹建哲学研究所的西方哲学研究室（那时叫"组"），就把我调来工作，从此，我一直在贺先生指导下做哲学工作。他对我的帮助是一言难尽的，其中有关读书的，是他多次强调读原著的重要性，他的意思是指西方哲学史上从古代希腊以来的重要的古典哲学著作，要有选择地着重钻研，我的毕业论文既然是康德，而正好当时蓝公武先生根据英文译成中文的《纯粹理性批判》出版，我就对照着英译认真地读了起来。

我不是康德专家，康德的许多著作以及近几年来新发现的有关材料，我都没有读，但他的三大批判，却读过多遍，而且发愿还要再读几遍。

大哲学家不能保证自己的学说人人都同意，但却要迫使人人都思考他提出的问题，这就是说，大哲学家所提出的问题，是不能忽略不计的。康德离我们快200多年了，但他书中的基本问题，对现代的人，至少对现代研究哲学的人，仍未失去意义。

应该说，这200年来，西方哲学也有很大的变化。有一个阶段，我在考虑西方哲学历史发展时也觉得对康德哲学的研究过多地偏重于"分析篇"，而不够重视"辩证篇"。但事实上，在西方，康德哲学以后首先发展起来的是他的"辩证篇"所指的方向。我们知道，尽管费希特早年的论文被读者怀疑出自康德之手，但他们两人的思想倾向是不同的，这一点康德自己看出来了，所以后来对费希特很不高兴，是有学理上的原因的。康德的倾向，着力于揭示"知识"、"科学"之坚实基础，从科学知识中排除非经验及非逻辑的因素，因而他的思路是分析性的，而费希特则建构了一个比经验科学更高更根本的"知识体系"。费希特着重于"道德"，谢林着重于"艺术"、"自然"，而黑格尔则回到了"思辨"、"理念"。这是一条综合性的思路，而康德的分析性的思路则由逻辑实证主义发展开去，直到维特根斯坦的《逻辑哲学论》，在精神上和康德《纯粹理性批判》，特别是"分析篇"是很接近的。这就是说，康德的"辩证篇"的精神，在黑格尔的体系中，就古典范围言，已相当充分地发展过了，所以人们才更着重康德的"分析篇"。逻辑实证主义侧重于逻辑形式，而新康德主义则侧重在经验形式方面，于是有卡西尔的"符号哲学"。卡西尔的"符号"，不是逻辑的形式，而是文化的形式。

康德哲学强调形式，故被普遍认为缺乏"历史"的度，黑格尔就曾狠狠批评过这一点。这个批评当然是有道理的。所以狄尔泰才以历史为核心，展示了他的解释学，直到胡塞尔，也批评康德的"我思"和笛卡尔一样，是抽象的形式，而缺少生活的内容。这些都是很有道理的批评。然而，海德格尔却在《康德与形而上学的问题》中称赞了康德把"时间"、"空间"引进关于"存在者"的知识，是一大贡献。我们知道，按西方传统的看法，真理、真知识是"超越""时空"的。所以，在海德格尔看来，尽管在"理念"部分，康德排斥了"时空"，但在"存在"（的知识）部分，康德还特别强调了"时空"的基础性，因而"存在"不是抽象的，而是具体的，有时空的。

我并不是说，现在人所谈的，都可以在康德那里找出来，而只是想说，有些问题康德的确已是想到了的，只是受种种限制，想得不那么好，不那么周到，或者有些问题的方向想颠倒了，想反了。譬如，这几年来，我老在想，为什么康德要把"审美"与"目的"放在一个批判里？过去我读《判断力批判》，重点只读"审美"（或"情感"）部分，总觉得"目的论"部分很落后，似乎不重要，所以对他为什么要把这两部分放在一起，不甚了然。这几年读了胡塞尔、海德格尔，特别是伽达默的书，才悟到审美、艺术也好，自然的"合目的"也好，原来就是解释学所要探明的那个"意义"，那个既非感觉又非概念的"意义"。康德用来解决问题的方式可能比较陈旧，但他提出的问题，还是一个真问题。伽达默的《真理与方法》的第一步，就是自觉地把海德格尔的思路与康德在《判断力批判》中提出的问题结合起来。可惜,最近我还没有时间来重新研读康德《判断力批判》的这一部分。

并不是因为我从读康德起家,就老王卖瓜,自卖自夸。我知道,古今中外有许多伟大的哲学著作,值得我们研读,康德的书不过是其中之一,青年同志不妨按自己的习性,或遵师嘱,或还靠一点机遇来选择自己重点阅读的书。我只是想说,书跟书不一样,经过世上如此多的聪明睿智之士研读过而认为有读头的书,一定也值得你去研读。

这是读什么书的问题。至于如何读书,则没有一定的规矩。我自己是尽量以讨论、对话的方式来读书的,觉得只有这样,才能读懂。我要跟"对方"(书)讨论,自然要弄懂"对方"的意思。现在西方有些思潮强调"原文"、"文本",而将"作者"悬空,这在理论上说,有一定的道理,但我们中国人的传统习惯还是"书"和"作者",甚至作为作者的具体的"人"是分不开的。读书固然省去了直接对话、讨论时的许多偶然细节,可以避免争论时的情绪激动,更易于探讨真理,但如果读书时设想作者仍在与你对话,则可能有另一些好处,至少可以设想你提的反驳,作者会如何回答,也便于加深理解。我想这种态度,对读哲学类书籍言,是尤为重要的。读哲学书和读自然科学教科书不同,它不只是一种知识的吸收,而更多的是问题的讨论,就像读小说书不同于读历史书一样。读小说书要有点"身临其境"感,而读哲学书的"身临其境"感就是"直接的对话"感。

哲学是一种学说,也是一种对话。在古希腊,先有泰勒斯关于"始基"(水)的学说,然后有苏格拉底、柏拉图的对话。哲学是"学说性对话"。这是哲学的本来面貌,多大部头的书,也离不开这个基本特点。如果说,"哲学工作"本身也是一个"小""世界"的话,那么这个"世界"也是"活的",是跟那个活的"大""世界"通着的。对话般的读书方式,也是从生活中的"学说性对话"体会出来的。事实上,广义的"哲学工作"包括了那许多的"师友"之间的活生生的讨论、对话。

平时老师们比较忙,我去打扰他们的时间不能太多,但有一位老师却经常主动找我来谈,这就是沈有鼎先生。有一个时期,我跟沈先生是近邻。他是一个"怪"人,有时在胡同里碰上,好像不认识一样,连招呼也不用打,因为打了也没有反应。但只要他高兴，就会推门而入，谈到兴尽，才愿离去。沈先生知识渊博，头脑清楚。他不仅是逻辑方面的大家，也有丰富的中西哲学知识，时有独到的见解。30年前组里让我具体编辑一本纪念培根的文集，有机会读到一些老师的文章，其中沈先生的文章给我印象最深，那时只见他夹着培根的拉丁文集，往返于研究所与住处之间，至今提到他那篇文章，已经和他匆匆携书回家的形象分不开了。不仅哲学，其他文化领域，诸如音乐戏剧，甚至天文地理他都谈得上来。有一次沈先生还跟我谈到字韵，他对《中原音韵》、十三道辙都记得清清楚楚，才知道他对语言有很大的兴趣，怪不得他虽然把"爱人"说成"矮人"，但作为苏州人，他的北方话说得已是相当不错了。由于他太博学，所以我时常说："沈先生记忆真好，我记性太差，真没办法。"一般他也不反驳，但在干校有一次他对我嚷着说："你老说记性，记性并不重要！"回城后，我正在做前苏格拉底时期哲学的工作，他常来谈希腊哲学方面的问题，因为他谈得太专门、太细致了，我忍不住地问了一句："沈先生，你最近是不是在读什么希腊方面的书？"他说："前些日子刚读了柏奈特的书（《早期希腊哲学》）。"我这才恍然大悟，他的记忆是经常温习、反复阅读、思考训练出来的，怪不得他有时半夜起来哇拉哇拉念外文书，把我和我爱人都吵醒了，原来他也是用这种反复朗读的方法来维持外语水平的。从此以后，我也就慢慢地练习着朗读外文书，现在竟已经成习惯了，只是我从不半夜读书。

　　与老师谈，毕竟是他谈得多，我谈得少，在朋友之间就更加活泼些、随便些。我在另一篇文章中说到有两次时间比较集中的谈话讨论，使我得益匪浅：一次是60年代初在美学教材编写组，一次是80年代初在美国进修期间。如果说我的"过去"也多少有值得"怀念"的地方的话，那么这两段就是我时常"眷恋"的时期。前者使我牢牢地附着于"哲学"这块领地上，后者则又使我扩大了眼界，深刻地感到必须扩大哲学对话的范围，不仅与古典哲学对话，而且要与现代哲学对话，这是我在《思·史·诗》的后记中已经提到过的。

　　这里，我想要说的是，要以这种活的"学说性对话"的精神来对待读书，把"读书"还原到"对话"的基础上去对待，使"对话"有"读书"的那种认真、严肃，而又使"读书"有"对话"那样的生动活泼。这样，我们面对的就不仅仅是"死"的"书"，而且是"活"的"人"。

在这个意义上,"读书"似乎可以理解为读远方的"朋友"寄来的"信","信"是什么?"信"就是解释字里的所谓"信息"呀。中国人把"书"、"信"连用,已很有解释学的意识。这封"信",也许长了些,但它是朋友的"心意",甚或是"家"里来的"信",在"叫"我"归家"呢。哲学是探本求源的学问,"本"和"源"都有"家"的意味。亚里士多德解释"始基"为"起于此",又"复归于此"。"哲学"是关于"本",关于"源",关于"始基"的学说,也是关于"家"的"信息"。它告诉我们"家"里怎样了。这些"信息"自然人人都会关心,人们钟爱哲学的书,因为"家书抵万金"嘛。

冯友兰先生在《中国哲学史新编》总序里说,哲学给人以"安身立命之所"。贺先生也常说这个话。这个"安身立命之所"就是"本",就是"源",就是"家"。人生在世,如漂泊于坎坷之旅途,匆匆地过往之"客"是个"客位",而回到"家"里,才是"主位"。人本是从家中之"主位"出来,最终还要回到"家里",归为"主位"。中国旅店常有"宾至如归"的匾额,英美人也对客人说:"请像在家里一样。"可见人是向往着"归家"的。向往"归家"就是向往回到"主位"。人人都有家,或都曾有家,所以人最基本的特点就被理解为那个"主位性",而只有在"家"里,在本源处,人才恢复那主位的特性。

话题似乎又可以回到康德。在西方近代,是康德告诉我们:一切关于"家"的"信息"都不是很可靠的,不是一种科学性的知识。一切号称关于"本"、"源"、"家"的"知识"——"形而上学",都是"有问题的"。这个"家"只是思想的归宿、"灵魂"的"依托",这个"安身立命之所",也不是现实的去处。因而,有关"本源"的一切学说、理论,尽管不能说全无意义,但却不是确定的知识,而只是"理念"。在这里,康德同样也暴露出他的缺陷:"限制知识","为信仰留下地盘"。他把这个"来源"、这个"家"归诸为神、灵魂不朽和意志自由。人们对这种观点进行了严厉的批判,这是很必要、很有理由的。然而,在批判的同时,我们仍然不能忽略康德所提问题本身:人除了"能知道什么"(知识论)和"应做什么"(道德论)外,尚有"能希望什么"的问题。这个问题,在西方被宗教、神学糟蹋得很厉害,康德也在所难免,似乎除了"神"外,人就再也没有什么可"希望"的事了。西方人似乎觉得在没有"神"的条件下,"人"还有什么"希望","人"的生活有什么"意义",倒成了问题。其实，问题似乎应该反过来看，只有让那个"全知全能"的"神""死"去，"人"才能有自己的"希望"，才能活得有自己的"意义"。这是西方哲学自尼采以来要做的工作，这个工作，最近几十年来，在法国得到较大的进展。

法国战后，一方面吸取基尔克特、雅斯贝斯的存在主义，但萨特又强调人之实存为一种自由和"无"。人生之"意义"永远从"无"到"有"，是人自己创造出来的，而并没有一个预设的"神"，或"绝对"来维持着"意义"的价值。从这个意义看，如果说人有"本"、有"源"、有"家"的话，则这"本"、"源"、"家"，为"无"，为"自由"。人当然可以在"主位"，但这个"主位"也是一个"无"，是一个"空集"，而且只有这个"空"、"无"才是"主位"。意识到这个"主位"，就是意识到"自由"，一切都可以"从头开始"、"重新做过"和"从无到有"。过去的一切的"历史"，都可以"重新""谱写"过，改变其"意义"，而出现"新篇章"。有了这种自觉，就是回到了"家"，回到了"主位"，感觉到"自由"。与此相反的思路是：意识、自由既然是"无"，就不可能成为知识之"对象"，一切能成科学知识对象的，必然为"有"，为"存在"。意识表现为"语言"，"语言"则是实实在在的"存在"，有自己的"结构"，需要对其进行科学的研究，从"语言"扩大开来，人类一切文化产品、精神产品，都有与"语言"类似的"结构"，这就是"结构主义"。在这种思路下，"人"在各种关系网中，始终脱不开"客位"的意义。从这个角度看，人从未有过"永久性"的"家"，而只能在各种条件的限制中建立一个个"临时性"的"家"。"人"没有"永久性""地位"。

于是，没有永久性的家，人不断地建立临时的"家"，又不断地解体这个"家"，使"结构主义""历时代"，这是法国当代"解构学"（消解学）所要做的工作。

悬在空中的"安身立命之所"，可以成为一种"慰藉"、"寄托"，但不可为真实的"希望"；以"无"为"家"，实为"无""家"。但人总还"希望""有"个"家"，事实上一般也都"有"个"家"。"家"应为"有"，而不应为"无"。对虽尚未"有"，而将会"有"的东西，才能寄以"希望"；对于绝对的"无"，人们只能产生"幻觉"。无神论者和非形而上学者如何理解"希望"，这是我最近读利科《解释之冲突》时所要弄清楚的问题之一。

人生是一条长长的旅途，哲学的思考也是很长的历程，或者可以说是"无尽"的历程。茫茫思海，望不到"头"；但途中毕竟有一些"驿站"，可避风雨，有时还真有"宾至如归"之感。长途跋涉，看到一缕炊烟，则必有"人家"。"有""人家"，就有"希望"。于是，我的旅途并不孤独，只要世上有"人""在"，"我"就不孤独，就不会"无家可归"，甚至可以到处为家，四海为家。

感谢古人的劳绩，为我们写下了许多好"书"，这些"书"提示着他们的"存在"，读他们的书，如与"家人"谈话；感谢师友的帮助，我们本在一个"大家庭"中；也感谢后来的人，因为我清楚地、确实无疑地"知道"，他们有时也会偶尔读读我写的书，把"我"接纳到他们的"家"中来，和我谈话，而不使"我"孤独。总之，我对"他人"充满了感激之情，因为有了"他人"就有了"希望"。不但"今人"给我以"希望"，"后人"给我以"希望"，"前人"同样也给我以"希望"。所以，我愿意满怀"希望"地来进行哲学的"回忆"。在哲学的思考工作中，我曾做了什么，正在做什么，和想要做什么是不可分的。

1990年11月23日于北京

## 世纪寄语书法艺术*

随着社会改革开放的迅猛发展，在本世纪最后二十年，我国特有的书法艺术出现了大复苏、大繁荣的局面。今当世纪之交，有一点感想如下：

八十年代以来，一部分书法艺术寄托于商厦之上，一时间招牌林立，装点市容，功不可没，也是书法进入市场的绝佳途径。

然则，书法艺术并非全为"包装"服务，而尚有其自身的宗旨在；窃以为，凡称得上"艺术"的艺术，只有充实其自身的生命，才能恒久地为社会和人民服务。尤其如书法这样的传统高雅艺术，要和流行时尚比赛，或可在一定范围内"风行一时"，但长远看，失掉的是艺术自己。

我相信，在即将来临的世纪里，我国书法艺术，将少一些"他律"，多一些"自律"。

---

\* 原载《中国书法》2000年第1期。

## 提高什么*

京剧需要普及，但也需要提高，而所谓提高，首先是"复兴"，然后是新的创造。这样，普及和提高的相互推动，以"双向互动"而形成"京剧振兴"的局面。

京剧作为中华传统文化的组成部分，受到了自下而上和自上而下的重视，是另一种"双向互动"。于是各种京剧艺术竞赛以及随之而来的各种奖励迭出，一些大专院校开设京剧课程，甚至一些中小学也在课程设置上有所安排。京剧在更为广泛、更为健康的基础上得到了普及。

但我觉得，我们在普及的同时，还应更多地注意从各个方面来多做一些提高的工作。

就提高来说，最主要的当然是演员素质的提高。现今新社会的演员，有老演员们不可比拟的优越条件。我们知道，旧社会有些演员的文化水平并不高；不过我们也知道，过去凡成名的大演员，都有虚心好学的优秀品质，对他们的勤学敬业的事迹有不少记载，是不难找到的。同时，我们还想指出，老演员虽然书本文化少一些，但生活经验、实际的文化知识并不少，尤其是他们的早年生活，可谓"去古未远"，对于剧中人物的体会相当具体丰富，也很直接。而现在的演员则因所处时代有很大的不同，要体会剧中历史人物的思想感情和举止态度，就不具备前辈演员的优势，而必须以更多的书本文化来补充，如多读

---

\* 原载《京剧大观》2000年3月26日。

历史书、多读传统诗词等等，才能把古人演"活"了。这就要求现代的演员要有更多的文化修养，或者说，在现代的条件下中国京剧演员要更"学问化"、"人文化"，以此来支持自己艺术上的"历史意识"和"历史体验"。

我们看到，现在挑选演员的范围比过去扩大了很多，所以要在嗓音、身体等自然条件上达到或超过先辈演员，应非难事；现代戏校的训练方法，总体来说，比过去要科学得多，所以现代的演员要在技巧上达到或超过先辈演员，也是可能的；现在的难度似乎更在于"体验"、"体会"方面。离古人越远，了解、体会古人的生活方式和思想感情，也就越难。这或许就是我们看到有些青年演员的演唱技巧很高，嗓音天赋也很好，但总觉得缺少点"精神"和"韵味"，未能传（角色、古人之）"神"的缘故。

此种情形，并非京剧独有，其他艺术亦然。据说，现代西方的演奏家，在技巧上多有进步，能轻易地克服先辈演奏家觉得很难的乐段，而所缺乏的也是前辈的气度和风格。先辈艺术家也会有失误的地方，但正像黄庭坚评论苏东坡书法时所说，"笔或有不到处，韵胜耳"，现代的京剧演员当要在"神韵"上多下功夫。

## 徐慕云《梨园影事》及其他*

今年三月十一日的《文汇读书周报》第三版有羊休先生写的一篇文章介绍徐慕云《中国戏剧史》，文中提到他有徐的另一部以图片为主的《梨园影事》，可惜在"文化大革命"中丢失。我突然想起，我的一部《梨园影事》似尚在我的藏书中，但因书乱一时找它不到。这两天稍事整理，终于发现了它。今略加介绍，也算是一个回应。

先说这部书的来历。它是北大学理科的一位戏迷同学送给我爱人的礼物，是1933年的再版本，据说有所增补。送来时封套已因潮湿有点脱落，多少年来我也没有去修补它，它倒也很自强地支撑着未曾散架。这个封套红色金字，"梨园影事"为于右任行楷，书名前尚有"慕云擅长词曲得梨园雅故数十事将付印属题"两行小行楷。封套上方有英文"History of Chinese Drama (606 B.C.—A.D.1933)by Hsu Mu-yun"，封套内含上下两册，缎面线装，但里面正文却不是宣纸印的，大概是为了便于印照片的缘故。两册书名都是袁寒云的小篆。

打开此书，除一页"百代公司"的唱片广告和目录外，有刘春霖题署的"梨园影事"四个秀媚的楷书，然后是一些人的"题序"，在这些人中，也有后来变得很坏的，就不必细说了。然后是"徐慕云先生小影"一帧，看上去不过三十多岁，很年轻的样子。

---

\* 原载《散文》2000年第6期。

当时的照片是没有彩色的，书中印的除几张脸谱外，全是黑白的，只是制铜版时用了蓝、绿等颜色，但为首的两张剧照是着色的。一张是"取洛阳"，另一张是"金山寺"，用中英文注明了剧中人名，未注演员姓名，待识者告我。

紧接着是介绍脸谱，有中英文详细说明，脸谱的绘制者有名画家，也有演员。最有趣的是印在刘奎官所绘周仓、将思上方的秦始皇脸谱，文字说明为："此光绪十年间秦腔班毛儿老板饰秦始皇之脸谱"，看上去只是把眉毛、眼睛加长加大，没有别的什么花纹。

然后在"生旦净丑各部人名表"和"生旦净丑各部系统表"之后，就是重点的京剧生旦净丑各部名伶小影，其中旦部增加"梅兰芳小影"、"老旦部小影"，在"丑部小影"后，还有"坤伶部小影"、"名伶合影部小影"、"名伶童年时代小影"、"票友部票界名宿小影"、"场面部名琴师鼓手小影"、"秦腔部名伶小影"、"昆弋部名伶小影"、"粤剧部名伶小影"，其中大部分重要演员，都有尽量详细的小传来配合照片。此外，还有"名伶书画"、"三庆班浣纱记抄本"、"老戏单"，然后还有多篇文字材料介绍中国戏剧的历史沿革、京剧音韵以及几个剧本（脚本）。应该说，这部书以大量的珍贵照片作主题，系统而生动地介绍了中国戏剧——主要是京剧的历史和当时的现状，并配以一定的英文说明，其用意也是要向国外介绍中国的瑰宝，而在当时的条件下，做如此精美的印刷和装帧，徐慕云先生的苦心和努力，很值得我们后人去学习追忆，而他在弘扬祖国文化方面的功劳，也是不可磨灭的。

《梨园影事》所收照片之所以珍贵，在于它相当系统地收集了京剧早年一批大演员的剧照和便装照，没有留下照片的，也以画像代替，如那幅著名的程长庚、徐小香的《镇檀州》像、余三胜的《黄鹤楼》像，至于后来享有大名而当时尚在青年的演员，也可以让人通过这些照片，想见他们风华正茂的岁月。譬如"梅兰芳小影"部分，所收《探母》、《西施》、《廉锦枫》等剧照，每张都是光彩照人，还有他和杨小楼的《霸王别姬》，英雄美人，相得益彰，在"声"叹为"绝唱"，在"影"也叹为"绝照"了。然则，影事照片乃是美术的范围，不是文字所能叙述得尽的。

我和徐慕云先生没有见过面，但却直接受过他的教益。他曾经写过文章指出我文中的一些常识性错误，那是马上要四十年前的事了。

我年轻的时候，有一阵子对京剧很有兴趣，写过一些从理论的角度探讨戏剧和京剧的文章，常用"秋文"这个笔名发表，这也就罢了。或许我有一种想法，觉得不该空洞地谈理论，要结合点实际的东西，于是我就囫囵吞枣地读些讲京剧音韵的书，也写些这方面的短文，有时候还要少年气盛地指手画脚做点批评，大概惹怒了徐老先生，他在 1961 年 8 月 16 日的《文汇报》发表了一篇长文章和我商榷，实际是狠狠地教训了我一顿，其中指出了我的几处常识性笑话，说明我根本不知"中州韵"、"湖广音"（我当时说成"湖广韵"而且把地点搞错了）为何物，就来大谈京剧音韵，等等。

四十年来我一直存着这份报纸，如今一找居然很快就找到了，足见它在我心目中的分量。

虽然我很长时间以来再也没有做过这种我力所不及的事了，但做工作、做学问的道理是相通的。

做任何学问难免有"硬伤"，常识性错误本也是难免的，而且这种错误也好改，年代错了，人名错了，改过来不难；但认真做学问的人却很怕犯这种错误，觉得是丢人的事，无论嘴上多么硬气，内心是恐惧的。我的一位学长，很是自信，你说他理论上如何有问题，他可以不屑一顾，对那指出他硬伤的朋友也扬言"一百处太少，还可以找出几百处来"，不过有一次他却对我坦承他从一本新出的书中发现了几处硬伤，那副垂头丧气的样子，是我从未见过的。

所以，"嘴硬"、"不在乎"，都没有用，认真的态度是最为重要的。学问之道，即使你很认真、很仔细，错误都很难避免，更何况，你掉以轻心、不认真、不严肃，闹笑话就真的难以避免了。史实和理论都一样。做理论文章，也得让你的理路有根有据，不能乱说。

我还会保存徐老先生这份报纸，过几年（十几年？几十年？）再看一遍，再借机会公开地提一次，如何？

## 仍在路上[*]

在一些青年学者的帮助和督促下,重庆出版社印行了我的四卷文集,包括了我以前写的主要的学术方面的书籍和文章。书一出,我自己就有一种"已经了结掉了"的感觉,现在要让我再来做些"回忆",实非所愿也。不过,这倒是一个基础,可以以此展望一下我今后的工作。

这并不是说,我一点也不重视过去做的事,不是的;我甚至觉得,从某些方面看来,学术工作也有点像艺术工作,有的书,有的文章,不论好坏,现在再让我写,我是写不出来的了。但是我做事总体来讲,比较重视今后,而不很留恋过去。在这个意义上,我做学术工作,基本上是科学的态度,尽管我也喜欢做艺术性的工作。所以我相信,"过去"之所以有意义,全在于它的"现在"和"未来"。

套用海德格尔的话来说,我这个文集,也并不是一部"作(成)品(Werk)",而是一条"道路(Weg)"。海德格尔这句话,并不是为谦虚说的俏皮话,而是跟他的整个哲学思想密切相关的。"作品"是已经完成的,是现实的;"道路"则是一个过程,是未完成的,是可能性。我们立志做学术工作,都要努力保持这种可能性,使自己前面老是有路可走,而不要使自己陷于"走投无路"。

有许多因素可以使你"无路可走"、"走投无路",但最主要的因素是你自

---

[*] 原载《中国图书商报》2000年7月4日第6版。

己。做学术工作怕的是"故步自封"。这个毛病老年人最容易犯，因为走的步子多一点，就封住了；年轻人也会犯，没走几步就封住了，这很可怕。

如果回顾以前有什么对今后还有意义的话，就是，总体来说，我不是属于那种非常自信或狂妄自大一类的。

最初年轻时实在因为没有什么资本可以狂妄。贺（麟）先生跟我说过，念书的人，30岁前靠聪明，30岁以后靠学问。我30岁以前，学习平平，工作平平。不能说笨，也看不出有什么特别的聪明。从29岁到30岁，在湖北和江西搞了两年"四清"，紧接着就是"文化大革命"了，一搞就是10年，哪里谈得到什么学问？自己的聪明程度和学问基础，自己心里一清二楚，没有什么可狂的。

那么，读了一些书，做了一些工作，是不是就可以狂狂了呢？我的体会是越读书，就越不该狂。只要你读书是认真的，那么，想狂也不敢狂。

过去我曾经认为，年轻切忌"狂"字，老年人可以狂狂，因为做了一辈子了，可以摆摆老资格。现在我也进入老年，我要修正这个想法，我要说，凡想在工作中继续取得进步的，仍须忌狂。

戒狂不等于人云亦云。读书做学问当然要提倡独立思考的精神，只是我的经验是，不必先设定一个与众不同的"自我"，以这个"自我"把"众（人）"征服；而是在向众人——包括他人、古人的著作在内——的学习中，让自己的"自我"自然而然地"涌现"出来，或者叫"开显"出来。我觉得这样的方法——道路，比较的扎实些，也比较的可靠些。我的这套文集，也许能多少看出这方面的一点痕迹来。

基于这些想法，我对今后有许多庞杂的"计划"。

一些经常读的书，还想系统地、认真地读它几遍。不但如此，哲学史上的经典著作，没有读过的要补读，念过的要重读。

过去读书研究侧重在欧洲大陆哲学方面，而我一直想把英美分析系统的哲学搞搞清楚，包括学一点数理的技术问题。

我也一直觉得"元物理学"方面尚有不少问题需要哲学性的探讨，因此还要补自然科学的课。

我也想做中西哲学的沟通工作，尽管我在中国学问方面的底子很薄。我的工作重点是要让中西双方通过各自的"典籍","自己"沟通起来,而不是勉强的类比。这方面我要读的书很多很多。

此外,我也一直关注宗教哲学里的问题,这个领域里有许多"大家",我觉得他们也有他们的理路,因此,我也希望与他们"对话"。

我的这些设想,作为"课题"或研究任务来看,大而无当,简直是要不得的;不过这的确是我想要做的一些事。其实,我这些设想已经很谨慎了,很长时期以来,我没有奢望去建构一个哲学体系。我很高兴我能老是"在路上"。老是有路可走,本身就是一种愉快。

## 做哲学的辛苦[*]

各行各业都有自己的辛苦,做哲学,有自己一些特别的辛苦,趁着《人民政协报·学术家园》专刊办到一百期的机会,来在自己的"家里"叹叹苦经。

做哲学的辛苦,有什么"特别"之处?当然,认真说来也没有什么"特别"之处,大概做"文科"的都有这种辛苦。这就是哲学史上许多的书,从年轻时候读起,读到现在垂垂老矣,仍是不放心,还要读。一读,还就真的感到有收获,有时间还得读。这一下,上下几千年,古今中外,有多少书要你一遍又一遍地去读,更何况还有那没有读过的书呢。最近读了什么样的书,又勾起了这种感叹?这些日子我在读一本极薄极薄的书,是柏格森的《时间与意志自由》,是从英文译过来的中译本(法文原书名为《论意识的直接材料》,英译时经柏格森同意改成这个书名),中文共165页,1958年(商务)出版时的定价为人民币六毛钱。书中夹有当时新华书店的发票,没有具体日期,但印有"195 年月日",没有填写,可以考证出来,我买此书,不超过1959年,也就是说,这本书在我手里已经40年了。我读了多少遍?不记得了。不过最近我还在认认真真地读它,好像第一次读它一样。

冒昧地说,对柏格森的思想我并不很陌生。自从1956年大学毕业后,有一个很长时期我喜欢做美学,悲剧和喜剧是美学里两个重要的范畴,所以我读过柏格森的名著《论笑》。我也知道他研究笑的现象是从他整个哲学的"直觉

---

[*] 原载《人民政协报》2000年9月1日第4版。

主义"出发的，不是一般的艺术理论。因为这个缘故，我对柏格森的哲学还是比较注意的，还在旧书店买过他的法文原文的《创造的进化》，不过因为我的法文不好，这本书没有仔细读过。

现在反省起来，过去读《时间与意志自由》，我的主观性较强，自己觉得"不要紧"的地方，就"浏览"过去了。再加上，柏格森自己在序言里说，他这本书的目的是要阐述"意志自由"（第三章）的问题，前两章是为这个问题作"引论"的，于是，我大概就重点去读了第三章。这当然并不错。不过，这次再读，才觉得，第一、第二章也不能"浏览"过去，因为没有前两章的"引论"，第三章主要论题出不来。尤其是第一章，我想。我过去一定是不太耐烦读它。

我们知道，柏格森是个知识面很宽的学者。他的哲学，固然是要努力与"物理-自然"的"科学"问题划一明确的界限，但为了做到这一点，他对当时的"物理-自然科学"却一点也不"外行"，在这本书的第一章里，他用了不少自然科学的成果来说明他要阐述的区别，即"数（量）"和"（性）质"的区别，没有这层，他的全部理论就有被架空的危险，所以，不认真读这个部分，对于他的哲学，就只能知其然而不知其所以然了。

这一次，我可相当仔细地读了这部分，尽管很惭愧，对于他书中引用的一些自然科学的学说和材料，我一无所知。我只是深深感觉到，他是如此地坚持"数量"和"性质"的区别，以此来阐述"空间"和"时间"的原则的不同，真是"一条道走到了黑"，没有半点含糊的地方。你可以不同意他的理论，但你却不能不倾听他的论说。在这一部分里，柏格森仔细地划分了"广延-数量"和"性质"的区别，指出"性质"不能归结为"数量"，"性质"本身自成系统，但把"性质"归结为"数量"是人们会犯的一种自然的错误倾向，然后他就从"物理-自然"以及"心理学"内部的问题入手，揭示这种错误所在，因而先在科学的自身事实上把握住这种区别。他说，我们通常总是说我们的"感觉"有数量上的不同，有大小、强弱的区别，可以相加和相减，实际上这只是一种错觉，我们相加、相减的只是我们身体肌肉神经所受刺激的量的增减，因注意到这种量的关系，而忽略了"感觉"实际只是有"性质"的变化。于是细想起来，我们平时常用数量的观念来说"感觉"，只是一种"象征"性的用法、习惯的说法，而于学理上则无根据。

柏格森在这里所做的工作，对哲学来说，又有什么进一步的意义呢？我要说，他是为"感觉（感性、直觉等等）"提供了一个新的视角。从哲学的传统来说，"感觉"、"感性"都具有被动性，都是外界"刺激"在人的"感官"上的"反应"，就这个意义来说，"感觉"实际是"物质"性的，是"人"与"客观世界"的一种"物质"性的"交往"，而只有"理智"、"理性"才是"非物质性"的，这样的理解，一直到康德，得到了进一步的加强：感觉是杂乱的，要经过"先天的（a priori）"东西（直观和范畴）的"构建"才能成为"经验知识"。后来，那些没有经过"构建"过的"感觉"，就被叫做"感觉材料（sense-data）"。既曰"data"，当然就是"数学"的对象了。柏格森就是要把"sense"与"sense-data"区别开来，前者是"性质"的，后者才是"数量"的。这样，我们就有了完全新型的"感觉"观念，在这种新观念理解下，"感觉"就决不是处于人类心智的"低级"阶段，而相反地，它高于机械的"理智"形态。

无论如何，我们终于有了一个新的"感觉"的观念，这个观念，之所以新，乃在于它不是被动地接受刺激，而是主动地"组织"自己的内在状态，使之产生新的"性质"。譬如我们听到一首乐曲，我们不是先"数"有多少"声音"，然后加起来做总的感受，而本来就是一个不可分割的"整体"的性质，所以它是"有质"的"感觉"，而不是"无质"的"数"。外在给予的任何数量的增减，在内在的感觉中都是不同质的变化。

"非数"的"感觉"确立之后，柏格森过渡到第二章"意识状态的众多性-关于绵延的观念"，对这个"质"的"感觉"作出进一步的"规定"。这里提出了柏格森著名的"绵延"观念，即对"时间"的一种新的视角。柏格森的"时间""绵延"的观念，做哲学的几乎尽人皆知，但熟知非真知，往往太熟悉了就掉以轻心。过去我觉得"绵延"是很好懂的，无非是"不可分割"、"绵绵不断"而已，中国人常说，"不绝如缕"，像一根"线"那样"延长"下去。慢慢地就有点疑惑起来，如果是这样的说法，又有什么新鲜的地方？也许就是那样简单？不是的。"绵延"的观念，并不像初看那样简单。"绵延"不是"线"状的，这是柏格森自己强调了的。什么叫"不可分割"？我们不可想象，好像粘得太紧，或者像"铁板一块"那样，或者像"原子"那样"没有缝隙"，所以不可分。这些都是以"空间"的观念来比附（象征）"时间"的"不可分"。在阐述"时间"

的"绵延"时,柏格森很强调"互相渗透"这一特点。这才是"绵延"之所以"不可分"的真正道理。因为它是"互相渗透"的,所以"不可分"。"互相渗透"了又为什么"不可分"?请注意,既然已经是"互相渗透"了,你要再一分,那么这个东西——这个"感觉"的"性质"就变了。这才是"绵延""不可分割"的真正意义所在。所以,柏格森不说"绵延"如"线",而说"绵延"像"流水-水流",区别何在?区别在于"线"是"点"的"集合",而"流水-水流",则是"前浪"与"后浪"不能分清楚的,真的"互相渗透"的,"纠合在一起"、"乱成一团"地"前进"的。这一次读书时,对这个"互相渗透"没有放过,琢磨了很久,觉得有些体会,但似乎还不够,还要继续琢磨下去。

我还记得,二十年前我在做古代希腊哲学的时候,认真地研究过"芝诺悖论",搜集了各家的解释,也利用了柏格森的解释,但有点囫囵吞枣,实际并没有弄得很清楚。柏格森解决"芝诺悖论"是他的对于"运动"作"时间性-绵延性"理解的一个特例。他说,空间因其"广延性"和"纯一性-无质性"而永远只是"同时",故不能理解"运动"的"过程"问题,因为"运动"的"过程"是"时间性"的,是"有质"的"多",不是"一"。我们通常习惯于把"时间"的"绵延"理解为"瞬间"的"点"的"积聚"(加起来),用"空间"的观念来代替"时间"的观念,就会产生"芝诺悖论"那样的问题。"运动-过程-时间-绵延"不是"点"、"线"的关系,而是"互相渗透"的"性质"的关系,运动必定是"有质"的,"阿格里斯"的"跑"和"乌龟"的"跑",是不同质的,所以,前者一定会"追上"并"超过"后者。柏格森这个解释,你可以不同意它,但你必须倾听它。

然后,柏格森进入他的主要论题——意识的状态和意志自由。讲"时间",似乎常常也会导致"决定论",我们总认为是"过去"决定"现在","现在"又来决定"未来"。柏格森大概并不是说这种意思全错了,这是一个经验的常识,以此解释许多历史现象来取得一定的理解,还是有意义的。柏格森只是说,还有一种更为深入的理解方式,常为人所忽视。如果人们把他前面讲的"时间"和"空间"的区别贯彻到底,就会看到,在"时间"领域内,有限"空间"完全不同的特点,这就是说,"空间"的事是"必然"的、"被决定"的,而"时间"里的事,则是"自由"的。按照柏格森,"时间"是"意识"的状态,则

"意识"是"自由"的。柏格森讨论"自由",不是从传统哲学的概念角度加以梳理,而是从直接的经验体会入手,则是人人都能感受到的经验事实,只是人们又常常习惯于用"空间"的视角来看时间里的事,所以放弃了"时间"的特点。我们时常叹息,"时光如水","韶华不再",这是真切的,但我们又时常感到"历史"的惊人的"重演"、"相似",这也是一种切身的体会,只是这个体会是把"时间""空间"化了的结果。按"时间"的本性说,它是"一次性的"、"不可重复(演)的",在这个意义上,它是"自由"的,不是"被决定"的。所谓"被决定"的,就是说,给出"相同"的条件,则就会有"相同"的结果,而这一点,在"时间"领域是做不到的,"时间"如"流水",不可能有"相同"的条件。"时间"的这种特点,"时间"的"自由",概出于其"绵延性",即"相互渗透性",亦即我们通常说的"不可分割性"。"时间"的"瞬刻",不是"空间"的"点",它不是"单一的",而是"杂多的",而且还是"相互渗透"的,"纠葛"在一起,"难分难解",它的"组织-组合"是"随机-偶然"的,不是"被决定"的,在这个意义上,每一个"瞬刻"都是"不同"的。因而,就"过程"而言,我们的确不可能"两次""(经)过""同一"条河,就像我们不能"两次""过""同一"的"生活(命)"一样。"生命"的一次性,来源于"时间"的一次性、不可逆转性。我想,这也是通常大家有的共识的"时间"观念。

我们看到,柏格森谈论"意志自由-意识自由"和叔本华等人大相异趣,他不是从传统的哲学本体论的角度来讨论"自由"作为"本体"、"绝对"的意义,而是紧紧抓住"绵延"的观念,在"时间"和"空间"的区别中发展自己的思想,对于"时间"作为直接的经验体会这一方面,应该说,有比德国哲学家深入的地方;这个问题,从这本书的最后对康德"自由"观的批评,也可以看出,柏格森是考虑到了的。

一本很薄的书,需要这么多年反复地读,才有一点点小小的心得,遑论长篇巨著。柏格森写这本书的时候是28岁,出版时为30岁,这还不算小的。谢林出版他的《先验唯心论体系》时,才25岁!而我已经65岁,还得要反复来读这些书,想想也真没有多大出息了。

2000 年 8 月 14 日于北京

## 哲学：多读多思*

读书不是一件技艺性的事，没有一定的程序，个人的悟性和天分不同，聪明人读一遍就能领悟了的书，一般人则要多念几遍才能达到一定的理解；一般我们总是把自己定位在"一般"的水平上，这样，许多重要的书，经典性的书，一定要多念几遍，有的甚至要反复地念，才能有所得。所以我说，读书也有个熟能生巧的问题。

"熟读经典"本是中国读书人比较好的传统，过去的人讲究"背书"。

"背书"不是读书的惟一的办法，也不是最好的办法，背得滚瓜烂熟的书，不一定就理解了，故黑格尔有"熟知"非"真知"之说。我国从近代引进新的学习方法之后，那些光会背书的老学究，被嘲笑为"冬烘先生"。大概在我们的老师一代人中，背大量的书的，就很少了，我们这一代更缺少这方面的训练，从总体讲，应是一个进步；不过，我们也要注意不要把好的因素也丢掉，这就是对于重要的经典还是要多读几遍，要熟读它们，只要每遍都是用心读的，久而久之，也会得到"熟能生巧"的效果。

什么叫"巧"？"巧"是一种"贯通"的能力，能把一种精神原则灵活地"贯通"到具体的、实际的问题中去的这样一种能力，也就是一种"运用"的能力。

工匠之巧在"运斤"，书家之巧在"运笔"，哲学之巧在"运思"，就一般

---

\* 原载《中国教育报》2001年5月10日，转载于《新华文摘》2001年第8期。

的人来说，都要在"熟"了之后才能"巧"。"哲学"之"运思"在"深思熟虑"之后，自有"巧思"。

在五六十年代的时候，我试图去读尼采的书，我相信，既然有那么多的有识之士重视他，自然是有些道理的，可是读来读去似乎无所得；"文革"期间又一次萌发读尼采的念头，结果仍以无所获而搁浅，此后就不敢再去碰它。大前年，因为要写关于王国维的文章，我重读叔本华的书，觉得我过去对他的理解过于表面了，遂对他的"意志"概念做了一些思考，由此又想起要再读尼采。这一回跟过去几次不同了，似乎觉得有些懂了。原来他写的书，表面看很怪，有时候还很乱，实际上还是有他自己的思路的，你找对了这条路，就能跟他走下去，也就能把他的各个关节沟通起来，看出他的问题所在，虽然很费劲，但决不是不可理喻的。我们可以把他的"权力意志"、"超人"、"道德谱系"等别出心裁的观念，贯串起来，连成一线，然后归于他的"永恒轮回"，作为他的学说的整体面貌而与西方从古代希腊柏拉图以来的理念论传统对应起来，那么对尼采的思路以及它在西方哲学史上的历史地位，就会有一个清楚的把握；与此相应，西方哲学上从伊壁鸠鲁以来的这条思路，过去认为比较简单、哲学思辨不够的这条思路，由于尼采的出现，也会展现新的面貌，它们也就不再显得只是简单的"常识"了。这样说来，尼采居然成了打通西方哲学的历史通道的关键人物了，对我来说，真有"相见恨晚"之感。

我对尼采的书，绝谈不上"熟"，写了两篇文章，更谈不到有什么"巧思"，只是学习笔记而已；这里只是想说，对于公认的经典之作，当你读不懂的时候，不要轻易否定它，而要一遍一遍地读下去，相信总有懂的时候。

当然，并不是说永远就读一本书。为了读懂一本书，或许我们要去读别的许多的书，在自身总体学养增加以后，再来读这本书，理解力自然有所提高。读不懂康德，先去读叔本华对他的批评，这是中国学者从王国维以来共同的体会。我读尼采的经验，近年稍有体会，大概也是因为这几年对于西方哲学的问题稍更熟悉的缘故。所以在这个意义上，所谓"熟"，就读书来说，乃是一个比技艺性训练更广泛的概念；当然，技艺的训练也不是单一的。

康德、黑格尔的书，在我的读书经历中算是比较熟的了，他们着重讨论的"思（维）"和"（存）在"的关系，也是学哲学的耳熟能详的，然而，近读黑格尔《法哲学原理》，一开头就碰到了一句费解的话，让我感到，原来我对这个命题竟然是太不熟悉了。

黑格尔《法哲学原理》"导论"第一节就说："存在和概念、身体和灵魂的同一是理念。它（同一）不只是和谐，而是完全的渗透。"

第一句话好懂，因为我们都知道黑格尔"理念"的意思，问题出在第二句话：为什么灵魂和身体、思和在已经"和谐"了，还不够？什么叫"完全的渗透"？

不知道别人怎样，反正我长期以来模模糊糊总是把思在同一性理解为和谐性的，我也说互相渗透，但是也总觉得"和谐"与"渗透"是相同的说法，黑格尔却说，它们不同。可见，自以为熟的，不熟悉了。

复习这个哲学命题的意思，我有了一点新的体会。

从西方哲学来说，"和谐"是古代希腊就有的概念，早先是说"声音"的，是音乐的概念，后来成为哲学性的，"宇宙"就是"和谐"。

问题在于，"和谐"是两个（以上）"事物"之间的关系，而"思（想）"不是一个"事物"，于是它和"身体"的关系，就不"止于""和谐"。

"思"和"在"不是两件事物搭配得好、相处得好的问题，所以它们不是古代希腊人所想象的众多事物和谐相处、有规律运行的那种"宇宙"，那是"诸存在者"之间的关系；"思""在"的关系，是"非存在"和"存在"的关系，如何理解这种关系，就得另辟途径。

就经验科学的眼光来看，"思"是"大脑"的一种"功能"。于是，从这个意义竟可以说，思和在的关系，可以是"大脑"和其他身体部分以及身外之物的关系。这些关系，当然是很有意义的，需要专门的研究，但是似乎仍是一种"物"与"物"的关系，而不是"思"与"物"的关系。"物"与"物"的关系，是"有（存在）"与"有（存在）"的关系，而思与在的关系，则是"无（非存在）"与"有（存在）"的关系。

之所以会有"有""无"的关系，关键在于有"变"。"有（在）"不是像古代巴门尼德说的那样铁板一块的"大篮"。"变"是"有""无"的发展。这是黑格尔的思想。我们看到，把"变"引入哲学的思路，是黑格尔很重要的贡献。世界"有"一个"变"，也就是世界"有"一个"无"。就物理的关系来看，一切的"变"，都是"物"的形态的转化，仍是"物""物"关系，而

"无""不（非）存在"；但就人文的眼光来看，"（存）在"恰恰就是"变"，所以，"无"同样是"存在"。

在这个意义上，并不是有一个"无"和"有（在、存在）""对立"、"对应"、"并列"，而"有""无"皆在"变"中。

"变"也是大家很熟悉的观念。"变"就是"历史"，就是"时间"。我们也很熟悉"时空"乃事物存在的形式这一命题；事物的变化，不仅是空间中的位移，而且也是时间中的"有""无""生""灭"。"而今安在"乃是诗人经常的叹息。

"事物-存在"在"历史"、"时间"中"开显"自己，开显自己的兴亡、生灭，又在死灭中获得重生，于是有黑格尔的"现象学"问世；而事物的历史，也就是"精神-思想"的历史，于是黑格尔名之曰"精神现象学"。

人们当然可以而且应该批评黑格尔的哲学，不过关于思和在的同一性命题，仍有其不可忽略的思路在。

思和在的同一和互相渗透，我们还可以从认识论的角度加以体会，在这方面，对于我们理解，似乎会更加清楚些，当然知识论以本体论为其基础。

我们知道，哲学史上有一个很有名但备受批评的命题，叫做"存在即被感知"。暂时不去全面评论这个命题，只是想说明，自从巴克莱提出这个命题以后，"存在"一定要"可感知"就成了哲学家们绕不过去的问题。

然而，这个思路与希腊的传统似乎不很协调。希腊人觉得，感觉是不可靠的，而只有理性才把握实质性的东西——实体，这样他们就逐渐地把"理性"和"感性"分离开来，而理性越来越成了一些抽象的形式，反倒不好说它是"存在"的了。

西方哲学的运思，到了黑格尔那个时代，"感性"和"理性"也有了"同一性"，也就是说，感性和理性是互相渗透的，"感性"中有"理性"，"理性"中也有"感性"，于是有"理性直观"、"直观理性"之说；"理性"的过程，也就是"感性"的过程，反之亦然。这样，如果把"理性"和"感性"绝对对立起来、分割开来，那么巴克莱那命题就真的是荒谬到无可救药了。

黑格尔这个思路，后来被胡塞尔有意无意地发展了。按他的现象学，我们"看"到的世界，并不是纯粹的"感觉"的世界，也不是抽象概念的世界——

这些都是科学和形式逻辑发展起来以后的事，"理智直观（或直观理智）"的世界是"理念"的世界，是"意义"的世界，这是最原始的。

于是我们看到，和"思"和"在"一样，在知识论里，"理性"和"感性"也是"同一"的，相互渗透的。

这样，对于"思维和存在同一性"这一哲学的基本命题的理解，在反复地读书、反复地思考之后，似乎比以前的理解深入了一些，不过也还是说不上"巧"。

我们在欣赏艺术品时，常常赞叹艺术家之匠心独运。我年轻时看到我的长辈对着颜真卿的《争座位》只说了一句话：怎么写出这样好的字！近来我在听音乐时，也时有"怎么写出这么美的曲子来！"之感；而我们在读书时，又何尝没有这种感叹：怎么会有这么好的思想！

殊不知，"巧思"来自"拙学"。尤其是对"哲学"这样一门比较艰深的学问——又有了几千年的积累——来说，要想不读书光靠聪明灵感而求"巧思"，则往往只能落个"投机取巧"而已。

# 关于"纯粹哲学" *

人们常说,做人要像张思德那样,做一个"纯粹的人"、高尚的人,如今喝水也要喝"纯净水",这大概都没有什么问题;但是说到"纯粹哲学",似乎就会引起某些怀疑,说的人为避免误解,好像也要做一番解释,这是什么原因?我想,这个说法会引起质疑,是有很深的历史和理论的原因的。

那么,为什么还要提出"纯粹哲学"的问题?

现在来说"纯粹哲学",说哲学的"纯粹性",乃是针对一种现状,即现在有些号称"哲学"的书或论文,已经脱离了"哲学"这门学科的基本问题和基本要求,或者可以说,已经没有什么"哲学味",但美其名曰"生活哲学"或者甚至"活的哲学",而对于那些真正探讨哲学问题的作品,反倒觉得"艰深难懂",甚至断为"脱离实际"。在这样的氛围下,提出"纯粹哲学"这个说法,以针砭时弊,我觉得对于哲学作为一门学科的发展是有好处的,所以也觉得是可以支持的。而人们对于"纯粹哲学"的疑虑也是由来已久。

在哲学里,什么叫"纯粹"?按照西方哲学近代的传统,"纯粹(rein, pure)"就是"不杂经验"、"跟经验无关",或者"不由经验总结、概括出来"这类的意思,总之是和"经验"相对立的意思。把这层意思说得清楚彻底的是康德。

康德为什么要强调"纯粹"?原来西方哲学有个传统观念,认为感觉经验是变幻不居的,因而不可靠,"科学知识"如果建立在这个基础上,那么也是

---

\* 原载《江苏行政学院学报》2002年第1期,第5—10、20页。

得不到"可靠性",这样就动摇了"科学"这样一座巍峨的"殿堂"。这种担心,近代从法国的笛卡儿开始就表现得很明显,而到了英国的休谟,简直快给"科学知识""定了性",原来人们信以为"真理"的"科学知识"竟只是一些"习惯"和"常识",而这些"习俗"的"根据"仍然限于"经验"。

为了挽救这个似乎摇摇欲坠的"科学知识"大厦,康德指出,我们的知识虽然都来自感觉经验,但是感觉经验之所以能够成为"科学知识",能够有普遍的可靠性,还要有"理性"的作用。康德说,"理性"并不是从"感觉经验"里"总结-概括"出来的,它不依赖经验,如果说,感觉经验是"杂多-驳杂"的,理性就是"纯粹-纯一"的。杂多是要"变"的,而纯一就是"恒",是"常",是"不变"的;"不变"才是"必然的"、"可靠的"。

那么,这个纯一的、有必然性的"理性"是什么?或者说,康德要人们如何理解这个(些)"纯粹理性"?我们体味康德的哲学著作,渐渐觉得,他的"纯粹理性"说到最后乃是一种形式性的东西,他叫做"先天的"——以"先天的"译拉丁文"a priori"不很确切,无非是强调"不从经验来"的意思,而拉丁文原是"由前件推出后件",有很强的逻辑的意味,所以国外有的学者干脆就称它作"逻辑的",意思是说,后面的命题是由前面的命题"推断"出来的,不是由经验的积累"概括"出来的,因而不是经验的共同性,而是逻辑的必然性。

其实,这个意思并不是康德的创造,康德不过是沿用旧说;康德的创造性在于他认为旧的哲学"止于"此,就把科学知识架空了,旧的逻辑只是"形式逻辑"——"止于"形式逻辑,而科学知识是要有内容的。康德觉得,光讲形式,就是那么几条,从亚里士多德创建形式逻辑体系以来,到康德那个时代,并没有多大的进步,而科学的知识,日新月异,"知识"是靠经验"积累"的,逻辑的推演,后件已经包含在前件里面,推了出来,也并没有"增加"什么。所以,康德哲学在"知识论"的范围里,主要的任务是要"改造"旧逻辑,使得"逻辑的形式"和"经验的内容"结合起来,也就是像有的学者说的,把"逻辑的"和"非逻辑的"东西结合起来。

从这里,我们看到,即使在康德那里,"纯粹"的问题,也不是真的完全"脱离实际"的;恰恰相反,康德的哲学工作,正是要把哲学做得既有"内容",而又是"纯粹"的。这是一件很困难的工作,康德做得很艰苦,的确也有"脱离实际"的毛病,后来受到很多的批评,但是就其初衷,倒并不是为了"钻进象牙之塔"的。

康德遇到了什么困难?

我们说过,如果"理性"的工作,只是把感觉经验得来的材料加工酿造,提炼出概括性的规律来,像早年英国的培根说的那样"归纳"出来的,那么,一来就不容易"保证""概括"出来的东西一定有普遍必然性,二来这时候,"理性"只是"围着经验转",也不大容易保持"自己",这样理解的"理性",就不会是"纯粹"的。康德说,他的哲学要来一个"哥白尼式的大革命",就是说,过去是"理性"围着"经验"转,到了我康德这里,就要让"经验"围着"理性"转,不是让"纯粹"的东西围着"不纯"的东西转受到"污染",而是让"不纯"的东西围着"纯粹"的东西转得到"净化"。这就是康德说的不让"主体"围着"客体"转,而让"客体"围着"主体"转的意义所在。

我们看到,不管谁围着谁转,感觉经验还是不可或缺的,康德主观上并不想当"脱离实际"的"形式主义者",他的立意,还是要改造旧逻辑,克服它的"形式主义"的。当然,康德的工作也只是一种探索,有许多值得商讨的地方。

说实在的,在感觉经验和理性形式两个方面,要想叫谁围着谁转都不很容易,简单地说一句"让它们有机地结合起来"当然并不解决问题。

康德的办法是提出一个"先验的"概念来统摄感觉经验和先天理性这两个方面,并使经验围着理性转,以保证知识的"纯粹性"。

康德的"先验的"原文为"transcendental",和传统的"transcendent"不同,后者就是"超出经验之外"的意思,而前者为"虽然不依赖经验但还是在经验之内"的意思。

康德为什么要把问题弄得如此的复杂?

原来康德要坚持住哲学知识论的纯粹性而又具有经验的内容,要有两个方面的思想准备。一方面,"理性"要妥善地引进经验的内容,另一方面要防止那本不是经验的东西"混进来"。按照近年对康德的研究的说法,"理性"好像一个王国,对于它自己的王国拥有"立法权",凡进入这个王国的都要服从理性为它们制定的法律。康德认为，就科学知识来说，只有那些感觉经验的东西，应被允许进入这个知识的王国，成为它的臣民；而那些根本不是感觉经验的东西，亦即不能成为经验对象的东西，譬如"神-上帝"，乃是一个"观念-理念"，在感觉经验世界不存在相应的对象，所以它不能是知识王国的臣民，它要是进来了，就会不服从理性为知识制定的法律，在这个王国里，就会闹矛盾，而科学知识是要克服矛盾的，如果出现不可避免的矛盾，知识王国-科学的大厦，就要土崩瓦解了。所以康德在他的第一批判——《纯粹理性批判》里，一方面要仔细研究理性的立法作用；另一方面要仔细厘定理性的职权范围，防止越出经验的范围之外，越过了自己的权限——防止理性的僭越，管了那本不是它的臣民的事。所以康德的"批判"，有"分析"、"辨析"、"划界限"的意思。

界限划在那里？正是划在"感觉经验"与"非感觉经验-理性"上。对于那些不可能进入感觉经验领域的东西，理性在知识王国里，管不了它们，它们不是这个王国的臣民。

康德划这条界线还是很有意义的，这样一来，举凡宗教信仰以及涵盖信仰问题的旧形而上学，都被拒绝在"科学知识"的大门以外了，因为它们所涉及的"神-上帝"、"无限"、"世界作为一个大全"等等，就只是一些"观念（ideas）"，而并没有相应的感觉经验的"对象"。这样，康德就给"科学"和"宗教"划了一个严格的界限，而传统的旧形而上学，就被断定为"理性"的"僭越"；而且理性在知识范围里"僭越"，就会产生不可克服的矛盾，这就是他的有名的"二律背反"。

在这个意义上，我们看到，在知识论方面，康德恰恰是十分重视感觉经验的，也是十分重视"形式"和"内容"的结合的。所以批评康德知识论是"形式主义"，猜想他是不会服气的，他会说，他在《纯粹理性批判》里的主要工作就是论证"先天综合判断"如何可能，既然是"综合"的，就不是"形式"的，在这方面，他是有理由拒绝"形式主义"的帽子的；他的问题出在那些不能进入感觉经验的另一面，就是我们科学知识不能达到的地方，我们在科学上则是一无所知；而通过我们的感官进来的，只是一些印象（impression）、表象（appearance），我们的理性在知识上，只能对这些东西根据自己立的法律加以"管理",使之成为科学的、具有必然真理性的知识体系,所以我们的科学知识"止于""现象(phenomena)",而"物自身(Ding an sich)"、"本体(noumena)"则是"不可知"的。

原来,在康德那里,这种既保持哲学的纯粹性,又融入经验世界的"知识论"是受到"限制"的,康德自己说,他"限制""知识",是为"信仰"留有余地。那么,就我们的论题来说,康德所理解的"信仰"是不是只是"形式"的?应该说,也不完全是。

我们知道,康德通过"道德"引向"宗教-信仰"。"知识"是"必然"的,所以它是"科学";"道德"是"自由"的,所以它归根结蒂不能形成一门"必然"的"科学知识"。此话怎讲?"道德"作为一门学科,讨论"意志"、"动机"、"效果"、"善恶"、"德性"、"幸福"等问题,如果作为科学知识来说,它们应有必然的关系,才是可以知道、可以预测的;但是,道德里的事,却没有那种科学的必然性,因而也没有那种"可预测性"。在道德领域里,一定的动机其结果却不是"一定"的;"德性"和"幸福"就更不是可以"推论"出来的。世上有德性的人得不到幸福,比比皆是;而缺德的人往往是高官得做、骏马得骑。有那碰巧了,既有些德性,也有些幸福的,也就算是老天爷开恩了。于是,我们看到,在经验世界,"德性"和"幸福"的统一,是偶尔有之,是偶然的,不是必然的。我们看到一个人很幸福,不能必然地推断他一定就有德性,反之亦然。在这个意义上,这种关系,是不可知的。

所谓"不可知",并不是说我们没有这方面的感觉经验的材料,对于人世的"不公",我们深有"所感";而是说,这些感觉材料,不受理性为知识提供的先天法则的管束,行不成必然的推理,"不可知"乃是指的这层意思。

"动机"和"效果"也是这种关系,我们不能从"动机"必然地"推论"出"效果",反之亦然。也就是说,我们没有足够的理由说一个人干了一件"好事",就"推断"他的"动机"就一定也是"好"的;也没有足够的理由说一个人既然动机是好的,就一定会做出好的事情来。

之所以会出现这种情况,乃是因为"道德"的问题概出于意志的"自由",而"自由"和"必然"是相对立的。

要讲"纯粹",康德这个"自由",是最"纯粹"不过的了。"自由"不但不能受"感觉经验-感性欲求"一点点的影响,而且根本不能进入这个感觉经验的世界,就是说,"自由"不可能进入感性世界成为"必然"。这就是为什么康德把他的《实践理性批判》的主要任务定为防止"理性"在实践-道德领域的"降格":理性把原本是超越的事当作感觉经验的事来管理了。

那么,康德这个"自由"岂不是非常的"形式"了?的确如此。康德的"自由"是理性的"纯粹形式",它就问一个"应该",向有限的理智者发出一道"绝对命令",至于真的该做"什么",那是一个实际问题,是一个经验问题,实践理性并不给出"教导"。所以康德的伦理学,不是经验的道德规范学,而是道德哲学。

那么,康德的"纯粹理性"到了"实践-道德"领域,反倒更加"形式"了?如果康德学说止于"伦理学",止于"自由",则的确会产生这个问题;但我们知道,康德的伦理道德乃是通向宗教信仰的桥梁,它不止于此。康德的哲学"止于至善"。康德解释所谓"至善"有两层含义:一是指单纯意志方面的,是最高的道德的善,一是更进一层为"完满"的意思。这后一层的意义,就引向了宗教。在"完满"意义上的"至善",就是我们人类最高的追求目标:"天国"。在这个意义上,我们人类要不断地修善,"超越""人自身"——已经孕育着尼采的"超人"(?),而争取进入"天国"。

在"天国"里,一切的分离对立都得到了"统一"。"天国"不仅仅是"理想"的,而且是"现实"的。在"天国"里,凡理性的,也就是经验的,反之亦然。在那里,"理性"能够"感觉","经验的",也就是"合理的",两者之间有一种"必然"的关系,而不像尘世那样,两者只是偶尔统一。这样,在那个世界,我们就很有把握地说,凡是幸福的,就一定是有德的,而决不会像人间尘世那样,常常出现"荒诞"的局面,让那有德之人受苦,而缺德之人却得善终。于是,在康德的思想里,"天国"恰恰不是"虚无飘渺"的,而是实实在在的,它是一个"理想",但也是一个"现实";甚至我们可以说,惟有"天国"才是既理想又现实的,于是,我们可以说这是一种"完满"意义上的"至善"。

想象一个美好的"上天世界"并不难,凡是在世间受到委屈的人都会幻想一个美妙的"天堂",他的委屈就会得到平伸;但是建立在想象和幻想上的

"天堂",是很容易受到怀疑和质询的,中国古代屈原的"天问",直到近年描写莫扎特的电影《Amadeus》,都向这种想象的产物发生了疑问,究其原因,乃是这个"天堂"光是"理想"的,缺乏"实在性";康德的"天国",在他自己看来,却是"不容置疑"的,因为它有严格的"理路"的保证。在康德看来,对于这样一个完美无缺、既合理又实实在在的"国度"只有理智不健全的人才会提出质疑。笛卡儿有权怀疑一切,康德也批评过他的"我思故我在"的命题,因为那时康德的领域是"知识的王国";如果就"至善-完满"的"神的王国-天国"来说,那么"思"和"在"原本是"同一"的,"思想的",就是"存在的",同理,"存在"的,也必定是"思想"的,"思"和"在"之间,有了一种"必然"的"推理"关系。对于这种关系的质疑,像对于"自然律"提出质疑一样,本身是"不合理",因而是"无权"这样做的。

这样,我们看到,康德的"知识王国"、"道德王国"和"神的王国-天国",都在不同的层面和不同的意义上具有现实的内容,不仅仅是形式的,但是,却没有人怀疑康德哲学的"纯粹性",而康德的"(纯粹)哲学"不是"形式哲学"也就变得明显起来。表现这种非形式的"纯粹性"特点的,还应该提到康德的第三批判:《判断力批判》。就我们的论题来说,《判断力批判》是相当明显地表现了一个形式和内容统一的领域。

通常我们说,《判断力批判》是《纯粹理性批判》和《实践理性批判》之间的桥梁,或者是它们的综合,这当然是正确的;这里我们想补充说的是:《判断力批判》所涉及的世界,在康德的思想中,也可以看作是康德的"神的王国-天国"的一个"象征"或"投影"。在这个世界里,现实的、经验的东西,并不仅仅像在《纯粹理性批判》里那样,只是提供感觉经验的材料(sense data),而是"美"的,"合目的"的;只是"审美的王国"和"目的王国"还是在"人间",它们并不是"天国"。在这个意义上,我们具有(有限)理性的人,如果我们努力提高我们的"鉴赏力-判断力",提高我们的"品位-趣味",成了"高尚的人"、"脱离了低级趣味的人",那么我们就有能力在大自然和艺术品里发现"理性"和"感性"、"形式"和"内容"、"合目的性"和"合规律性"等之间的"和谐"。也就是说,我们就有能力在经验的世界看到一个超越世界的美好图景。康德说,"美"是"善"的"象征";"善"通向"神的王国",所以,我们也可以说,"美"和"合目的"的世界,乃是"神城-天国"的"投影"。按基督教的说法,这个世界原本是"神""创造"出来的。

"神城-天国"在康德固然言之凿凿,不可动摇对它的信念,但是毕竟太遥远了些。康德说,人要不断地"修善",在那绵绵的"永恒"过程中,人们有望达到"天国"。所以康德的实践原理性的"公设"中有一条必不可少的就是"灵魂不朽"。康德之所以要设定这个"灵魂不朽",并不完全是迷信,而是他觉得"天国"路遥,如果灵魂没有"永恒绵延",则人就没有"理由"在今生就去"修善",所以这个"灵魂不朽"是"永远修善"所必须"设定"的。于是,我们看到,在康德哲学中,已经含有了"时间"绵延的观念,只是他强调的是这个绵延的"永恒性",而对于"有限"的绵延,即人的"会死性(mortal)"则未曾像当代诸家那么着重地加以探讨;但是他抓住的这个问题,却开启了后来黑格尔哲学的思路,即不仅仅把哲学作为一些抽象的概念的演绎,而是一个时间的、历史的发展过程,强调"真理"是一个"全""过程",进一步将"时间"、"历史"、"发展"的观念引进哲学,形成了一个庞大的哲学体系。

黑格尔哲学体系可以说是"包罗万象",是百科全书式的,但是却不是驳杂的,可以说是"庞"而不"杂"。人们通常说,黑格尔发展了谢林的"绝对哲学",把在谢林那里"绝对"的直接性,发展为一个有矛盾、有斗争的"过程",而作为真理的全过程的"绝对"却正是在那"相对"的事物之中,"无限"就在"有限"之中。"无限"在"有限"之中,"有限""开显"着"无限",这是黑格尔强调的一个非常重要的思想。这个思路,奠定了哲学的"现象学"的基础,所以,马克思说,《精神现象学》是理解黑格尔哲学的钥匙。

"现象学"出来,"无限"、"绝对"、"完满"等等,就不再是抽象孤立的,因而也不是"遥远"的"神城-天国",而就在"有限"、"相对"之中,并不是离开"相对"、"有限",还有一个"绝对"、"无限"在。于是,哲学就不再专门着重去追问"理性"之"绝对"、"无限",而是追问:在"相对"、"有限"的世界,"如何""体现-开显"其"不受限制-无限"、"自身完满-绝对"的"意义"来。"现象学"乃是"显现学"、"开显学"。从这个角度来说,黑格尔的哲学显然也不是"形式主义"的。

实际上黑格尔是在哲学的意义上扩大了康德的"知识论",但是改变了康德

"知识论"的来源和基础。康德认为,"知识"有两个来源,一个是感觉经验,一个是理性的纯粹形式。这就是说,康德仍然承认近代英国经验主义者的前提:知识最初依靠着感官提供的材料,如"印象"之类的,只是康德增加了另一来源,即理性的先天形式;黑格尔的"知识"则不依赖单纯的感觉材料,因为人的心灵在得到感觉时,并不是"白板一块",心灵-精神原本是"能动"的,而不仅仅是"被动"地接受。"精神"原本是自身能动的,不需要外在的感觉的刺激和推动。精神和能动性使它向外扩展,进入感觉的世界,以自身的力量"征服"感性世界,使之"体现"精神自身的"意义"。因而,黑格尔的"知识",乃是"精神"对体现在世界中的"意义"的把握,归根结蒂,也就是精神对自身的把握。所以在这个意义上,黑格尔的"科学-知识(Wissenschaft)",并不是一般的经验科学知识理论,而是"哲学",是"纯粹的知识",即"精神"在历史发展的进程中、在时间的进程中对精神自身的把握。

精神(Geist)是一个生命,是一种力量,它在时间中经过艰苦的历程,征服"异己",化为"自己",以此"充实"自己,从一个抽象的"力",发展成有实在内容的"一个""自己",就精神自己来说,此时它是"一"也是"全"。精神的历史,犹如海纳百川,百川归海为"一",海因容纳百川而成其"大-全"。因此,"历经沧桑"之后的"大海",真可谓是"一个"包罗万象、完满无缺的"大-太一"。

由此我们看到,黑格尔《精神现象学》作为"现象学-显现学",乃是精神——通过艰苦卓绝的劳动——"开显""自己""全部内容"的"全过程",黑格尔说,这才是"真理-真之所以为真(Wahrheit)"——一个真实的过程,而不是"假(现)象(Anschein)"。

于是,我们看到,在康德那里被划分为"不可知"的"本体-自身",经过黑格尔的改造,反倒成了哲学的真正的"知识对象",而这个"对象"不是"死"的"物",而是"活"的"事",乃是"精神"的"创业史",一切物理的"表象",都在这部"精神创业史"中被赋予了"意义",精神通过自己的"劳作",把它们接纳到自己的家园中来,而不仅仅是一些物质"材料"-"质料",而是一些体现了"精神"特性(自由-无限)的"具体共相-理念",它们向人们——同样具有"精神"的"自由者-无限者(即无论什么具体的事物都限制不住)""开显"自己的"意义"。

就我们现在的论题来说，可以注意到黑格尔的"绝对哲学"有两方面的重点。一方面，我们看到，黑格尔的"自由-无限-绝对"都是体现在"必然-有限-相对"之中的，"必然-有限-相对"因其"缺乏"而会"变"，当它们"变动"时，就体现了有一种"自由-无限-绝对"东西在内，而不是说，另有一个东西叫"无限"的在。脱离了"有限"的"无限"，黑格尔叫做"恶的无限"，譬如"至大无外"、"至小无内"，一个数的无限增加，等等，真正的"无限"就在"有限"之中。黑格尔这个思想，保证了他的哲学不会限于一种抽象的概念的旧框框，使他的精神永远保持着能动的创造性，也保持着精神的历程，是一个有具体内容的、非形式的过程。在这个意义上，黑格尔的"绝对"并不是一个普遍的概念，而是具体的个性。这个"个性"，在它开始"创世"时，还是很抽象的，而在它经过艰苦创业之后，"回到自己的家园"时，它的"个性"，就不再是抽象、空洞的了，而是有了充实的内容，成了"真""个性"了。另一方面，相反地，那些康德花了很大精力论证的"经验科学"，反倒是"抽象"的了，因为这里强调的只是知识的"普遍性"，这种普遍性又是建立在"感觉的共同性"和理性的"先天性-形式性"基础之上的，因而它们是静止的、静观的，而缺少精神的创造性，因而缺少精神的具体个性，所以这些知识只能是"必然"的，而不是"自由"的。经验知识的共同性，在黑格尔看来，并不"纯粹"，因为它不是"自由"的知识，而"自由"的"知识"，在康德看来又是自相矛盾的，自由而又有内容，乃是"天国"的事，不是现实世界的事。而黑格尔认为，"自由"而又有内容，就在现实之中，这样，"自由"才是具体的，不是抽象的形式。这样，在黑格尔看来，把"形式"与"内容"割裂开来，反倒是得不到"纯粹"的知识。

于是，我们看到，在黑格尔那里，"精神"的"个性"，乃是"自由"的"个性"，不是抽象的，也不是经验心理学所研究的"性格"，可以归到一定的"种""属"的类别概念之中。"个体"、"有限"而又具有"纯粹性"，正是"哲学"所要追问的不同于经验科学的问题。

那么，为什么黑格尔哲学被评为只讲"普遍性"，不讲"个体性"的，比经验科学还要抽象得多的学说？原来，黑格尔在《精神现象学》中许诺，他的精神在创业之后，又回到自己的"家园"，这就是"哲学"。"哲学"是一个概念的逻辑系统，于是在《精神现象学》之后，尚有一整套的"逻辑学"作为他的"科学知识（Wissenschaften）体系"的栋梁。在这一部分里，黑格尔不再把"精神"作为一个历史的历程来处理，而是作为概念的推演来结构、构建一个概念的逻辑框架，尽管黑格尔把他的"思辨概念-总念"和"表象性"抽象概念作了严格的区别，但是把一个活生生的精神的时间、历史进程纳入逻辑推演程序，不管如何努力使其"自圆其说"，但是仍然留下了"抽象化"、"概念化"的痕迹，以待后人"解构"。

尽管如此，黑格尔哲学仍可以给我们以启示：黑格尔的"绝对精神"既是"先经验的-先天的"，同样也是"后经验的-总念式的"。"绝对精神"作为纯粹的"自由"，起初只是"形式的"、没有内容的、空洞的、抽象的；当它"经历"了自己的过程——征服世界"之后，它回到了"自身"，这时，它已经是有内容、充实了的，而不像当初那样是一个抽象概念了，但是，此时的"精神"，仍然是"纯粹"的，或者说，这才是真正意义上、有了内容的"纯粹"，不是一个空洞的"纯粹"，因为，此时的经验内容被"统摄"在"精神-理念"之中，于是就精神-理念来说，并没有"另一个-在它之外"的"感觉经验世界"与其"对立-相对"，所以，这时的精神-理性仍是"绝对"的，"精神-理念"仍是其"自身"；不仅如此，此时的"精神-理性"已经不是一个"空"的"躯壳-形式"，而是有血有肉、有学识、有个性的活生生的"存在"。

这里我们尚可以注意一个问题：过去我们在讨论康德的"先验性-先天性"时，常常区分"逻辑在先"和"时间在先"，说康德的"先天条件"乃是"逻辑在先"，而不是"时间在先"，这当然是很好的一种理解；不过运思到了黑格尔，"时间"、"历史"的概念明确地进入了哲学，这种区分，在理解上也要做相应的调整。按黑格尔的意思，"逻辑在先-逻辑条件"只是解决了"形式推理"问题，是不涉及内容的，这样的"纯粹"过于简单，也过于容易了些，还谈不上真正意义上的"纯粹"；真正的"纯粹"并不排斥"时间"，相反，它就在"时间"的"全过程"中，"真理"是一个"全"。这个"全-总体-总念"也是"超越"，"超越"了这个具体的"过程"，有一个"飞跃"，"1"＋"1"大于"2"。这就是"meta-physics"里"meta"的意思。在这个意思上，我们甚至可以说，真正的、有内容的"纯粹"是在"经验-经历"之"后"，是"后-经验"。这里的"后"，有"超越"、"高于"的意思，就像"后-现代"那样，指的是"超越"了"现代（modern）"进入一个"新"的"天地"、"新"的"境界"，这里说的是"纯粹哲学"的"境界"。所以，按照黑格尔的意思，哲学犹如"老人格言"，看来似乎是"老生常谈"，甚至"陈词滥调"，但却包容了老人的一生的经验体会，不是空洞的几句话了。

说到这里，我想已经把我为什么要支持"纯粹哲学"研究的理由和我对这个问题的基本想法说了出来。最后还有几句话涉及学术研究现状中的某些侧面，有一些感想，也跟"纯粹性"有关。

从理路上，我们已经说明了为什么"纯粹性"不但不排斥联系现实，而且还是在层次上十分重视现实的；但是，在做学术研究，做哲学研究的实际工作中，有一些因素还是应该"排斥"的。

多年来，我有一个信念，就是哲学学术本身是有自己的吸引力的，因为它的问题本身就在一个更高的层面上涉及现实的深层问题，所以不是一种脱离实际的孤芳自赏或者闲情逸致；但它也需要"排斥"某些"急功近利"的想法和做法，譬如，把哲学学术作仕途的敲门砖，"学而优则仕"，"仕"而未成就利用学术来"攻击"，骂这骂那，愤世嫉俗，自标"清高"，学术上不再精益求精，或者拥学术而"投入市场"，炒作"学术新闻"，标榜"创新"而诽谤读书，诸如此类，遂使哲学学术"驳杂"到不再是哲学自身。这些做法，以为除了鼻底下、眼面前的甚至肉体的欲求之外，别无"现实"、"感性"可言，如果不对这些有所"排斥"，哲学学术则无以自存。

## 于奇智《凝视之爱》之序*

我认识奇智已有多年。他先学逻辑，后留学法国，研究当代法国哲学，硕士论文和博士论文题目都是关于福柯的，当时我也正在了解法国哲学的情况，对他的工作很感兴趣，从此他就经常给我寄有关的新材料，直到回国工作以后，仍然给我不少帮助，可惜我的兴趣杂，对于这些材料，尚未好好研读。

我也关注过福柯，当然没有奇智那样专门，只是想从西方哲学的历史发展上理出一点线索，找到他在这个历史发展中的地位，了解得就相当粗略。现在奇智的书《凝视之爱》即将出版，嘱我写几句，却之不恭。

福柯的思想和上个世纪的法国哲学文化背景有密切的关系。他把那时诸家提出的问题集中起来，以自己独特的视角加以阐述发扬，使一些原不在哲学视野里的问题进入哲学，突出出来，这是他对于哲学思考一个很大的贡献。

法国哲学又是整个欧洲哲学的一个方面，而自从近代以来，欧洲哲学作为一个整体来看，主要想做的一件事是要在"哲学-形而上学"中，为"感觉经验"找到一个恰当的位置，以抵制怀疑论的摧毁性影响：如果你哲学只是一些"（逻辑）形式"，无补（不增加、不补充）知识，则哲学活该寿终正寝。所以，从某个角度来说，近代欧洲哲学诸家，都是用各种不同的方法，来把感觉经验的材料吸收到哲学（的体系）中来，培根如此，笛卡尔如此，康德、黑格尔又何尝不是如此。

---

\* 原载于奇智《凝视之爱：福柯医学历史哲学论稿》，中央编译出版社 2002 年版。

康德、黑格尔的哲学非常抽象，为什么也可以理解为要把"经验""安置"在"哲学"里？

其实，康德在哲学上给自己规定的任务就是要"改造"传统的"形式逻辑"，使之有"内容"。他的知识论，就是通过"时空"和"范畴"来"规整""感觉经验"的材料，使之成为"知识王国-科学王国"的"份子"。康德的意思是说，凡是"合法""进入-移（民）入"这个王国的，都必得遵守这个王国的法律——不依赖这些"份子"而制定的"先天法则"。"知识王国"是一个"必然王国"。

表面上看，康德给"感觉经验"在哲学知识论里找到了一个位置——为理性形式提供"恰当-合法"的"材料"和"内容"，但是实际上，"感觉经验"还是在"打擦边球"，没有进入哲学的核心。康德哲学的核心不是"自然"，而是"自由"。"自由"才是"理性"的核心本质，而"自由"不能"直观"。于是，"可直观"的"不自由"（必然的），而"自由的""不可直观"；也就是说，"理智"不能"直观"，"直观"没有"理智"。

为了使"感觉经验"也具有"自由"性，堂而皇之地进入哲学核心，费希特直接从康德的"自由"出发，指出所谓"感觉经验"原本不是"外来户"，不是从外面"移民"进"理性"来的，而是从"理性""外放-外化"出去的。这就是他的"A 是 A"＝"A 不是非 A"的基本含义。"非 A"同出于"A"，"非（不是）理性"的"感觉经验"同出于"理性"。于是就有谢林的"同一哲学"和"绝对哲学"——"理性（A）"本"无对"，其"对（立）"是"理性"自身"设定-创造-开显"出来的。在这个意义上，"直观"原出自"理性"，故"理智的直观"-"直观的理智"不但具有"合法性"，而且成了哲学的"第一原理"。

从此以后，欧洲的哲学传统，不能绕开这个"理智"和"直观"的相互关系，也就是说，"感觉经验"的世界，如何在理性的哲学世界生根的问题，亦即，作为理性思想体系的哲学，如何具有"现实性"的问题。

影响了整整上个世纪的胡塞尔的"现象学"，其核心思想正是抓住了"理智直观-直观理智"的"直接"的"同一性"，在哲学领域里，充分接纳了"心理（psyche）学"问题。他的学生海德格尔，把这种"同一性"运用到"存在论"上来，使"存在（Sein）"既非经验的"诸存在者"，更非一个抽象概念，从而强调了"存在"的"时间性"，使"在"与"变"在哲学层面"同一"。

胡塞尔和海德格尔对当代法国哲学的影响是无可否认的，而经过法国自身哲学和文化洗礼之后，现象学和海德格尔思想在法国开显了另一种局面。

在欧洲，法国文化介乎德国和意大利之间，兼有同时注重理性和感性的长处，这样，在哲学上，相对于德国哲学的森严的逻辑体系，就显得"感性"多了。法兰西民族是一个多才多艺、天性活泼的民族，当然他们也好学深思，而他们的思想，好参与生活，对于各种社会文化问题有浓厚的兴趣，法国是一个在文化上很前卫的国家。法国的哲学也不例外。

在某种意义上来说，法国关注黑格尔的哲学胜于德国本土，但是他们不大从"概念"和"普遍性"方面来强调"绝对"，而是强调它的独一无二性，强调它的"个体性（individuality）"；他们很重视胡塞尔的现象学，而首先介绍的是他的"感性直观"的思想；他们研究介绍海德格尔，但是萨特的《存在与虚无》有自己的特点，不被海德格尔本人认同而毫不影响它的价值，萨特开发了"意识-心理"这个度，为海德格尔所欠缺；他们与海德格尔的学生伽达默尔对话，但是利科的解释学与伽达默尔的有不同的精神旨趣。

总之，法国诸家，投入大量的精力于显示感性世界的研究中，以确立这个世界在哲学理论体系中的恰当-合法的地位。他们一方面直接参与生活，另一方面注重吸取各种经验科学的研究成果，对它们作哲学的阐述。像弗洛伊德的精神分析学及以语言学、社会学、民俗学为基础的结构主义和符号学，还有文学艺术部门的种种思想，无不在他们的视野之中。

法国哲学不仅在纵的方面贯通着欧洲的哲学史，而且在横的方面贯串着各个相关学科。

在这方面，福柯又是很特别的一个。

福柯研究思想侧重在"断（代）"方面，将"时间"化为"空间"。因为柏格森已经说了，"时间""不可分割"，乃是一个"内在"的"绵延"，而我们通常所谓的"连续"的"思想史"，实际上已是"切断"了的东西，于是，与其人为地（模拟"因果律"）把它们"串连"起来，不如如实地考察它们在各个"断层"的实际意义。所以福柯有"知识考古学"之说,据说还要写"道德考古学",未果。其实他所谓的"考古层"并非只是"知识"和"道德",同一层面,涵盖了一切实际的和精神文化的产品。

果然,福柯的"考古层",不仅覆盖了人们正常的精神文化,还囊括了人们"非常"的精神文化现象,如疾病、犯罪、疯狂等等,这些过去很少能登哲学大雅之堂的问题,成了他研究思考的重点。

奇智的书,研究福柯关于疾病的思想,从"凝视"入手,"看"出一种"症候",而不仅仅是自然科学研究的"感觉"。在这个意义上,"看-凝视"是"理智"的,不仅是"眼睛"在"看",而且是"心"在"看",正是所谓"理智的直观"。

西方哲学有"看"的传统。"看"是"理智"的,故是"空间"的,来自古代希腊的 eidos；中国的传统医学,也有"望闻问切"之说。"望"是初步的,也是最基础的。"望",不仅仅是"生理"的"感觉",而且是"理智性"的,"望"出病人的"气色",然后是"倾听"病人的"诉说",然后是"交谈-问答",最后才是生理机制的检查——切/号脉。大概说来,"望"是"空间"的,"闻(听)"是"时间"的。"望"如果只"看""(生理)结构",则陷于"同一",如"方圆"、"色泽"等；"闻"如果只限在表面,则容易限于"主观"。病人自己的诉说,不一定准确。如果"闻"而又客观,"望"而又有"个性",则不待"问"、"切"就可能有相当准确的判断,就会得到"真知识-真理"。于是求"真知"需得将"空间"和"时间"结合起来,使"时间"是"空间的时间",使"空间"是"时间的空间"。

福柯强调"空间"而又不强调"同一",正是因为他所理解的"空间"乃是"时间化了的""空间",所以是"考古学"的,而不单纯是"几何学"的。"考古学"的"断层"是具体的,不是抽象的几何图形,是个性的、时代的,不是抽象的"普适的人性"。福柯的"空间-考古断层",是"异",不是"同",或者说,是"同"中之"异"、"异"中之"同"。

把空间作为时间的"断裂"层来考虑,打破了"思想"自身延续的封闭系统,使"思想史"有一个坚实的"现实-实践-社会-时代"的基础。我们从奇智的书中可以看到,福柯在各个断裂的层面上,对于疾病(以及犯罪、疯狂等现象),做了深入的考察,从而在哲学上,从更高层次恢复古代希腊的"看"的意义。由海德格尔强调"听"、"说"、"语言",重新回到"看-视"的道路上,这是福柯以及法国其他诸公为我们提供的宝贵经验。

这是我读奇智的书的一点感想。

2002 年 4 月 10 日

# 发扬中华文明传统　促进人文社会科学*

多年以来，中国社科院的工作成绩是巨大的，在全国哲学社会科学研究的绝大多数领域，中国社科院仍居于领先地位；当然，我们在成绩面前并没有理由满足，我们的工作离人民的需要和江总书记向我们提出的要求，还有相当距离。江总书记的重要讲话，我们要经常学习，并以此来作为工作的激励力量和评判标准。在此，结合我平时的一些思考，谈一点学习体会。

其一，关于自然-社会-人文都是"科学"的理解。不仅"自然"有"科学"、"社会"有"科学"，而且"人文"也应该有"科学"。在欧洲大陆哲学系统中，从19世纪以来就强调"哲学"是不同于"自然科学"的一门学问。德国人用"Geisteswissenschaft－精神科学"来表示，英译为"science of humanity"。在具体二级学科区分上，有不同的用法，譬如"历史学"，有归于"人文学院"，有归于"社会学院"，但都属于"科学- science, Wissenschaft"，而与"艺术-音乐、绘画、舞蹈、演艺等"有别。

"人文"如何成为"科学"，乃是欧洲哲学一两个世纪以来讨论的问题。其间也有主张"哲学"更接近"艺术"的，但未能得到较为普遍的认同。"哲学"仍为"知识"、"科学"。1949年以后，中科院成立"哲学社会科学部"，意在"哲学"不仅包括"社会科学"，而且也涉及"自然科学"。"哲学"是"自然科学"和"社会科学"的"综合"。我认为，这对哲学来说，仍不失为一个好的提法。

---

\* 原载《中国社会科学院院报》2002年7月30日第3版。

提法随时代而变。当初提"人文科学"乃是"心理-精神"等学科向哲学提出了挑战,哲学接受挑战,而又要保持自身的基础性;如今"自然科学"——包括高科技提出的新理论、新问题,也向哲学提出了挑战。哲学理应在自己的基础上迎接这个有价值的新挑战,不能一说"人文"就与"自然"对立起来。

我们强调"人文"也是"科学",并不意味着有"科学"的桂冠,就可以受到更加的重视。事实上,"艺术"受到的重视,往往比"科学"更加多,也更加实惠。

其二,中国何以要对社会人文科学给以更多的重视。自从改革开放以来,我们对国外哲学社会科学和人文科学的情况也逐渐有所了解。就哲学而言,欧洲从古代希腊尤其是近代文艺复兴以来,常常处于诸学科之"宝塔尖端","哲学"对西方社会发展起了推动的作用。进入 20 世纪以后,西方的哲学逐渐显示出它的种种问题,受到社会重视的程度有下降的趋势。此中原因当然非常复杂。美国在全球影响甚大,而它作为高科技国家,相对地在人文传统方面有其弱点,这样,在世界上就需要有一个有强大的人文传统而又积极发展的国家,弘扬人文精神,协调社会的和谐进步。这个任务历史地落到中国人民的头上。中国数千年的文明传统,在道德文章和哲学沉思方面积累了大量的历史资源,好好地研究这些资源,是中国学者义不容辞的责任。这样,我们有理由在经济发展为主的同时,相对世界其他国家来说,更多地分一部分注意力给予发展人文社会科学,以作出我们中国人应有的贡献。

其三,关于当前人文社会科学研究中的若干思考。一要更重视作品的"质"。人文科学的研究成果,重质,而量在第二位。我们的科研领导和科研评估要从"量"的思维模式转变为"质"的思维方式。"量化"的评估,当然也是需要的,但不是主要的,某种意义上,也不是最"先进"的。欧洲哲学的新近思路已经指出"质"的问题的重要性,而"量化"的推理,乃是 17 世纪机械思路的产物。重"质",会带来一些观念上的变化,相应的措施也要有所变化。

二要重视"学者"层的建设。"学者"和"文人"本无多大区别,社会职能也各有专长,但是多年以来,"文人"吃香,"学者"贬值,于是许多"学者"转向"文人","学者""文人"化对于学术研究不利。

"学者"可以按部就班培养，学有专长，恪守专业领域，扶正祛邪，树立良好学风；"文人"随时而兴起，将学养化为灵感，大概不能以常规方式去培养；学院以培养学者为主，大学和研究院皆应"围着学者转"：以学者为教师，以学生为未来之"学者"。

"文人"的出现，或许是全社会的事，是一个时期的风尚所致。"学者""文人"化，遂使某些专业人才匮缺，学科断档，长远来看，不利于学科之建设，也不利于文化底蕴之积累。

三要提倡读书。一般并没有人反对读书。"学者"需要"读书"，厚积薄发，这是共识。但是，读书不是一年两年甚至三年五载的事，而是终身的事。当然也应检查阶段性成果，但新时代也需要一点"穷经皓首"的精神。鼓励那些不急于求成而认真读书的学者，给以中等以上的生活条件，使其不必为一时的利益而耽误读书的大好时光。同时也可以以现代新的科技手段如网络，进行学术交流，检查读书成果，交流读书心得，而不仅仅以写大部头为荣。这样实行起来，或许能有新一代的学术大师出现。

四要不拘一格出人才。社科院要出各种人才，因为社科院有各种学术机构，除大学问家外，在翻译、资料、编辑、学术管理等方面也应有一批大家出现。例如，研究西方哲学就应提倡作翻译工作。以前贺麟先生就曾以翻译德国古典哲学为主，现在如果不注重这方面的训练，对于研究工作将会有不良影响。

五要留住和吸引人才。目前社科院人才流失比较严重。虽然仍流动在国内的教学机构中，但我觉得，研究机构和教学单位对于人才的要求和培养的具体方式仍有所不同，这从 20 世纪 50 年代学部与北大的情形就可以看出。有些人适合作研究，应该尽力留住他们。譬如有些青年学者因利益关系要转入大学，但未必能致力于所擅长的学科，就应想方设法使其留在研究单位。在目前经费不能增加的情况下，在经费使用上可以有所倾斜。一些专业性很强的学科如果连社科院也不能维持其专门性，那么到了一般大学，方向就非改变不可。长久下去，非常可惜。以前我们有一批批青年出国留学或进修，特别是去美国的回来的并不多，但据我所知，他们在那里的处境也不理想。应设法吸引这些人中有能力的学者回国工作。

## 走出自己与保存自己*

欧洲哲学传统讲"自己"与"异己"的关系。古代希腊哲学家从实际的事务中"摆脱"出来,对世界采取一种"自由"的理智态度,至康德将理智的、知识的"自由"上升为"道德"、"实践"的"自由",在此种"自由"中,人直面"物自身-物自己",但是这个"物自己"对于"科学知识"来说,乃是"异己"。从康德到黑格尔,用种种办法把"异己"包容到"自己"之中,先是逻辑的(费希特),再是直观的(谢林),然后是辩证的、历史的、时间的(黑格尔),但是讲的都是"同一"哲学,以"自己"包容了"异己"。

欧洲哲学在上个世纪的发展,经过胡塞尔、海德格尔到法国"后现代"诸公,这个关系颠倒过来了:他们强调"异(己)",以"异己"来包容"自己",似乎把康德的"哥白尼式的革命"又来了一次"革命":使"自己"围着"异己"转。当然,都保持在哲学-形而上学的层面,而不是回到传统的"感觉经验"道路上去。欧洲哲学"走出自己"之后,发现"异己-它者"原比"我"要强大,"我"不仅要"欢迎""它者",而且要"尊重"、"服从""它者"。原来,归根结蒂,是"它者""维护"、"看守"着"自己"。

中国哲学的传统原本是开放的,《中庸》开篇第一句话就是"天命之谓性","性-本性-自己"乃是大于、强于他的"天"所"命(定)"的。中国学术对于外来文化,也有过抵制,佛教传入中国受到过尖锐的批判,但是逐渐成

---

\* 原载《社会科学报》2002年10月3日第1版。

为中国学术不可分割的一部分。即使在那"异己"（列强）表现得很带侵略性的那段时期，中国学术有识之士，仍然强调"兼容并蓄"，把实际的利害关系和学理上的融会沟通作了区别。中国哲学精神对于"异己"的外来优秀文化，采取的是"欢迎-好客"的态度，并以此来丰富、发展"自己"。

"自己"不是一成不变的，按哲学的语言来说，"自己"在"时间"中，在历史中，在发展变化中。"存在"不是"非时间"的抽象，不是概念，而是"在""世界"中。"我""在""世界"中，也就是"自己"在"异己"中。欧洲的哲学已经认识到，"异己"不可能"归约"为"自己"，认识到"欧洲中心论"之幼稚可笑；中国哲学也不再有以"自己""并吞六合"、"包涵环宇"之空想。在哲学上，黑格尔《精神现象学》所思考的"主-奴"关系将转向对于"主-主"关系的思考。这就是说，哲学的思考重点，将集中在"自由者"之间的关系上。我们生活在"自由（者）王国"中，协调好"诸自由者"之间的关系，乃是哲学的问题，也是现实的问题。"诸自由者"之间既然不能"归约"，则是"异"，而不是"同"。"己所不欲，勿施于人"，我的自由-自己不能被剥夺，也不能剥夺他人的自由-自己。承认他人的自由-自己，也就是承认我的自由-自己，也就是我的自由-自己的"被承认"。"自己""被""异己-他人""承认"，"被承认"的"自己-自由"才不是像康德那样"空洞的"、"形式的"、"软弱无力的"。

中国的学术早已"走出了自己"，但并没有也不可能"失去自己"。真正失去自己的办法是把自己包裹起来，容其"自生自灭"。自生者必自灭。孔子说："仁者寿。""仁"是"二""人"，已有"他人"的度。"他人""寿（大）"于"我-自己"。"自生"为"孤独"，"孤独者""不寿"，"生"、"灭"、"寿"、"夭"，皆非仅仅是自然的，而是精神意义上的。老子也说，"功遂身退"。"功遂"乃是"自我"之"完成"，"成了""帝王"、"将相"。此时要"守住"真正的"自己"，则要在精神上"退出"那些"已成"的"名"和"位"。"退出-走出"那个名位已就的"自己"，是真正意义上的"保存""自己"。之所以"走出自己"可以"保存自己"乃是因为"自己"原本在"时间"之中，因而总是在"自己"与"异己"的"交换"之中。经过"时间""演化"的"自己"才是丰富的、有内容的、有经验的，因而是真正的"自己"。黑格尔的"绝对精神"最初也是抽象的、空洞的,只有"外化"出去,克服各种"异己",然后回到"自身",才是"功德圆满","精神"回到了"自己的""家园"。中国的精神也要"走出去"、"请进来"。虽然这两个过程都是很曲折的。近几百年以来,中国人"邀请"了很多"客人"进来,有时候这些人并不友好,这种"邀请"成了"开门揖盗",尽管"盗亦有道",这种侵略也夹杂他们的一些文化技术进来,但是我们还是要把它们"赶(请)出去"。如今世界的情形有了很大的变化,"请进来"的客人绝大多数是友善的。"好客"成了国际新风,而被一些哲学家纳入了哲学的思考范围,法国新近故去的列维纳斯对此有很好的阐述。由于种种原因,我们在哲学文化方面"走出去"相对弱一些。当然,我们不会像黑格尔那样把"绝对精神""放出去""征服世界",而是更好地"进入"对方,以"身在其中"的态度来向对方学习。在这个意义上,我们相信"对方"终归是会"欢迎"我们的。

## 沉思在这片土地上*

我以研究西方哲学为职业,长期以来在研究所做这方面的工作,渐渐也有了兴趣,不仅仅是"谋生手段"了。

我在哪里做这个研究工作?在中国这片土地上;然而,有一个很长阶段,我们做西方哲学的,不大愿意接触中国自己的哲学传统,觉得它不够哲学味。这样的态度,也使我们自己的研究工作悬空起来,成为一门"死学问",用以"谋生"而已。

然而,我们知道,哲学是一门"活"的学问,它追问"生活"、"生命"中最深层的问题,而并不给出"现成"的、一劳永逸的答案。如果说哲学有什么是"永恒"的话,或许可以说,哲学就是"永恒"的"问题"。哲学显然不会满足于做"死"的学问。

要"生活"就得"生活"在"地上"、生活在"大地"上,不是"生活"在"天上",如果有一天我们人类能在太空立业成家,那"太空"也是"大地"。

我们中国人生活在中国这块土地上,我们是在中国这块土地上做西方哲学的研究,要想离开中国的传统,一来是不可能的,二来也是不明智的。我们的生活塑造了我们,与其努力去摆脱它,不如实事求是地去迎接它,从这片土地上吸取营养。

于是我就逐渐地形成了一个想法:我们中国人做西方哲学研究有自己的独

---

\* 原载《社会科学管理与评论》2003年第1期,第54—64页。

特的做法,也就是说,我们可以从中国的传统、从中国的哲学视角来研究西方哲学。这也算是"有中国特色"吧。

当然,学术归学术。我们要问,中国就传统来说,有没有"哲学"?或者用现在流行的话来说,是有没有对口的学问?长期以来,这不是个没有争议的问题。如果中国传统真的没有"哲学",那么,一切的比较研究,或者视角的转换,都只能是做一些表面的功夫。

这些问题,光是空想是想不出什么名堂来的,关键是要脚踏实地地去做,去读书,去思考。我就是抱着这样的态度开始认真读中国传统的典籍的。

说起读中国古书,我是很惭愧的。我虽然生活在这片土地上,无形中当然会受传统的影响,但是有意识地去接受传统的教育,却缺少"幼功"。

我小的时候念的是新式学校,生活在十里洋场的"大上海",不重视读古书,多亏我父亲还喜欢传统字画和京剧,我也受了些熏陶;但是说到读书,我的家教就是要我学好英文。

进大学时正好是解放后院系调整的第一年,哲学系理所当然地把学习马克思主义哲学放在首位,而马克思主义当然不是能直接从中国古书上学到的。快毕业时,我又选择了西方哲学的题目,直到来了研究所,做的也都是西方哲学方面的工作,除了在做美学的时候接触一点中国传统的画论、剧论、诗论等外,对于中国传统哲学的训练,几乎等于"零"。所以,有一次贺麟先生对我说,他们这一代人从小就有中国传统文化的底子,而我们需得后补,就麻烦了。

当然后补也得补,不补就进入不了这个领域。

于是我就改变过去多年不读中国书籍的习惯,老老实实地读中国的古书,向自己的传统学习。

读着读着,我渐渐地觉得,"学"无论中西,都是"通"的。

你要问我什么是"哲学",我可以简单地告诉你,"哲学"原本是"通学"。就是说,"哲学"的"道理",到哪里都能"走"得"通",只要你的哲学道理不是胡来的,那么,它就不会"碰壁",任你"铜墙铁壁"也挡不住它。那么,中西的哲学为什么反倒不能互相"通过"去?

那么,你是在说,中国传统同样有西方"形而上学"那样的学问了?按我的体会，我可以说，当然有。倒不是说，"形而上"这个词是中国固有的，原本这也是个翻译的词，而是说，我们的传统的的确确有相当于西方"形而上学"那样的"哲学问题"。

我也并不认为，世界上任何的民族，都有同样丰富的形而上学的遗产，因为，按海德格尔的意思，能提出"形而上"的"存在"问题，乃是一件"大事（Ereignis）"，不过我觉得，古代世界凡大一些的民族都会有哲学-形而上的丰富思想，只是作为学问的形态不尽相同。

这是一个基本事实，也是我们做学术工作的一个基本态度、一个基本信念。

## 一

正如上面说的，我的工作重点在于一个"通"字，而不是侧重在"比较"。"比较"当然很重要；只是我想说，"比较"要在"通"的过程中或基础上，自己出来，而不是外在地做一些类比。

20 世纪 70 年代末有一位年事很高的旅美华裔学者来所访问，他是贺麟先生的老友，于是他讲中西哲学比较的课题，我们都去听了，发现他只是用年代排列的方法把中国哲学和西方哲学的事实加以对比，譬如公元前多少年，希腊是什么哲学家，同时期中国有什么哲学家，用了许多功夫，有许多材料，但是大家都觉得那样做过于简单了。

还有一种比较是把双方的"范畴"拿来对比，这就复杂一点，但是如果只是抽象地对比，也会变得比较肤浅和简单。譬如看到苏格拉底强调德性，于是就说他和我们的孔子一样，而看到康德置实践理性、意志自由于他的批判哲学之顶峰，则断言康德与我国儒家传统契合一致，殊不知康德之意志乃是一纯形式，不可带有任何经验之内容，儒家之仁义道德，都是有具体内容的，君君臣臣父父子子都有"理念-概念（君臣父子）"的必然性命令的，它们不是康德意义上的"自由"；而在我们把二者的学说多加领会之后，就会发现，它们在精神上是有区别的，我国古代儒家传统，大概正是缺少康德那种"自由-意志"的力量，尽管它们在某些表面的问题上，有很相似的说法。

给我这种感觉的，不仅仅是我国的一些学者，也包括外国一些学者在内。我感到，尼采在批评康德为孔尼斯堡的中国圣人时，好像就没有把握这种区别。当然，不能要求尼采对中国的学术有多深的修养，他的问题还出在对于康德哲学的偏见上，这一点，他比叔本华倒退了。

应该说，这个问题是在深层次上的，它反映了我国学者在一个时期对于西方哲学的把握程度，不是哪一个问题。至于那些比较明显的生搬硬套的做法，甚至成了中西哲学比较的"捷径"，则似乎就更成为问题了。

此外与此有关的尚有一种态度，就是西方近代以来的许多思想或范畴，从我国古代传统中都能找出类似的说法来，于是喟然叹曰，我国古已有之。这种态度当然也有其原因，本来哲学在基础的层面上，许多道理都是相通的；但是"相通"不等于同一，如果都一样了，也就没有"通"和"不通"的问题。只是有了"不同"，才有"通"和"不通"的问题。学术的任务是要深入了解"不同"，在"不同"中探究出"相通"的道路来，这才能谈得到"学问"，也才有"学问"可做。否则，一眼就可以看出来的"相同"，人人都长着眼睛，要"学问家"何用？

我老记着60年代的一个问题。当时莱辛的《拉奥孔》刚刚翻译发表，学者们就说诗以言志、画以娱目，我们古代早就指出过了。的确如此。不过后来一想，古代希腊的时候，人们似乎也是早已知道诗和画的区别的，莱辛的论文的重点或贡献，不是在于指出了一眼就能看出的诗和画两种艺术体裁的不同，而在于通过这个研究，揭示艺术上现实与浪漫精神之关系，所以后来的哲学家和美学家才重视它。

当然，我说的这些问题，我自己也都是存在的，要说批评的话，批评的对象，第一个就是我自己。

我现在的体会是：哲学上"同"、"异"的比较，建立在一个"通"字上。异中之同，同中之异，"通"自在其中。

## 二

让文本自己说话。

我们做哲学史的，是研究古人的思想。思想要有表现，他人才能研究，但是思想却是无形的，我们只能从一个人的言行中体会出这个人的内心想法。我们研究古人的思想，主要依据是他们的著作，兼及他们的行为事功。我们当然也要联系当时的社会背景和历史的发展线索来思考这些思想。

就这些著作来说，白纸黑字写在了书上，后生小子去读它们就是了，还要我们研究些什么？

我们的研究，不仅仅是在下一种死功夫，把这些古书背熟了记在脑子里，而是要思考古书中讨论的各种问题，把这些问题用我们自己的头脑继续思考下去。这是一种历史性的工作。

当然我们也可以，或者更应该以这些历史的思想史料作材料，用以建构自己的哲学体系，使古人的思想为我所用，至于用得合适不合适，要看这些材料在我自己的哲学体系里合适不合适，而不必过于拘泥于是不是古书的意思。这样的做法，当然很有气派，体现了"六经注我"、"万物皆备于我"的高超境界，但是就历史的眼光来看，难免有强加于古人之嫌；而且这种做法也只会给自己的思想体系添乱，似乎并无多大好处。

譬如有人坚持哲学的"知"、"情"、"意"三分法，以"情感"来"统一""知识"和"意志"，以"艺术"来"统一""知识"和"道德"。这样的分法，大概取法乎康德。康德的《判断力批判》的确很值得重视，但是我们知道，说到"情感"，才说到这本书的一半，还有半部是讲"目的论"的，可见"知识"和"意志"里都有"感"的问题。不过这是另一个问题，而这里作为一家言，这种坚持西方近代古典的三分法自有其价值，但是非要到孔子的书上拉上两条"不亦说乎"、"不亦乐乎"证明孔子是个情感主义者，就有点强词夺理了。

也许我本来就没有什么自己的哲学体系，所以这个"我"是"空"的，也用不到有什么东西来"注"它；"我"正因其"空"而也"注"不了其他什么。既不敢"六经注我"，也不敢"我注六经"，我的工作，只是想让"六经"自己"注"自己。现在我想出一句话，叫做"让文本自己说话"。

"文本"不就是些"话"吗？不是已经"说"了"话"了吗？

当然，"文本"就是一些"话"；我只是说，如果真是哲学大家的书，那些"话"，都不是说"死"了的。倒不是故意卖关子，而是哲学的本性就是开放的。

我们做哲学史的，感到历史上这些公认的哲学家，都是一些献身于真理的人，他们对待学术的态度是认真的，甚至是虔诚的，古今中外概莫能外。我觉得我们做哲学的，特别是做哲学史的，这一点信心是必须有的。我劝青年的学者也要有这个信心，要等你读遍历史的著作以后再感叹这些大家的诚实无欺，似乎就太晚了些。因为我们是生活在人群里，更生活在历史里，建立这个信心，就是"相信""他人"，那么多人说这些著作好，我们不妨先信信它，老老实实读读它，以后当然会有自己的评价。也许这就是"师道"的哲学基础吧。孔子说，三人行必有吾师，因为有"他人"，所以"我"就有"老师"。

就哲学来说，"老师"并不仅仅传授一种知识，而更重要的是"启发""思想"。我说一切称得上"哲学"的著作-文本，都不是封闭的，都具有"启发性"，都是开放的。

哲学史上被称作"百科全书式"的哲学家，常常会给人以"封闭"感。古代亚里士多德是这样，近代的黑格尔更是如此。然而，就是黑格尔的哲学，也并不是完全封闭的。我们离黑格尔越远，就越感到那些曾经使劲地反对他、批判他的人，其实很受他的影响。最明显的大概要算叔本华了。我感到，如果没有黑格尔的原创的"绝对精神"，叔本华要想出来他那原创的"意志"，就没有那么容易。问题还是黑格尔的：那个原动的动因是什么？黑格尔说，是"理性"，"理性"因为包含了"矛盾"-"思辨理性"，所以就"动"起来了；叔本华觉得"理性"为"静观"，怎么会"动"？"动"必须有"力"，是一种"感性"的东西，不是"理性"的，因而是"非理性"的"意志"。当然，叔本华把黑格尔当作直接的"对手"，说的话不那么心平气和，但是理路就是如此。

黑格尔的哲学如此，比黑格尔更谦虚的多数哲学家更是如此。他们的哲学（体系）都不是封闭的。

不是封闭的意思还在于，这些文本本来就没有说完，还有许多没有说完的"话"，我们后人要"让"它自己说出来，或者我们"替"它说出来。我们也不一定马上采取一个相对的立场来与其"辩论"，而起先都是"顺着-随"着它说，所以也不完全是按现在的时髦话叫做"文本之间的对话"之类的，而就是让文本自己接着说，也就是让古人把他想说还没有说的话说出来。

这是我读中外哲学书籍的基本态度。

"让文本自己说话"似乎是要古人再说话，把他未曾说出来的话吐露出来，那么，古人心里怎么想的，我们后生何以得知？的确，知人知面不知心，不要说古人已经不在，就是还活着的人，他不开口，你能知道他想些什么？何况，更有些人还是口是心非呢。

对这个问题我们做历史科学的可以绕开过去，我们并不需要弄清楚古人内心的一些偶然的想法，或者什么一闪念之类的，那样的"原意"我们不可能知道，要说也只能是猜测性的；我们只是要把握他的思想的理路，我们只要把文本的理路理顺了，按照这个理路，接下去还会说什么话，或者，如果换一个环境，在另外的条件下，按照这个理路，他会说什么话，这是我们能够把握的，关键是要把那个理路理顺。

譬如老子的"道"，讨论得很多很多，作比较的大都把它比作古代希腊的"罗格斯"，这当然是有道理的，"罗格斯"与"路"、"言说"都相通；但是还有一层意思"罗格斯"不明显，就是"可能性"的问题。老子的"道"作"道路"讲，侧重在"可能性"，是"有路-没有路"、"可能-不可能"的问题。老子强调要用种种办法永远保持"可能性"，这样才有前途，才有路可走。从这个角度看，老子的"道"，就更加接近希腊的"apeiron（不定，无定）"，一切皆未定，一切尚有可能，如果"完"了、"终"了，则一切皆成定局，就没有"变"的余地（可能），所以，古代希腊赫拉克利特把"罗格斯"与"一切皆流变"相对而言，"罗格斯"为"变"中之"尺度"。

老子的"道"强调的是那个"变"的可能性，而"尺度"就在"变"中，并没有一个"他者"的外在尺度，所以后来韩愈批评老子，舍"仁"、"义"奢谈"道德"，说"仁与义为定名，道与德为虚位"（《原道》），批评老子舍"定"而就"虚"，是为"坐井观天"。不管观点如何，韩愈毕竟还是抓住了问题。只是老子强调的"可能性"自有其意义在。主张一切都在"流变"的可能性中的老子，淡化了一切的"边界（peiron）"，什么"善恶"、"成败"、"生死"都是可以"转化"的，人就是要守住这个"虚位"，使其有变化的可能性，这样才有路，才有前途，永远是个"未完成"，永远是个"儿童-赤子"。

儒家的教导在精神上与此不尽相同。按韩愈的理解，"仁"和"义"都是

"定名",是有一定的内容的,有其概念的范围,所以我们可以体会到,儒家的"道德律令"是概念的理想和理念,不是空洞的-纯粹的——即没有经验内容的康德意义上的"应该",尽管这个理念的具体内容,也随时间条件而稍有变化,但是万变不离其宗,所以是"定名"-"名正"而"言顺",才有"理",有"罗格斯","正名"才能进入儒家思想的核心,就其初意,倒也不是为了弄出一个好听的名义来粉饰一下。

儒道两家在理路上的确是各有侧重,但他们思考的问题却也有可共通的地方,它们都涉及了社会人生和宇宙世界的一些根本的问题采取的视角,正如苏东坡说的,"自其变者"或"不变者"方面观之等等,是一个视角转换的问题。儒家讲天下万物,各得其所,各得其位,君君臣臣父父子子,天地君亲师,层次不变,子子孙孙永葆天下太平。这个和谐的理想,不仅中国古代先贤,就是西方古代哲学家也还是很向往的。希腊的先哲,被冠以"望天者"的"美名",也是因为他们向往着"天空"之和谐运转,"多"中有"一","宇宙真奇妙"。事实上,古人觉得"混乱-混沌"并不奇怪,反倒是"杂多"而又"统一-和谐"则是很奇怪的,他们要探究其中的道理,要探究"流变"中的"罗格斯",这是古代希腊哲学的基本倾向。儒家要人找到"自己"在这个世界的"位置"——孔子到50岁才真正找到"自己"的"位置";或者用哲学的话来说,叫做找到"自我-自己",按"自己"的"(本)性"运作,各行其是,自然就"太平",这个世界就怕"错位"、"篡位",不该你的"位置"你占了,每个人都不安其位,东蹿西跳,天下也就乱了。不仅是社会,宇宙也是如此。万物也不安其位,是去了"自己",宇宙太空也会乱。这是儒家的基本思路。

道家则抓住一个"变"字,老老实实承认这个变化万端的世界,叫人"虚"其"位"而迎接"变"的"挑战"。在这一点上,我们可以说,道家是"智慧型"的,而儒家是"道德型"的。道家不相信有一套概念式的道德规范决定着人们的行为,不相信有固定的君臣等级关系,连父父子子的关系也是可以转化的。小时候当儿子,到了一定的年龄,就可以当父亲了。所以《老子》书的一句话就是"道可道,非常道",意思是说,本没有固定-经常-不变的"道","非常道"乃是"没有恒常的道"的意思。"路"是人走出来的,走出什么"路"来,就是什么"路"。是什么样的"人",取决于他的"行为"是什么样,"怎样做",就是"怎样的人",所以中国人常说"做人"——"人"是要"做"出来的。并不是有一个抽象的"人"的概念,要你照着去"做",而是"做"出来是什么样,就是什么样。"人"原本是一个"空集",道家要你永远"守着"这个"空",即使是"功成名就"了,也要"功成身退",从"事功"里"退"出来,这样,你才有"前途",才能不断地"做事","为无为"才能"无不为"。道家"清净守虚"原本不是让人"无所事事",反倒是要人保持"做事"的可能性的一种学说。如果大家都"止于"各自的"至善"——做鞋的只管做鞋,养马的只管养马,世世代代如此,天下固然太平了,历史真的成了一个大圆圈,循环往复,毫无生机了。这种"理想"显然很不符合"现实"。所以,儒家需要煞费苦心地去理解"天命"的"更改",但不得不承认反对"更改天命"的伯夷叔齐也是义士;道家则很方便地成了"造反有理"的一面旗帜。

这种思想倾向的不同,形成所谓"儒""道"互补的局面,而既曰"互补",当可"互通"——"互通有无"。譬如儒家也讲"做人",但是它是在"定名"的前提下讲"做人","做"什么样的人,是"有定"的,是有"理想"、"概念"管着的。譬如为臣的,讲一个"忠"字,"忠不忠,看行动",做(为)"臣"的要"尽忠"-"止于至善","臣"的"至善"乃是"忠"。臣子尽了忠,就是"仁",是"义"。"仁"是有对(两个人)的关系,"义"者"宜"也,即"适合"于"臣"的概念。道家不承认这种"固定"的"名义-名位",所谓"名可名,非常名",没有一个"固定-恒常"的"名"。他们两家考虑的是一个层面的问题,而所采取的视角和取向有所不同,于是可以互补互通。

从儒道两家来说,我们可以说他们各自的"文本"可以互相"对话";或许他们本来就有"对话"和"讨论",我们后生,只要加以理解就可以了。还有那本来没有进行"对话"的,譬如大部分欧洲的哲学文本,我们古人没有条件进行事实上的"对话",就要靠我们后人"引导"他们去"对话",这种"虚拟"的对话,不能以我们后人的主观意向去"乱指挥",那叫欺负外国人不懂中文,欺负古人不懂外语,是"欺人之谈";我们所要做的,是"让"各自的"文本"自己说话。这个"让"字,是"启发"的意思,要使说出来的话,原本是"文本""该"说的话，而不是强加给"文本"的。

有人说，你这个意思就是"代圣人立言"。我们当然不是"代圣人立言"，"圣人"作为一个人是怎么想的，圣人的"原意"，我们后人无法也不必去"揣测"，但是我们却应该也可以"代""文本""立言"，把"文本"没有说出来的话，"代（替）"它说了出来。"代文本立言"，也就是"让文本自己说话"。

要"让文本自己说话"最重要的当然是要真正弄懂文本的意思，摸清文本的理路，否则，你发挥的意思，只能是你自己的，而不是文本的。你当然可以也应该说你自己的话，走你自己的路，说得好自是前无古人，或许也是后无来者，不过这要很大的天才，一般人做不到；不光要天才，而且还要有天时地利人和。我们已经进入 21 世纪，哲学的历史中外都有好几千年了，我不大相信会有多少前无古人那样大的天才。如果有一两个，那不仅是"国宝"，简直是"地球宝"，或者"宇宙宝"了；我们一般做哲学的，尤其是做哲学史研究的，还是老老实实地读书，弄懂文本的意思，那么"代"它说的"话"，就可能既是文本要说还没说的话，也是你自己的话。作为文本来看，它是进了一步，发展了，也许深入了；作为你自己来看，那么你的话也就有了历史的"根据"，有了分量。如果你研究的文本的确是创造性的，那么你"跟随"着它发挥的话，同样也会是创造性的。在我们这个时代，要想离开历史的众多创造性的文本来自己闭着眼睛"创造"一批话，最佳成绩会是废话，或者是说了古人早已说过的而且比你说得还要好的多的话，这种事例，也还能举出一些来。

这就是我们学哲学而又做历史的对于何谓"创造性"的理解。哲学当然是在创造的层面上，只是哲学不是宗教，不是一个"神"在那里创造，而是"人"在创造，我、你、他都在创造，全都在创造的层面上，则也有个交流、讨论的问题，因而也有个"学"的问题。学他人是如何创造的，对于自己的创造不也是有好处的吗？我想说的是：对于哲学来说，"学"字当头，"思-创造性的思"自在其中。

三

中国的传统哲学文化对于西方哲学会有什么贡献？这个问题过去很多人研

究过，也有不少很好的见解，譬如，说西方哲学重知识，中国哲学重道德；也有人说，西方哲学重理性，中国哲学重体悟，重直觉；又有说西方是科学性的文化，中国是审美性——情感性的文化——中国是诗的国家；近来又有人说，西方文化重分析，中国文化重综合；等等。这些说法都很美好，有的还很机智、风趣。这些说法，大部分我很同意，也有个别不很同意的，这并不重要；重要的在于说这些话所根据的理路，如果有很深的理路，结论有些偏颇，仍然是会有价值的。

我在这里想说的有两层意思，一是这里的讨论，都要在哲学的层面，也就是说，要有相当的理论深度，而不是一般的观感；二是时至今日，我们要"让"西方的哲学家自己来说。这两者我觉得是密切相关的。这就是说，如果中国学者也能在哲学的层面讲话，那么我们和西方的哲学家就会在同一个层面对话，这样，我们也可以按他们的文本的理路，"替"他们说出他们本该说出来的"话"。

我为什么说"时至今日"？这是因为，中西哲学原本按照各自的历史进程发展，到了上个世纪，随着实际交往的日益频繁，已经到达了一个可以互相交谈的程度，也就是说，各自都要走出"自己"，就会"相遇"在道路上。在路上遇到"异己"，开头可能会"争斗-碰撞"一番，逐渐地会熟识起来，互相"欢迎"，然后互相"理解"，以对方来充实"自己"。

任何的学术，都会走出"自己"，遇见"异己"。

中国古代也有许多学派，儒、道算是两大家，还有墨家等等，号称百家。汉代后来独尊儒术，但是各家大概也没有完全停止活动，慢慢地佛家也传入中国，惹得尊崇儒家的韩愈的猛烈攻击，他甚至建议让和尚尼姑都还俗，把寺庙都烧了，真有点古代"红卫兵"的味道。这大概也算是一种文化的"碰撞"吧。后来，逐渐地，中国的儒家和传到中国的佛家要好得很，可谓亲如一家，我中有你，你中有我，宋儒之所以成为早期"新儒家"，大概跟融入佛家思想有点关系；而现代的"新儒家"，又和融入西方哲学有关系。贺麟先生早年把黑格尔的绝对哲学引入宋儒思想，牟宗三先生坚决把康德哲学引入儒家传统，他们糅合的功夫都很到位，我觉得都是很值得重视的经验。当然他们做的，基本上还是从中国传统的角度，把西方的学术引进、吸收、糅合起来；我想要说，我们不妨换一个角度，从西方哲学本身出发，替他们拟想，按照现在的某些有意义的思路想下去，中国的传统哲学在他们的思想道路上，会有什么意义。

我之所以有这样的想法，看上去有点"多管闲事"，替他人瞎操心，这自然跟我原本做西方哲学研究有关。我觉得，近代以来，西方哲学家中许多有识之士已经注意到中国哲学对于他们的意义，但是因为种种原因，他们关于中国哲学的知识，不很完备，有的甚至是一些误传，因此褒也好（像莱布尼兹），贬也好（像黑格尔、尼采），都不很中肯，这可以在逐渐增多的交往中，纠正过来；还有一些是鼓吹西方的传统，不愿意承认中国以及东方哲学的意义的，这样的哲学家在西方也是有的，例如法国上个世纪后期直到现今保持很大影响的列维纳斯就是如此。

我觉得，我们中国的哲学家要给予列维纳斯以足够的重视，因为他是西方很少几个真正在哲学层次上讨论社会伦理问题的哲学家，而他的这种探索，对于理解中国传统哲学理念，也很有意义，我们可以从他的哲学中看出对中国的传统理应有一种内在的欢迎态度，而他自己本人，则并没有表示出这种意向来。

列维纳斯为什么更值得重视？他的思想来源于海德格尔，并深受马丁·布伯的影响，注重人与人之间的本质关系，而不抽象地谈人，而这一些，又是在法国当代思潮的背景下进行阐述的。

法国当代的哲学，亦即上个世纪的法国哲学，力图从德国哲学的阴影中走出自己的道路来，他们研究现象学，不重理念，而重感知，在一个哲学的层面谈论"身体-body"，从梅洛-庞蒂到德里达，强调的是"轨迹"中的"意义"，德里达甚至承认他谈论的是"物质性-materiality"的问题。这个"物质性"的东西与主体的人的自我意识相对起来，是一个"异己"的东西。于是，法国当代的哲学，就打上了"异（己）"的印记。他们不赞成传统哲学的"归一"，而认为"他者"不是"另一个自己"，"他者"就是"他者"。这个特点，当也与犹太思潮有关。

列维纳斯也在这个思潮之中，他的哲学强调一个高于"自我"的"他者"，"自我"受制于"他者"，这个思想自然与马丁·布伯有关；只是列维纳斯并不认为已成了"他者"就可以转化为一个客观的知识对象，于是知识论就成为哲学的第一位的工作。列维纳斯的贡献正在于他承认一个"大他"，但是仍坚持在伦理、道德的范围以内，而不被知识论所囊括。我认为，这是列维纳斯为把实质伦理学——不是康德的形式伦理学，而是舍勒的实质伦理学进一步提高到哲学层面所跨出的决定性的一步。

在跨出这一步之后，列维纳斯就在哲学伦理学的领域里，讨论了过去常常被认为是经验伦理学的一些道德情感和情操的问题，大大丰富了哲学问题的内容。

当然，康德在他的《实践理性批判》里就讨论过道德情操问题，涉及到"敬畏"之类的情感，所以列维纳斯所探讨的问题，倒也不是前无古人的，但是他抓住了这个问题不放，在一个新的哲学层次上贯彻到底，则大大扩充和丰富了这个领域，并使之成为他的哲学的核心，我们也可以说，在某种意义上，他的工作也是康德想做而没有做的，尽管他们两位在宗教的倾向上很不相同，列维纳斯得益于犹太教义，而康德则是虔诚的基督教徒。

列维纳斯的伦理学建立在"大他-异己"的基础上，而他认为"伦理学"早于"本体论"，"伦理学"正是"形而上学"，我觉得，这是一个很有创造性的思路。要紧的是列维纳斯的伦理学不是经验性的，而恰恰是哲学性的，因为他居然认为伦理学早于本体论，而就是形而上学。我重复说这个意思，是想重点来解释它。

我们知道，西方哲学传统的重点在"本体论"和与此相应的"知识论"。我们不必追溯到古代希腊，当时德国的哲学就有胡塞尔的现象学理念论和海德格尔的现象学本体论（或基础本体论）的对应，伦理问题是在这个哲学的框架下讨论的。"本体"和"理念"原本是一致的，因为"本体-存在"并不是各种经验的具体的事物，而是一种"理念"，是"具体共相"，所以把它作为思考对象的"形而上学"叫做"在——物理学——之后或之上或之外"，或者叫做"超越-物理学"，而"物理学"是研究世间经验万物的。过去的哲学，都去追究这个"在"物理学之后、之上、之外的"超越"的"存在"，或者叫做"诸存在者之存在"。

是海德格尔把这个思路推进了一大步，他把"时间性"、"历史性"的观念引进了"存在论-本体论",这样"存在-本体"就不是僵死的概念,而成为一个活的哲学-形而上学的问题。这个问题谁来提?当然是"人",但是"人"是"存在-本体"的一个(特殊)部分,海德格尔叫它为"该(彼-此)存在-Dasein"。这里,我们看到"存在-Sein"和"该在-Dasein"的关系,成了哲学的核心问题,这个问题,"超越"了"物理学",但是在海德格尔那里叫做"本体论-Ontologie"。

深受海德格尔影响而又不满意海德格尔的列维纳斯,从这个基本问题出发,以"同"、"异"的关系来理解"Sein"和"Dasein",把"Sein"理解为"大他",则"Dasein"就可以理解为"小我",于是,"Sein"与"Dasein"的关系就是"伦理"的关系,而不是"本体"的关系,于是在哲学意义上的"伦理学"就比"本体论"更加基本,更加"早",它才是"物理学"之后、之上、之外所要探讨的"形而上学"。

在列维纳斯那里,"伦理学"已经不再是经验的道理规范问题,而是一个地地道道的哲学-形而上学问题。

既然"他者"大于、重于、高于"自我",于是"自我"对于"他者"的"服从"、"敬畏"、"忠诚"、"奉献"等等一切道德甚至宗教的情感,都有了一层哲学-形而上学的根据。列维纳斯在这方面作了大量的研究和探讨,把在海德格尔那里已经蕴含了但尚不十分丰富的意思,很好地表达了出来,让人们清楚地看出,什么叫做"青出于蓝胜于蓝"的创造性的"传承"关系。

说到这里,中国的学者大概都能看出,列维纳斯本该向中国传统的哲学伸出"欢迎"之手——在列维纳斯的伦理学-形而上学中研究了"好客"的问题,但是,不知为了什么,他却说用不着到东方传统中找支持,而在希腊的传统中就可以有足够的依据。他说柏拉图有"至善"的理念,而"善"正是"超越""存在"之处。

这当然言之成理。不过我们要说的,是世界历史上诸民族中,中华民族对于伦理道德问题——对于社会"治"、"乱"问题研究思考资源之丰富,大概可以称得上"无可比拟"的,不"欢迎"这批资料,并不是智慧的表现。如果说,黑格尔因其庞大的逻辑哲学体系,小视东方和中国的传统,尚有一点自己的理由,那么在列维纳斯这里,就有点"拒人于千里之外"了。应该说,这方面,海德格尔倒表现了一种大家的风范。

不管怎样,我们中国的学者对于海德格尔、列维纳斯理应表示一种"欢迎"的态度,他们把"伦理"问题提高到哲学-形而上学的高度的思路,对我们理解我们自己的哲学传统是大有启发的。

中国的学问,历来注重历史和现实,强调"时间",强调"传统",对于社会的关系、伦理的关系,以及历史、传统、时间之"连"、"断"都有深入的思考,孔子讲"仁",是"人"的关系,"关系"而又"基本-基础",这正是哲学所要探究的既有现实内容又有理论深度的根本问题。纯形式的逻辑讨论曾经显赫一个阶段,但未能形成大气候。在儒家思想指导下,中国古代思想家思考了历史、伦理、社会的问题,到了宋儒,有一长足的发展,"四书"的提出,使中国学问-中国传统哲学集中精练起来,深入探讨其中的哲学-形而上学-伦理问题,离不开这些资源。

然而,我们也应该看到,中国哲学和西方哲学的历史道路是很不相同的。也许我们可以说,中国传统的哲学缺少了西方那种"形式化"、"纯粹化"的长期的探索,就常常容易犯康德在《实践理性批判》里所要防止的"实践理性""降格"的毛病,就是把本是"纯粹的""形而上"的问题"降"到经验的世界来——与此相反而又相成的是"理论理性""僭越"的问题,把本不是经验理智所能解决的问题,用一个"知"字笼统地加以解决。这就是说,中国传统的哲学问题后来常常和实用的经验问题相混了,这我们从念朱熹的书中,就能够感觉到。

从历史的经验来看,问题在于西方哲学是如何把感性的世界——包括伦理道德问题"接纳"到哲学-形而上学里来;而中国哲学就传统问题来看,是要把富有感性世界内容的资料如何"升华"到哲学-形而上学的层面来。"哲学"决不会"舍弃"什么,而关于"视角"的转换问题。就不同的发展道路来看,中西哲学是"异",而就其内容和问题来看,它们又都是"同",又是"通"。

哲学并不满足于纯粹的形式,将大千世界的形形色色引进和融进哲学,这是西方哲学,特别是近代西方哲学以各种方式曾经做过的努力。从康德到黑格尔,显示了这种努力,黑格尔以后的欧洲哲学的发展,同样显示了这方面的努力,于是有叔本华、尼采的意志主义,有新康德主义的文化人类哲学,有胡塞尔的现象学，有柏格森的直觉主义，更有海德格尔的现象学存在论，这一切，都是他们努力要保持在哲学的层面，而又要将实质的世界包容进去的艰苦劳作，至列维纳斯，应该说的确有了明显的进步。

中国传统哲学似乎没有这样一种分、合的明显的过程，所以从某一种意义上来看，有些含混模糊的毛病，各种界限不那么明确，但是它的思想覆盖面之广，具有一种融会贯通的精神，这也是应该肯定的。

中国哲学精神在面对西方哲学的冲击时，也因种种原因有过抵制和反抗，就像它曾经抵制反抗过佛家一样，然而中国哲学的融会贯通精神，并没有在这种"文明冲突"中丢失，而是使它更加坚定和成熟。中国近几百年来的"西学东渐"的经验，说明了这一点，这个经验有时甚至是艰难痛苦的，但是阶段性的结果往往也证实了中国哲学精神的博大和通达。

中国的传统，对于一切虽然是"（相）异（己）"而优秀的文明，都采取"欢迎"的态度。西方哲学有从希腊以来数千年的聪明才智之士的努力，其成果当然值得我们重视；从西方哲学自身的发展现实情况来看，他们也"理应""欢迎"我们的哲学传统。如何"让"更多的西方哲学家从欢迎到进一步理解中国的哲学传统，我们中国的学者当然应做更多的工作，这是不可推卸的。

## 哲学何所"思"  *

哲学是"思（想）"的学问，搞哲学研究的是"思（想）者"。因此，哲学何所"思"，也就是"思者何所为"。人们常说，哲学要透过现象抓住事物的本质，哲学就是对事物本质的"思"。那么，何谓现象，何谓本质？为理解这个问题，哲学家付出了辛勤的劳动。

本质不是一个抽象的概念，甚至也不仅是黑格尔所说的具体概念。

那么，本质在哪里？

我们说，本质就在眼下，不过它常常是被掩盖着的，不容易看到。本质的这种特性，与历史、时间有关。时间、历史分过去、现在、未来。我们都生活在现在。现实的利害关系有一种迫切性，迫使我们运用自己的聪明才智使万物为我所用，以维持和改善我们的物质生活环境。然而，我们又是历史的产物，我们的工作又是为了未来，我们的生活也不仅仅局限于现在。不过，我们常常想到的是现在，似乎只有现在才是实实在在。于是，我们常常只顾眼前，急功近利。

哲学和这种只顾现在的态度是大不相同的，因为哲学要探求事物的本质，这个本质包括了过去、现在、未来的维度，即时间与历史的维度，它要求把被掩盖着的过去和未来揭示出来，也就是把事物的本质揭示出来，把事物的本来面貌揭示出来。事物的本来面貌也就是事物的真相、事物的真理。于是，哲学

---

\* 原载《人民日报》2003 年 2 月 14 日。

以追求真理为己任。

搞哲学的常被问：哲学有什么用？

按照上面的思路，哲学很少有现在的用处，也就是说，哲学不是急功近利的学问，不能解决燃眉之急。然而，令搞哲学的可以聊以自慰的是：哲学虽无小用，却有大用。

哲学让人想得深一点，看得远一点。儒家说，"慎终追远"。哲学让人有历史感。哲学与一个民族、一个时代的历史息息相关。作为"思"的学问的哲学，需要"思者"。"思者"不一定是哲学家，哲学家也不一定是"思者"。"思者"只追求真理，而不把伪劣的道理拿来叫卖。哲学不仅仅是"思"，它也说，也写，但"思"是它的核心、它的内容、它的本质。说和写都要言之有物，这个物就是事物的本质、事物的真相，而不是应付眼前的需要。思之深，方能看得远。

就物质生活来说，世间不欠缺哲学，也就是说，如果仅仅为了填饱肚子，人们并不需要哲学。这并不是说，穿衣吃饭不在哲学视野之中，哲学不食人间烟火。恰恰是人间烟火、穿衣吃饭，在哲学的视野中有了一种历史-时间的意义。哲学也揭示穿衣吃饭、饮食男女种种物质需要的历史性和时间性，而不是作为解决这些问题的现时的工具。哲学无当下用途，却有长远的意义，哲学为智慧之学。

由于种种原因，哲学在许多人的心目中失去了应有的神圣，辩证法这一认识的利器也为人们所疏远。然而，辩证法是智慧的精粹，小计谋需要它，大智慧更需要它。哲学当然不是前者，而是后者。哲学辩证法是事物本质层面的智慧。

辩证法坚守"有-无"、"存在-不存在"之变，从"存在-现时"中看到"不（非）存在"，看到"过去-未来"，坚持着这个"历史-时间"的维度。辩证法坚持全面性，避免片面性，在困难中看到希望，在幸福中看到潜伏的危机。对一个民族来说，哲学辩证法有一种历史的严肃性和神圣性；失去了哲学辩证法的支撑，不可能有民族的真正振兴和繁荣。对于个人思想境界而言，居安思危、临危不惧，则是哲学辩证法带来的启迪；忽视了哲学辩证法的指导，必然会流于肤浅和短视。

## 哲学与科学的历史互动*

哲学与科学，都是人类智慧的花朵。它们的各自功能和意义何在，相互之间有什么联系、有哪些区别？这是关系当今哲学研究方向的问题。通过分析二者发展的历史轨迹，可以得到有益的启示。

按通常说法，哲学起源于古希腊。它是一种科学形态的学问，研究的问题是事物之原因，利用的思想工具是概念、判断、推理，只是在表达的形式上有时用"诗-韵文。"当然，哲学不同于一般的物理学、生物学，也不同于数学、几何学，尽管古代希腊哲学受几何学影响很大。哲学之所以为哲学，就在于它不停留在对事物原因至结果的一般过程的思考，而是追根寻源，找到事物的第一因，弄清各种现象的因果联系，达到对事物本质的把握。这种把握，需要经过"思想"来实现，而除概念外，人们不能"思想"任何对象。在这种科学精神的指导下，哲学倡导凡事都要经过论证、证明，没有证明的事情是不可靠的。

哲学在中世纪的欧洲沦为神学的婢女。但是，神学也要寻求哲学的证明，到哲学的理性之中寻求庇护。如对神的本体论的证明，一直既是神学问题，又是哲学问题。欧洲哲学在近代得到长足发展，其中的一个关键就是由经验主义发展到休谟的怀疑论，引起了科学大厦的动摇，科学失去了自身证明的优势。在科学大厦将倾之际，遂有康德出来为科学护驾。康德的批判哲学精神，在于厘清理性的诸种不同功能，把科学知识限制于现象领域，而为信仰留有余地。

---

* 原载《人民日报》2003 年 8 月 8 日。

他的《纯粹理性批判》针对的是休谟的怀疑论，为揭示科学知识在理论上的必然性、坚定对科学知识的信心而竭尽全力。然而，康德的批判哲学留下一个不可知的领域，即非科学的领域，这个领域虽同属理性，但只是为宗教信仰保留其哲学庇护权。康德以后的德国哲学，都为这个虽为理性但却不可知的非科学领域大伤脑筋。

在使哲学回到科学道路上来的过程中，黑格尔功不可没。很多年来，欧美哲学很少研究黑格尔哲学，觉得它早已过时；但事实上，我们至今还不能说对黑格尔哲学的合理内核都完全把握了。黑格尔的研究有两个方面值得注意，一是批评谢林的直觉主义，一是批评和改造康德的逻辑学，这两者都和他致力于使哲学成为一个庞大的科学体系有关。虽然黑格尔哲学受到许多批评，遭到不少误解，但哲学作为一门科学，还是在曲折中不断发展。

历史表明，科学的发展并没有完全受制于哲学。19 世纪和 20 世纪，科学获得了前所未有的巨大发展，极大地改变了人类历史的进程。这使一些有识之士重新思考哲学和科学的关系，并把哲学由自然引回到人自身。人们认识到，人不仅仅是自然，人不能概念化，人为人，人为个体。同时，人们也在思考，有没有一个概念体系能够以个体为对象？

这似乎又使哲学回到了休谟与康德。因为不仅人为个体，大千世界何尝不是个体？概念又何尝能够穷尽？人事幽冥，自然界充满变数。理论不可能证明大千世界，因果关系充其量只是"表象世界"的规律。这样的思考和探索使当代欧洲哲学又一次回到现实中来，这是有其积极意义的。由此，也得出了哲学与科学关系的新认识：哲学是科学中的基础学科，它研究人之所以为人的基本问题以及有关人的存在的基础知识。科学是哲学的基本存在方式，科学要从理论成为现实，必定要有人的基本存在的尺度；这个尺度是具体的、历史的，超越这个尺度，只能是空泛的，甚至是空想的。科学离不开哲学的人文精神，哲学离不开科学的理性精神。科学和哲学一样，其生命都在于其现实性。

面对威胁人类基本生存的一切灾变，哲学的人文科学精神的确是一种精神免疫的增强剂，但是哲学的达观，不是宗教的说教。麻醉剂或不可缺少，但更需要的是增强自身的抵抗力。它来自科学，来自理性，来自艰苦卓绝的劳动，以及这种过程中体现的奉献精神。

# 做学问不可急功近利*

"学问"这一行要求"慢功出细活",最忌"急功近利",可是做学问的还很容易犯这个毛病。

我们那个时候,"功"和"利"是政治性的,写文章要看政治"风向",于是学界有"风派"之说;如今学界似乎也有"风派",看的是"经济-市场"的"风向",像炒股票那样,美其名为"读者需要"。

## 通俗的东西最难写

就学术来说,通俗的学术著作是最难写的,要把艰深的学术问题通俗地写出来,没有相当的学养是写不好的。"通俗"不是开始,而是结果。很多年前,读过爱因斯坦和另一个人合作写的一本通俗介绍相对论的小书,是一个中文译本,我这个外行读了觉得清楚极了,可以说是把高深学问通俗化的一个范例。我一直把这本书放在案头,想做一篇说明只有"深入"才能"浅出"的文章,可惜后来因为搬动,书找不到了,文章当然也没有写成。

深入到什么程度才能浅出,这是一个具体问题,不好一概而论。譬如有些是很新的学问,研究不够,就不可能马上来一个"通俗化",勉强要做,也只能是介绍一些基本情况,知道一些门牌号码,内容上很难概括出来。最近常听到学界一些朋友

---

\* 原载《全国新书目》2004 年第 3 期,第 19 页。

说，有些谈西方哲学（新）思想、（新）学派的文章不好懂，我想大半是这个原因。

不但新思想、新学派不好做"通俗"文章，就是哲学史上一些比较熟知的学派和思想，也很难将其"通俗化"。譬如康德的哲学，学哲学的对它并不陌生，有些人觉得他的《纯粹理性批判》写得匆忙些，有些啰苏和重复，如果把它改写一下，就会更加清楚。我不是说不要做通俗的工作，而是说，通俗的工作不是那么容易做的，而以急功近利的心态来做这个工作，反倒可能写出一些谁也不懂的文章来。幸好还没有出现把康德的哲学用图画画出来的书。

**"跟风"的大部头和随笔**

最初可能觉得写短平快的文章容易，于是一阵子"学术随笔"大为走红。"学术随笔"当然很好，但是如果一定要提倡"学术""随笔化"，就有点偏了。和"通俗化"一样，有些连作者都相当生疏的学术问题，不宜马上"随笔化"，勉强做出来，也会有点不伦不类。我读过一篇不足千字的短文，竟然要谈论海德格尔关于"生"、"死"的思想，哪能谈论得清楚呢。

大概与此同时，又有相反的做法，就是编写大部头著作。定一个大得不得了的题目，集聚十几二十位学者，从开天辟地讲起，一编就是"世界"的，卷帙浩繁，印刷精美，放在书架上气势恢宏；当然，编这样的书也颇费时日。作者们一定也是很费功夫，从编书中也可以带动一部分研究，也确实有写得好的部分；但是有些大部头是由"课题"适应"经济-市场"需要带动出来的，如果开出风气来，大概也只能是"天下文章一大抄"了。

"随笔"和"大部头"当然都是表现学术文化的一些形式，但是如果"化"了起来，成了"风气"，就会产生偏向；"课题制"本是激励学术研究的一种机制，不过如果忽视学术的长期利益，"课题"就会跟着眼前需要转，出现"跟风"，跟了"市场-经济的风"，"大部头"也会成为急功近利的形式了。

**"风派"是学术的不良风气**

问题不在形式，而在内容。随笔有大手笔，大部头有集一生学问之力作。

而"跟风"之作,往往不是这种著作。

譬如过去跟"政治"之风,你也不能说学术就一定要脱离政治才算清高,只是学术必与大的社会、历史、时代(包括政治)气候相关联,而不是紧跟一年半载甚至十天半月的小气候。小气候跟乌纱帽有关,大气候则跟学养有关;学术也不一定就要完全脱离功利,或者"超功利",只是学术讲的是大功、大利,不是蝇头小利。明天的行情跟股票有关,而学者著书立说则与历史、民族、社会的长远利益息息相关。

我深感急功近利的"风派",无论政治的还是经济的,实在是学术的不良风气;它之所以不良,主要在于它浪费了相当一部分学者的时间,结果反倒"欲速则不达",使我们的学术积累放慢了脚步,也不容易培养出高层次的学术人才,严重时会出现学术的断层。

## 做学问要跟"大风-大气候"

我们也曾年轻过,我的学友中不乏聪明才智之士,大部分也都是很有学问的学者,但比起前辈大家来,总觉得还差那么一点儿,而更少"大师"级人物,原因当然是多种的,但就量化来说,我们年轻时丢失的时间太多,则是共同的。

这样,我就特别希望现在的年轻学者,要珍惜自己的大好时间,尽量多投入扎实的学术工作,不要急功近利,不要"跟风",注意区分"大风-大气候"和"小风-小气候",不要为眼前的"风向"所左右,为眼前利益所驱使,时间同样花掉了,固然得到一时的名利,于学问收效甚微。

## 我的"金钱"观之变迁*

"钱"之为物,至大至小,至刚至柔,介乎"有""无"之间,可谓"神"矣。

"钱"与"万物"沟通,举凡宫室车马,珍珠玛瑙,汽车洋房,彩电冰箱,莫不涵盖在内,岂非"至大无外"?然则,"钱"为"代用品",从实物到金银,再至纸币,越来越小,岂非放之弥六合而可藏诸密?

"钱"乃阳刚之物,欠债还钱,锱铢不让,有法律保障,虽有四舍五入之说,但是"钱数"一定,犹如"气数";然则如有权力,更不用说暴力,没收的没收,充公的充公,"钱"就乖乖地入了他人的银库,岂非柔顺之极。不过我们看到历史上再强的权力,似乎渐渐地总要在某种程度上被"钱"所征服,又岂非可做"柔能克刚"的一个例证?

"钱"为"万有"之"有",有了它就有了一切;然则"钱"根本也是"无","赤条条来去无牵挂","何曾一滴(一厘)到九泉"?那另一个世界,针插不进,水泼不入,滴水不漏,当然一分钱也带不去,货币体制完全不同;更不用说,如今"刷卡"时代,一卡走遍天下,身无分文,照样富甲天下,"钱"全在计算机里。计算机是"虚拟的世界",那里的"钱",也可能是"虚拟"的,于是乎似有似无,介乎有无之间,"刷卡"的时代是不是在"钱"的方面象征着"提前进入死亡状态"?

---

\* 原载《社会学家茶座》2004年第7期。

我不研究经济,对于"货币"没有科学的观念,只是觉得它很"神","阴阳不测是为神","钱"之变化万千,也有一种"不可测"性,更何况,"钱"真的也能"通神"。

我小的时候生长在上海,父亲做生意糊口,"钱"对他老人家来说,当然是第一位的;但是传统却教育他"万般皆下品,唯有读书高",对我的教育却不是以"钱"为尚。记得他惟一对我说过的有关"钱"的话是有一次他的生意比较顺利,说"还是做生意来钱快"。因为是"惟一",所以我的印象很深,现在似乎又成了至理名言,可惜我觉悟得太晚了。

我大学毕业进入社会,那时虽有级别的差距,但总体比较拉平,尤其是强调共产主义思想教育,不敢计较个人名誉地位,更是耻于谈"钱",一直发展到后来愈穷愈好,所谓"穷则变,变则富,富则修",总觉得"为富"一定"不仁"。

我想,这种对"钱"的忌讳观念在我们这代人身上,是有点根深蒂固的。

然则一切都在变。

我有一位老同学碰巧住在同一条胡同很多年,那时他在地震局工作。唐山大地震时,他经常报一些不很可靠的消息,我们这个大院的人也只得暂时信他的,因为如果不信地震局的,难道还真的信猫狗的反应不成?这位同学终于要举家移到香港去了。也难怪,他家原本是印尼华侨,"文革"里的日子当然不好过。他在我们老同学面前常念叨的话是"钱钱钱钱",那时我们只觉得他是资产阶级思想作怪,不很在意。谁知他的地震预报虽不准,这句话却很灵验,要不了几年,"钱"的观念已经进入了人们的脑子里,挂在了人们的嘴边,都成了"钱串子"了。

不记得是哪一年了,反正是我80年去美国前后,有一年的元旦社论,题目是"恭喜发才",意思是"发现人才",当是我就想,大概离说"恭喜发财"还很遥远,那是我小时候过年时大人们常说的吉祥道贺的话。那也是遥远的过去了;但是这句话却以闪电般的速度回来了。人言"思想"的速度快似风云,看来也不尽然,"思想"常常是落后于"现实"的。

"现实"变得太快了,我得好好学习,跟上形势的发展。

不过,当我正努力想要跟上时代时,突然发现,我已经步入古稀之年。

当我的脑子里进入了越来越多的"钱"的观念时,却发现,"钱"离我却越来越远了。我想，年龄和"钱"所走的路线是反向的。随着年龄增长，"钱是身外之物"的这种消极的、不合时宜的观念也会愈来愈严重。

这种观念之所以要不得，乃是因为它经不住分析批判。"钱是身外之物"，那么"身内之物"又是什么？"身内"除了皮包着的五脏六腑和骨头架子外，还有什么？当然，还有似乎更高级的，如学问和道德品质等等。不过，难道这些"身内之物"就跟"钱"没有关系？

五脏六腑要维持好了，得有营养，而一日三餐要花钱买，它们不舒服了，有了病了，要就医，医疗收费一直是个问题；那更为高级的像学问之类的，也是可以卖钱的，可以是谋生手段。不但如此，就像有钱可以换得一副上好的五脏六腑一样，有钱也可以买到学问，至少从小学到大学再进研究院都是拿钱买来的，更不用说那些靠不正之风的，拿钱就可以买到各种学位、职称。

道德品质好像不容易跟"钱"挂上钩，按照康德的理论，似乎还是完全不同的两个领域；不过康德说的是在思想上、原则上，而在实际上却仍是息息相关的。在现实的生活中，社会是要提倡"德行"须得有"报酬"的，否则就会削弱榜样和鼓励的作用。君不见对于各种"举报"、"打假"、"见义勇为"等好事，都是可以折合成精确的"钱"数作为奖励的。

正因为步入老年，"钱"的观念可能会淡薄起来，所以就更要加强这种观念。

要认识到"钱"是最为基本的"知识"，也是最为基本的"道德"。

"知识"和"文化"要努力转化成"产业"；在"钱"的问题上，最要讲究"道德"，取之以宜是为"义"，"义"当然是道德的基本范畴；各种的法律规范，更要建立在"钱"的分配的数量规范上，偷税漏税自然犯法，在经济上各种坑蒙拐骗概属违法乱纪。

然而，"钱"的确很是"神秘"的，即或是在"观念"上也是来无影去无踪，惚兮恍兮，对于老年人来说，终究会"无可奈何花落去"。

为了排解这种倒霉的烦恼，不觉又想起了古训"君子固穷"，还有《古文观止》里那篇《叔向贺贫》。

"穷"跟"通"对，"贫"跟"富"对。有"钱"走遍天下，无"钱"寸步难行。古代的钱，当中有孔眼，可以穿起来，积累到一定的数量叫"贯"，昆曲里有一出戏叫《十五贯》，可见我们哲学里常讲的"贯通-贯穿"，也跟"钱"有关。

"君子固穷"大概是说"君子"特立独行，在"小人"横行的世界，又寸步难行，只得固守自己的方寸之地、洁身自好的意思。

《叔向贺贫》是把"富"与"德"对立起来，似乎"富"了就容易骄奢淫逸，从而导致不得善终，所以要吊富贺贫。

这两种排解方式当然都不很有力。"君子固穷"，有点酸溜溜；吊富贺贫也有些片面，富了容易缺德，贫了也容易犯错误，不是也有常言道，"饥寒起盗心"吗？所以，尽管这些都是好思想，好文章，体味着、读着都很有趣味，真正相信的可能也不很多。

奈何，奈何！

那么世上有没有一种道理可以抵制这种因年龄增长而"钱"的观念退化后所产生的懊丧情绪呢？

我想，或许有吧。

还是从年龄增长、生老病死说起。

古代希腊人把"人""定位"为"有死者-会死者"，而"（诸）神"是"不死者"。"有死者-会死者"是芸芸众生，而只有"不死者"才是"神圣"的。

"钱"固是"万能"，但它买不来"不死（者）"，换不来金刚不坏之身。即使腰缠万贯，也难免一死。倒不是拿"死"来吓唬那些有钱的人，他们是天不怕地不怕，怎样也吓唬不住的。这里只想说一种道理，信不信只好由他了。

"钱"买不来"不死"，也就是买不来"不朽"，买不来"神圣"。世上一切"不朽"、"神圣"的东西都不是"钱"所能买到的。

你说"钱"买不来那些"不朽"、"神圣"的东西，道理何在？是不是仅是一种信念，甚或简直就是一种武断？

当然不是，道理还是有一点的。

"钱"之为物，固然很"神"，不过此处之"神"，说的是"阴阳不测"、变化万千、无孔不入的意思，而如果果真像古代希腊原子论说的那样，有一种东西（原子）没有"孔"，它就"进"不去，"入"不了，也就"神"不起来了。在这个意义上，"钱"是"神"而不"圣"。

"不死-不朽"也就是"无限"，"无限"是"不可限量"，乃是"无量"；

"无量"不是"非量",而是单就"质"的方面来说的。

"不死-不朽"之"无限",用柏格森的话来说,乃是一种"绵延","绵延""不可分割",也就是说"不可量化","不可以道里计","不可估量"。

可是"钱",却是专门指着"量"来说的,"钱"本身的"质地"越来越不重要,才有一卡走遍天下的局面,因而它对那些"不可量化"的事物,无能为力。

这并不是说,那些被称为"神圣"的事物,真的"不可分割","不可量化"。"原子"在古代被想像成"没有缝隙,天衣无缝,是上天圣物",但在高科技面前,没有不可分割的,大加速器一转,都可以"分割-分离"出来。于是"不可分割"也是说的"质"的方面,一个事物被分割开来,就不成其为"该事物",它的"质"就变了。"原子"被分割-分离,大概就要另起名字,如"中子"、"质子"之类,因为性质变了。

在这个意义上,前述"钱"能买到一切,就要打一个折扣,至少那些"不朽-神圣"的东西买不来,也不能论斤计两。

然而,我们在现实生活中看到道德文章估价买卖的不是比比皆是吗?连孔子这样的圣人,不也是要"待价而沽"的吗?

社会的物质鼓励当然有利于良好风气的传播,但物质的鼓励并不能够代替精神的弘扬。"见义勇为"不以获得奖励为目的,认真读书也不仅仅是为了获得高学历、高职称。反过来说,看一个人的道德文章,不能光看他获得多少奖励,是什么头衔,这些当然应该参考和重视,但在评估时需要清醒的头脑,意识到它们可能是打了折扣的。这就是说,奖励多不一定道德高,职称高也不一定学问大。二者之间没有推论的关系。"量"和"质"当然密切相关,但是却不一定可以相互推论。

科学、艺术、哲学、文学、品格等道德文章,在原则上是不可量化的,将它们量化只是管理上的一种需要,或者是市场的一种机制。做这种道德文章的工作,不以"钱"为"目的—动机",也不以"钱"为"结果-终结",更不以"钱"为评估标准。

凡高画画,不能糊口,毕加索则腰缠万贯,却不能以此论优劣;孔子一生"沽"不出去,立为万世师表,管仲富可敌国仍不失为一代贤臣。

"钱"估量出来的或标识出来的道德文章，都不是它们的本质，而只是它们在当时社会（包括市场）的价值（价格），它们的真正的本质要在"时间-历史"的"绵延-不断"中显现出来。"不朽-神圣"存在于"时间-历史"之中；而要"把握"此种绵延不断的时间-历史，并非年月日刻分秒和秦皇汉武这些朝代所能穷尽。本真的历史-时间原就不可量化。

时间的绵延为生命，生命是活的东西，它"不可分割"。生命贯穿的精神"不可分割"。生命的活的精神是"自由"，"自由"也不可分割，不可量化。自由在社会现实生活中，也受限制，自由要被分配出去，这当然是必要的，对于社会的稳定，也是重要的；但自由按其本意是"不受限制"，不可按比例量化。凡活东西都不可量化，要量化活东西就得先让它死掉，将它大卸八块，分割开来，再来论斤计两，分门别类加以安排处理。"钱"可以购买"死东西"，买不来"活东西"；"钱"买得来"逍遥"，买不来真正的"自由"；买得来"物质"，买不来"精神"。

据说克罗齐继承了大批遗产，不必为稻粱谋，有很多的"闲暇"，但如果他不做那些思想性的创造工作，也只不过日子过得舒适逍遥而已，那道哲学学术的光环到不了他的头上。正是这种光环，意味着某种神圣性。

"钱"可以买来"年月日刻分秒"的"时间"，可以加强营养、强化医疗，甚至将自己冷冻起来，延年益寿，却不一定买得来那贯穿于时间中的精神自由。即使买来数十年上百年"时间（阳寿）"，也只是为精神的创造的工作提供一个"条件"，你的生命"活"不"活"得起来，或者只是行尸走肉、苟延残喘，并非"钱"所能决定的。"钱"能买得"一时"，买不来"永恒"。即使是很短暂的生命，也有可能闪烁出恒久的光辉。

于是，对于"钱"，就会有两种不同的观念，各有各的依据，各有各的道理，这倒不是相对主义，因为原本就是两个不同的问题，不同的领域。在一个领域里，"钱"为"有"，而到了另一个领域，"钱"为"无"。一个领域里，"钱"发出耀眼的光彩，另一个领域则黯然失色；一个领域里为"显"，另一个领域里则为"隐"。故此，"钱"学在实际的生活中自是"显学"，而当人们在进行创造性的、思想性的工作时，最好让"钱"的观念黯然失色，或至少让它"隐蔽"起来。

# 坚守学术岗位<sup>*</sup>

我也算是学术战线上的一个老兵了。如果问有什么经验体会,我只能说一句大实话:坚守住"学术工作"这个岗位。

任何人都应该坚守住自己的岗位,这原本是最普通的道理,但往往有很多原因让人坚守不住。有些原因是主观的,有些原因是客观的,而客观是通过主观来起作用的。就客观原因说,大体上过去是政治的,现在是经济的。"文革"的时候,政治运动多,还有许多条条框框,不允许发表自己的学术意见。在那种条件下,学术工作者往往要偷着做学问,生怕被发现后成为批判对象。如今,这样的情形不会再出现了,学术工作者迎来了发展学术的大好时光。现在影响学术工作的因素主要来自经济方面。许多聪明才智之士趋向"经济利益",这当然算是件好事情,不过也使得一些原本很有前途的学者为名利驱使而不能成才,这是很可惜的。还有许多吸引力使学者离开学术工作岗位,譬如过多的兼职、兼课等等。

还有一种表面上很难抵御的吸引力,叫做"学者文人化"。就是说,原本是学术工作者,却去做"文人"的事情。其实,这充其量只能算是以"学术"做点缀。"文人"自有"文人"的价值和意义,中国的知识分子大都有"文人"倾向,这原本无可厚非。只是觉得学者应当有学者的视角、有专家的分量,不可大而化之,随便发表议论。学术工作者应该坚守学术工作岗位,集中精力研

---

\* 原载《人民日报》2006年3月24日第15版。

究一些专业的问题，认真研读学术性强的著作，把学术工作维持在学术的水准上。

我想，"学术"和"思潮"应该还是有一定区别的。譬如，上个世纪80年代，萨特的思想曾是一个"思潮"，但真正对萨特进行哲学和文学研究，就不完全是流行一阵子的"思潮"所能涵盖的。还有在我国曾几次流行的尼采，大半也是"思潮"式的鼓吹多，"学术"式的研究少。"学术"和"思潮"都有其意义，但不能互相代替。"思潮"可以作为"学术"的社会基础，但"学术"不止于"思潮"。多年来我们对于西方哲学的开发研究，实际上是"思潮"多于"学术"，"学术"对"思潮"的支持"力度"不够。这就影响了"思潮"传播的力度和质量，使"思潮"没有底气，行之不远。

"文人"大都止于"思潮"，其鼓动宣传之功，盖莫大焉。"学术"应承其续，深入探讨研究，使之在学理和资料上精益求精，成为学问系统，传诸久远。"学术"所追求者，非一时之功利，而为开长久之思路。"文人"常"领一代之风骚"，"坐冷板凳"则常是学术工作者之座右铭。世间之所以尚有许多人甘愿"坐冷板凳"，皆因见到"学术"的恒久价值，并从中得到乐趣，那种追求真理有所得的乐趣，那种哪怕是短暂的"豁然贯通"的乐趣。

我们所处的时代为学术工作者提供了广阔的舞台，我们理应珍惜社会提供的大好环境，坚守学术岗位，努力做好工作。

## 治学须扬长补短*

我个人是这样来理解革命性和科学性的结合的：就我们现时代学术工作者来说，贯穿革命精神要体现在自己学术工作中贯穿一种学术性的自由和创新性上，我们的学术成果是一个创新型的作品，是独立思考的作品，而不是炒冷饭；而为使这种自由创新精神能够贯穿到哲学史的具体材料中，则又要大力发扬科学的、实事求是的态度，努力以实际历史材料来开启这种革命和自由的精神，而不是只靠灵感说一些貌似创新的观念。一般认为，中国学者研究西方哲学有种种局限，不如西方学者那样得心应手，这当然是一个应该承认的事实，我个人也常常因此而信心不足；但在长期的工作中，我渐渐地感到，我们中国学者研究西方哲学，固然有许多短处，但似乎也有一些长处，我们应扬长避短，更应该补短扬长。对于我们的短处，我们固然要多加改进，决不护短，西方学者的长处，我们要老老实实学习，我们有较丰富的图书资料，可供阅读参考，我们的国际学术交流，帮助我们了解情况，我们还有一些从国外留学回国的专家学者，直接与西方学界有一定的联系，这些都可以稍微弥补我们在研究信息方面之不足；这里我要强调的是，我们对自己的长处也要有所认识，以激励我们的研究工作。我觉得，相比起来，我们中国的哲学史家具有不比西方哲学史家差的哲学理论思维训练和熏陶，我认为，这对于研究哲学史是很重要的条件。在我看来，哲学史不仅仅是历史的，而且首先是哲学的，有没有哲学理

---

\* 原载《河南日报》2006年6月7日第12版。

论思维训练，对于研究哲学史，不是可有可无的，不是软条件，而是硬条件。我们哲学史家的理论思维条件来自何处？它来自多年来我们社会倡导的对于马克思主义的学习。我们知道，马克思主义哲学原本是德国古典哲学的革命变革。我们常年学习马克思主义哲学，在剔除一个时期教条主义的坏影响后，对于深入理解德国古典哲学以及深入理解西方哲学的历史发展是大有帮助的。由此而来的，我们社会，特别是学界，对于德国古典哲学所提哲学问题的重视，也帮助熏陶了我们哲学史家的理论思维能力。同时，我们中国的哲学史家，还是由我们中华民族悠久历史文化传统熏陶出来的，作为学者我们在不同的自觉程度上承载着这个传统。在世界各大民族中，我们中华民族原本是很善于提出哲学问题的，是富有哲学精神的民族之一。我们古代儒佛道诸家的思想，至今对世界发挥着他们的影响。西方哲学史上不乏谈论我国传统哲学的，有表扬的，也有批评的，我们都给予重视，不因表扬而沾沾自喜，更不因批评而妄自菲薄；凡谈到中国传统哲学的西方大家，我们都要科学地、冷静地、认真地了解他们的思路，然后产生我们自己的观点。对于莱布尼茨、海德格尔如此，对于黑格尔、尼采也是如此。

# 答程炼[*]

程炼批评我的哲学史"总论"部分,在意料之中,他的文章,快人快语,读后深感欣慰,敢呈数言以答盛情。

凡成大学问者,皆有多方面意义,后人得以按照具体情况,"开显"出不同面貌,古代柏拉图、亚里士多德以后尚且如此,近代康德、黑格尔以后当加一个"更"字;至于在种种分支中,能否分出主次,或以何者为主,何者为次,则就见仁见智了。诚如程炼所言,康德以后,弗雷格、罗素、卡尔纳普、蒯因等等,当然都可以接续到康德,我甚至曾经感到,这支或许正是"接续"希腊哲学的"正宗"呢。因为这支并不将基督宗教问题纳入自己哲学的思考系统,当然并不排除其中有人研究宗教问题。

只是"从康德到黑格尔"这个观念,倒也不是晚近的事情,只是早期说的是"古典唯心主义"这一段,后来才有"德国古典哲学"的概括,可能是要加强黑格尔哲学"辩证法"的地位,把"唯心主义"免了。不管怎样说,这一段历史分量不轻,才有后来实在论的大力批判,而当代分析思潮,得以应运而生。所以我在书中把这一段作为"哲学"的"古典-经典"代表,也有一定的考虑,尽管在程生看来,不免有"偏见"之嫌。

至于说到我在书中给予分析哲学的篇幅太少,这是事实,之所以造成这个实际结局,并非我的"观念"问题,而实在是自身条件所限;我只是希望读者

---

[*] 原载黄裕生等编《斯人在思——叶秀山先生七十华诞纪念文集》,江苏人民出版社 2006 年版。

不要以篇幅多少来衡量作者对所论问题的重视程度。

最近我在做另一个"导论",第一小节已经写完,其中有一个意思是:"科学"的发展,已经"超出"康德所"限定"的"现象界",进入"事物自身",已经不满足于"形式性"(包括范畴性因果),而进入"实质-内容",但又不是黑格尔的"绝对观念"的"内容",而是"实在"的"内容",于是似乎又回到了休谟的问题。这个想法,原是已出版的"总论"中薄弱的"分析哲学"部分已经提出来的,只是现在跟德勒兹《什么是哲学?》有更多的联系。顺便说说,德勒兹并不全出自现象学,他对于分析哲学和科学哲学等有多方面的涉猎,要说把"大陆理性"和"英美经验""综合"起来考虑"沟通-贯通"的,也许他可算做得最好。

做哲学最要紧的是要克服"片面性",但自身条件又常常是很"片面"的,所以要不断努力,时髦话叫做"超越-克服"自我。我对于自然科学、数学、逻辑等等,都缺乏应有的基础,要补的课很多;孔子五十"知天命",他老人家是圣人,我不能比,但到了"七十",总该"知天命"了;不过我还是不大"认命",想学对我来说是新鲜的学问,克服自己的局限性。我感到,从康德到黑格尔这个古典系统进进出出,再来思考英美的哲学传统和现状,也会有好处的。程炼揭发了我在《思·史·诗》"后记"里的空头支票,现在我也不敢再开了,只是表示我主观上是要将其"兑现"的,当然含金量多寡,就更不敢确定了。

谢谢程炼。

## "移步不换形"之"形"的深层意义 *①

绍武先生《我的父亲梅兰芳》1999年出第二版时,嘱我写一个书名,当时我在美国,用小孩子画画的笔和颜料,勉强交卷,印出来后,很觉惭愧;现在绍武兄要出续集,嘱我写序,这次是我在北京,他到了美国,推托不易,又只得勉为其难,印出后的惭愧,也是在意料中的事情。想起时光流转,先发一点感想,当作"序言"的引子。

我对京剧和梅兰芳的艺术,实际上所知甚少。在上海上中学时,正是刚刚解放,时有美国飞机轰炸,学校课程稀松,因为父亲喜好京剧,我就到一家票房学习。我学的是老生,旁听过魏莲芳的《霸王别姬》,也算是和梅派有一点点关系。后来到北京上大学,就更加接近中国京剧的核心地区,看的戏也多一些,梅兰芳的艺术在我的脑海中的印象逐渐深刻起来。

在我的心目中,梅兰芳是中国京剧以及中国传统戏剧的代表,是不容置疑的事情,因为我认为,梅兰芳在中国传统艺术中的地位、在中国戏剧艺术中的地位,是历史确立了的。

中国的传统戏剧艺术源远流长,远古已有萌芽,于宋元初成,至近代大成。中国戏剧走的是综合的路子,可以说中国传统的各种艺术部类都可以在中国戏剧中找到自己的位置。在艺术领域,中国戏剧有如大海,百川汇集。

当然,"分析"与"综合"在艺术发展中也各有千秋。西洋的戏剧,原本

---

\* 原载蒋锡武主编《艺坛》第四卷,上海书店出版社2006年版。
① 此文系作者为梅绍武《我的父亲梅兰芳》(续集)所作之序,题目为编者加。

也有相当的综合性，希腊悲剧大概也是载歌载舞的，可是因后来的发展，逐渐相互剥离开来，形成歌剧、舞剧、话剧三种比较独立的艺术部类，于是乎歌唱-舞蹈-语言三个方面都有了相对独立的发展，各自达到很高的水平，这是不能否定的。

中国的艺术似乎走了一条相反的途径，它是立足于一个部类，而尽量吸收其他部类的因素，将它们糅合进来，充实"自己"。譬如"书"、"画"原本是两类艺术，画卷上的署名，早期是不太醒目的，后来渐渐加大题款的力度，遂有"书画同源"之说，宋元以后，"文人画"成了主流。

中国戏剧至宋元时期，已经形成"自己"的规模，成为集歌、舞、剧于"一身"的一种艺术形态。歌舞围绕着"戏剧"这个"中心任务"，作为"表演""故事情节"的主干，以此兼容绘画、雕塑、文学乃至杂技、武术等等艺术-技术部类。要把原本独立的众多艺术部类因素"综合"起来，殊非易事。做这件艰巨的工作的，非巨匠-大艺术家莫属。

艺术的综合自非拼凑，而是使诸种因素互相渗透，成为一个"整体"。"整体"为"不可分"，"不可分"是因为"你中有我-我中有你"。举凡绘画、音乐、舞蹈、雕塑、文学、诗歌乃至武术、杂技、灯光布景等等，在中国的戏剧中，无不有"戏"。众多艺术因素融为一体，成为"戏剧"艺术的"不可分割"的一个"有机部分"，是为中国戏剧之"自己-自身"。所谓"不可分割"，并非"物理"上的，因为事实上那些音乐、美术、舞蹈等等自身都是可以独立的艺术部门。说它"不可分割"，乃是就"戏剧"整体而言，如果分割出去，就不是中国的传统"戏剧"。它们可以是别的什么艺术，但不是"中国戏剧"。

说它"不可分割"，又是说诸种艺术因素在"戏剧"中是相互贯通的，在艺术精神上不可分出彼此来，这样，"中国戏剧"也就是一个综合的概念，而不是一个单纯抽象的概念。这就是说，戏剧中诸种艺术因素，固然要为"戏剧"服务，而"戏剧"也要"融会"诸种艺术因素的特性，否则同样不是中国的传统"戏剧"。"取消"了戏剧中的诸种艺术因素，也就"取消"了"（中国）戏剧艺术""本身"。

中国戏剧这种艺术精神，正是中国传统文化精神-中国人文精神的一种表现，也是中国传统哲学精神的体现。

中国哲学的人文精神，奠基于先秦春秋战国，是从"纷乱"中"逼"出来的综合-统一和谐的哲学，一方面"回忆"古代的"黄金时代"，一方面也是"向往"未来的美好理想。那时候奠定的儒家思想，不仅是"复古"，同时也具有"超越（现时）"的"前瞻性"。这个学派，经过汉代的提倡，果然成为中国社会长达数千年的"统治"的主流思想。

这个传统，经过长久的历史演变，利弊当是需要认真思考研究的问题。

然则，中国是一个善于吸纳众多外来因素的国家，中华民族的"机体"是一个最少"排它（斥）性"的民族，中国人是最善于把"异己"转化成"自己"的人民，中国是一个"海纳百川"的国家。中国的戏剧，也是一个艺术的"海洋"，它有很大的艺术"容量"。

中国传统戏剧的艺术代表梅兰芳，也是一位海纳百川式的艺术巨匠，他或许可以说是中国传统艺术的"百科全书"式的人物，如同我们哲学里常说的像亚里士多德、黑格尔那样的人。那样的人，即使是在我们这样兼容性很强的国家，也还是不可多得的。

我们知道，梅兰芳具有多方面的艺术修养。在戏剧方面，固然"文武昆乱"不挡，在他的提倡下，濒临衰颓的昆曲得以恢复存留，他的《游园惊梦》至今仍是典范，有影像长存于世。记得四十多年前在中国戏曲研究院举办表演艺术研讨班，汇集了全国众多地方剧种，相互观摩演出，切磋技艺，盛况空前，固然是当时的政府政策好，也和当时作为该院院长的梅兰芳的艺术胸怀之宽大密切相关。

再者，梅兰芳的书法和绘画的造诣，也是公认的。他有大量的作品，垂范后世演员。

从社会文化背景来看，梅派艺术的崛起，正当中国文化变革转型时期，中国传统文化面临严重的挑战，梅兰芳在自己的戏剧领域，勇敢地而且兴致勃勃地迎接着"西学（西艺）东渐"的浪潮。

我们从绍武先生两集《我的父亲梅兰芳》中可以读到有关梅兰芳旅欧、旅苏和旅日的盛况。他所到之处，受到的欢迎和得到的荣誉，足以令每个中国人感到光荣，他和当时享誉世界现已载入史册的多位大艺术家的切磋交流，足资我们后世艺术家经久的学习。

梅兰芳重视学习西方艺术的长处，为广泛吸取，做过不少的尝试，也编过一些新戏，以丰富传统的剧目，而他的目标，仍是要把种种西洋的艺术因素，纳入中国戏剧的大海中，把西洋艺术与中国传统艺术，在精神上贯通起来，使之融为一体，自然就不会采取生搬硬套的简单做法。吸取西洋的艺术是为了丰富"自己"，使"自己"更加"博大精深"。

然而，梅兰芳在自己的艺术领域里所做的工作，一度不被当时文化精英们所理解，这种情形也是当时的历史环境的产物。

20世纪初期中国社会仍是一个刚刚启蒙的时代，五四运动使中国的文坛起了革命性变革，人们的思想有了新的视角，文化艺术领域朝气蓬勃。这是一种活的精神，前进的精神。如今我们重温那段历史，仍然会为这种精神所鼓舞。

既然是"活的精神"，自然也有一个产生发展的"过程"，世上只有那抽象的概念式的东西，可以是一成不变的。中国的近代启蒙思想有一个成熟发展的过程，也是不足为怪的事情。于是，我们看到，当年曾经非议过梅兰芳的文化精英，后来转变了态度，承认了梅兰芳艺术以及以他为代表的中国传统戏剧的伟大成就，可以说是从一个艺术部类的侧面，反映了中国文化启蒙的"成熟"过程。从这个角度来看问题，有些人前后态度之差异，就是很容易理解的事。读者如有兴趣，可以参考上海翁思再先生主编的《京剧丛谈百年录》（上下两集，河北教育出版社1999年出版）所汇集的不同观点的材料。

什么叫"成熟"？"成熟"就是"科学"。"启蒙"的"成熟"，就是由"激情"成长为"科学"的态度。我们知道，在历史上，"社会主义"思潮，也有个从"空想"到"科学"的发展过程。马克思主义就是"成熟"的、"科学"的"社会主义"。

什么叫"科学"？"科学"具有"现实性"、"能动性"、"可行性"。

"激情"是很可贵的，革命的激情就更可贵。然而，"激情"要成为"现实"，必须要有"科学"的态度，否则就只是一种"理想"。

"理想"永远对"现实"说"不"，因为"现实"总是"不符合""理想"的。于是谴责之，批判之，打倒之。不过，"理想"既然是"理想"，总是努力要求"实现"的，要求"现实"变得"理想"起来，反过来说，也就是"理想"也变得"现实"起来。这就是说,"理想"在为自己的"现实"化的斗争过程中,也逐渐地"现实"起来。这个过程,也就是"成熟"的过程。"成熟"的过程,也就是使"理想""现实"起来,使"激情""科学"起来的过程。

"理想"原本是要"实现"的,因而,只有"现实"的"理想"才是真正的"理想"。真正的"理想"是"现实"的理想,也就是使"现实"自身的"理想""现实"起来,而不是"理想"和"现实"分立开来各行其是。

中国的变革要立足于中国的现实。中国的革命理想,是要"改变"中国的现实的。在中国实现马克思主义-社会主义理想,必须和中国的实际(现实)相结合,这就是毛泽东思想。毛泽东思想是在中国这块土地上成熟了的、科学的马克思主义。

就文化艺术来说,变革就是"传统"自身的变革,而不仅仅是单纯引进"异己"来与之对立,更不是消灭"自己"。于是,1949年革命政权以后,梅兰芳受到了真正革命者的极大尊重,有很高的社会地位,就不仅仅是新政权的宽容大度、待兴百业的缘故,而是有更为深层次的原因在。

当然,成长-成熟是一个过程,既然是一个过程,也就会有曲折,并不总是直线式的。人们还记得在戏剧改革中梅兰芳有"移步不换形"之论,受到了批评。这个批评,应该说,是那些批评者不很"成熟"的表现。这个批评,之所以没有扩展,正是说明尚有更为成熟的革命者在。

我们说过,"成熟"就是"科学",什么是"科学"?"科学"最根本的是要承认客观事物的存在,而客观事物都是具体的,因而是有"界限"的。"科学"必须承认"界限"的客观存在。

有了"界限",才有了事物的"形",才是"有形"之物,才是具体的事物,是看得见、摸得着的,而不是只是在头脑里的抽象概念。这里的"形",不仅是抽象意义上的"形式",而是有"内容"的"形式",是事物的"存在""形式",因而是事物的"存在方式"。

梅兰芳的"移步不换形",正是在这个深层意义上用这个"形"字。如果就一般意义上的"形式",梅兰芳所做的"换形"工作,又岂止百千?

事物是"有形"的,这大概是一个很普通的常识,不会有很多人反对的。我们愿意说,一个"事物",总有自己的"规定性",这个"规定性"如果是

"本质的",或者说是"重要的",那就是这个"事物"的"形式",在亚里士多德那里叫"形式因"。"形式因"就是那个"事物"之所以成为那个"事物"的"原因-因素",或者叫它"是其所是","是什么"就"是什么"。在这个意义上,"形式"就好像一种"范型-范式",对一个事物来说,也是"应该是"的"样子"。于是,这个"范型-范式"对一个事物之所以成为这个事物来说,就是本质的、重要的。亚里士多德这个"形式因"正是在"界限-存在方式"这个意义上来理解"形"的。

这样,梅兰芳说"移步不换形",意思就是说,"京剧"这个"事物""进入""新社会-新环境",当然"移"了"步","进"了"步",但还应是"京剧"这个"事物",而不应变成"另一个事物"。

我们想,这个道理也还是说得通的。

我们知道,的确有些"事物"是不能"移步""进入""新社会"的,譬如旧社会的"国家机器",按照马克思列宁主义是要"彻底粉碎"的,不能让它"进入-移进",还有那些丑恶的东西-事物,像赌场、妓院等等,也不行;但是相当一部分"事物",是可以而且应该"移进"的,像物质性的如土地、房屋、街道,还有那些大小日用品等等,精神性的如大部分自然科学书籍,等等。至于文化艺术等,有的已经"移动"了几千年了,"进入"一个接一个的时代,唐诗宋词大概永久可以"移步不换形",当然对它的理解又当别论。

事实上,需要"换形"的"事物",就不应"移步",像上述那些反动、丑恶的"事物",就要让它们变成"另一个事物",才能容许"进入";也就是说,新的环境-新的社会不允许某些"事物""存在"。

"京剧"作为一个"文化艺术"、"戏剧"的"事物",当然允许"进入-移入""新社会",它不必非变成"非京剧"不可。这大概就是梅兰芳当年提出"移步不换形"的实在的意思所在。他怕按照某些人的"改革方案",七改八改,打破了事物的界限,改得"不是京剧"了。

梅兰芳提出"移步不换形"当然是有针对性的,他针对的是那些"不成熟-不科学"的戏改激进派,其实有些激进派从二三十年代以来并没有成熟多少,他们仍保留了不少"幼稚"的成分,总觉得京剧既是封建社会的产物,是"旧剧",就应该"脱胎换骨"。他们的幼稚病并不亚于建国初期那些把中医叫做"封建医"的人。

"幼稚"有可爱的一面，但一进入"现实"，就会"碰壁"。幼稚的人如果管理起众人的事，则会带来危害。毛主席说过，小孩子有许多道理是对的，但不能让他治理国家。这就是说，他们的道理是抽象的，缺乏"经验"，不成熟，让他管理人的事情，只能坏事，对于"事业"是有害的。而"经验"是要靠"科学"的态度积累起来的。

讲到"事业"，梅兰芳也是把京剧当作一项文化事业来做的先驱者之一，其中也包括了"文化产业"的因素在内。梅兰芳不仅仅是艺术家，同时也是一个艺术活动家，他组织剧团、组织演出、出国访问等等，无不有社会各个阶层的支持、协助在内。在这方面的许多材料，我们在绍武的书中也能读到，对于现在正在注意实行的文化产业工作，当也有参考的价值。

以上是我个人的一点体会，其实不能叫"序言"，只是感想。

2004 年 3 月 16 日于北京

## 一元大始*
——《学术家园》新年寄语

21世纪经过一年的0年酝酿,"1"字终于出头;实际上或许是一个世纪的"0"(20世纪)的酝酿,现在开始了。"0"不是纯粹的"虚无",它酝酿着新事物的出现;"1"也不是僵固的"实有",它生化着万物。"1"就在"0"里,只是尚未开显;新事物就在"1"里,等待着开显。"0"与"1"意味着"新"与"旧"。人生如此,学术亦复如是。

新年一过,我们这些人又老了一岁,按机械决定的算法,做学术工作的时间又少了一年,夕阳无限好,只是近黄昏了。这当然是个事实。

不过,我们这代人也许经过的磨难太多,所以对于现状和未来,常常有一种"知足常乐"的态度,也有人批评为"盲目乐观"。

以学术的现状来说,堪以忧虑的事不少,像学风不正、学术断层,还有赡养不丰以致后继乏人等等,这些当然是应该继续呼吁,应该继续解决的。呼吁了,不等于马上解决,"0"和"1"都还是刚刚开始,就是到了"6"、"7"、"8",也还是"开始",甚至到了"9",也不是"尽",不是尽善尽美,世纪末正是酝酿着一个新世纪,对这我们都是过来人了。所以关键要有一个积极的态度,促进新事物的开显。

从上世纪末到去年0年的酝酿,学术工作还是有许多值得称道的地方。譬

---

\* 原载王晓宁主编《学海星光集》,南开大学出版社2006年版。

如我们这个《学术家园》副刊，在众多的报纸副刊中，的确有它的特色，拥有一定的读者和作者群。首先它是"学术"性的，而且它是"家园"式的。其实，"学术"原本需要"家园"。按黑格尔的意思，精神总是不断努力寻求它的家园，而学术所需要的就是探求的精神。

探求的精神就是创新的精神。从某个意义来说，精神是不很安分的，它是一种骚动的生命力量，"精神"喜欢"家园"，取其自由探索、自由讨论之意。"学术家园"这几年有些探讨性的文章，应该受到鼓励，事实上也引起了学界的注意，有了自己的影响，这种自由探讨学术问题的风格，相信在新的开始中会得到宏扬光大。

学术的家园当然是开放的，但也是有规范的，有自身的水平的。学术已经积累了许多个世纪的发展，许许多多有聪明才智的人对此作出了贡献，尊重学术的规范也是对这些人的创造性劳动的尊重，因为这些规范是他们建立的，他们为学术家园建立了"家门"。社会有许多的门，并不一定人人都要进学术的门，也许愿意或者能够进这个门的相对总还是少数人，当然偶尔进来看看，不胜欢迎，不过学术毕竟不是旅游观光的地方，而是要你"登堂入室"的。"学术家园"不放低学术的水平，严格把好这个家园的"门"，对于树立优良的学风当会起到好作用的。

"学术家园"发表了一些老年学术工作者的文章，也还发表一些青年学者的文章，我感到这很好。有时候老年人对年轻人会有些看不顺眼，或许这就是"代沟"。我记得多年前杨向奎先生对我说过，他年轻时那些老先生常感叹说，现在你们这些年轻人连十三经都背不下来，还做什么学问。杨先生笑着说，一代人有一代人的学问嘛。我们所的温锡增先生也跟我说过，他在美国时，有些老先生会背柏拉图的全部对话，可惜没有问他是会背英文本的还是希腊文本的。

学术也是在进步的，背书已经不是衡量学问的主要标准了；学术的存在方式是历史的，就学者个人来说，知识会慢慢积累，但创造的精神却不可磨灭，而这种精神在年轻人身上体现得是更为突出的，理应受到保护和鼓励。

其实，我们这代人到现在，年纪不小了，但除个别例外，一般来说，"学龄"却并不很长，因为我们耽误了许多做学术的时间，所以就学龄来说，我们也是"青年人"。这种学龄和实际年龄的矛盾，我也常常以此来警策自己，以保持继续"求学"的愿望。

我总是相信一代比一代强，"1"会把"0"蕴涵着的优秀的东西开显出来。

# 说谭论马[*]

马（连良）派和谭（富英）派是目前京剧老生中两个很重要的流派，这两派的表演艺术有显著的区别，可以说各有千秋，体现了两种不同的表演风格。这两种风格应该承认都是美的，而"美"虽然有它的共性，但并不是一种抽象的东西，它是有个性的，因此就有美的特殊性，现在我们就要来研究一下，这两个表演流派的美的特殊性和它们之间的关系如何。

## 一

马连良幼入富（喜）连成班坐科，据说后来曾随贾洪林学艺，故在演唱艺术上有近贾洪林之处。

任何艺术家，总有个学习、模仿的阶段，中国戏曲的技术性更强，更需要长时期进行刻苦的基础锻炼。马连良初期是以善采各家之长见称；但是单纯的博采众长也还不能成为独立的艺术流派，因为"采长"基本上还是个模仿过程，不过是有所选择而已。真正的艺术创造，要在表演艺术上有独特性和独立性，就必须经过艺术家的精心创造，要有个"融会贯通"的阶段。

马连良虽曾以善采各家之长见称，但绝非各家之拼凑，而是具有自己独立的风格。那么，马派之特点何在？

---

[*] 原载《中国京剧》2006年第10期，第28—30页。

我们知道，马派在表演艺术上的特点甚多，但就总的风格来说，是否可以一"巧"字来概括？马派表演，潇洒飘逸，机巧灵活，更兼细腻委婉，从美学角度来说，应该是属于"华丽"这个范畴的。

马派在唱腔上花巧细腻，这是大家公认的。马连良在美化腔调上下过苦功，他的唱腔，变化多端，不以朴直自然取胜。这就如实用物品上的装饰一样，有此则美，无此则不美。就这方面说，马派唱腔的"装饰"是很多的。《借东风》［二黄原板］"曹孟德占天时"的"德"字和"我望江北"的"北"字，其腔调脱出［二黄原板］之窠臼，可以说明马派唱腔的特点："巧"。而《淮河营》［流水］"摇摇摆摆我出前殿"的长腔，曲折婉转，潇洒俊逸，既见马派韵味，又切合蒯彻当时得意的心情，这都是高明的地方。

马派的腔儿"巧"，虽然也有一些地方流于形式，但总的说来并不"油滑"，这里有两个条件可以使它免于"油滑"。首先是与剧中人物的具体感情紧密结合，能"花巧"之处则尽量发挥"花巧"之特长，并不显得"油滑"，因为所谓"油滑"，主要是就脱离剧情乱耍花腔而言。其次，马连良也很注重咬字的清楚准确。关于马派咬字，这里必须消除一些成见。过去有的剧评家认为马派是不重咬字的，在他们看来，似乎只有余派、言派才最注重咬字。这个看法是片面的。余派、言派固然注重咬字，马派何尝不注重咬字？不错，马派咬字不太注重湖广音，而且有些字音比较特别（如"不"念入声，"为"归"依齐辙"等）。但我们知道，这只是根据的韵律标准不同，并不能因此来评定艺术上的优劣。谭鑫培、余叔岩以后，有些人有这样的偏见，认为如不按湖广音来念中州韵（如上声不上挑，阴平不低压），就是"倒字"；其实京剧字音受着某些方音的制约，一直在变化，而京音的大量渗入，又是一个不可否认的事实。可见，评判演员演唱的艺术标准，不在他根据什么韵律，而主要应看他能否按照一定的音韵系统巧妙地把"声"和"情"结合起来。

马连良虽不完全按湖广音发音，但字的首尾处交代清楚，字字送入听众的耳朵。显然，我们应该肯定，马连良在咬字方面也是有严格的基本训练的。如果没有这一步扎实的功夫，那么所谓"花"、"巧"，则真要流于"油滑"了；"花巧"必须建立在严格的基本训练的基础上，必须"巧"中有"直"，在"花巧"中见"规矩"。

大家都知道，马派的道白和做工是最吸引人的。马派道白的特点之一就是节奏鲜明、铿锵有力、音乐性强。大家还记得他在《甘露寺》里那一段绘声绘色的白口，真是抑扬顿挫，有起有伏，不能不说是"巧"得很。但是马派道白还有另外一个特点，就是特别注重掌握人物内在的感情变化，这就是他的道白不至于流于"油滑"和"卖弄技巧"的主要原因。马派《审头刺汤》，大段道白，见出艺术家的匠心独运。和汤勤的那段尖酸有力的对白，把这个狗仗人势、卑鄙恶浊的小人嘲笑得体无完肤，观众无不拍手称快。一句"可我又不买你的字画呀"，前紧而后松，到了"画"字，利用去声的滑音，略略延长，轻蔑之情，全在其中，何"滑"之有？

看来，马派之"巧"，既不是脱离人物性格感情之乱耍花腔、卖弄技巧，也不是缺乏基本训练、没有扎实功夫之"油腔滑调"，马派之"巧"乃是在扎实根基上之"巧"，乃是从"巧"中看出"直朴"之气，乃是"巧"中见"规矩"。

## 二

谭富英乃谭小培之子，京剧史上有重要意义的代表人物——谭鑫培之孙，与马连良同为富连成科班出身（马比谭高一班），但谭派的风格却和马派迥然不同。

如果我们前面分析马派的特点为一"巧"字能够成立，那么我觉得谭派的特点，则在一"朴"字。马派艺术可说"华丽"，那么谭派艺术则可归诸"朴实"的范畴。

谭富英有一条好嗓子，清脆而圆亮，自然带有一股英武、朴实之气。谭派用气，出口即足（所谓"冲"），更显得干净利索，声音过处，直入听众的心灵深处。加上谭富英有很好的武功底子，《定军山》、《战太平》等戏，刻画忠良耿直之气，栩栩如生。

谭派腔调不花，但圆润有味，以含蓄为胜，表面上"清淡""直朴"，实际上却有丰富的内容，譬如他唱《打棍出箱》的［四平调］"我叫一声范兴儿你来了吧"，腔调也无甚奇处，但透出一股肯挚的感情。

演唱是用声音表现感情，一定的声音和一定的感情有着具体的联系，如悲哀之声多用"遥条"、"依齐"等辙。谭富英在咬字上的特点，也是形成他"朴实"的表演风格的重要因素之一。谭派咬字不像马派、言派那样细腻，总的风格是从大处着墨，而遇"a""e"这两个音，则往往加以强调，在这种强调之中，就能产生朴直的气氛。谭派唱的《御碑亭》[西皮原板]"实指望同庚共老枕"的"枕"字，因为有所加强，很切合王有道这个书呆子的直朴之气；而《桑园会》中的"并无虚言哄娘行"的"行"字，也有这种味儿。

谭派的朴实风格，贯穿在唱、做、念等各个表演方面，形成了一种独特的表演风格。因此，谭派善于演朴直实在的人物（如书生、忠臣等），也就是这个缘故。

有人看谭富英演戏，觉得他在台上很"随便"，有时就误会他"不卖力气"、"不认真"，这里也要消除一点误解。其实，这还是个风格问题。谭派的质朴的风格，不容许在唱做上过分雕琢，而是要于朴实中见功夫。谭派动作很干脆，不求形式的华丽，这是和马派不同的。从总的风格来看，谭派表演是比较清淡一些，不像马派那样浓郁。谭富英的武功有过严格的基本训练，你看他在台上很"轻便"，甚至如《打棍出箱》这样身段复杂的戏，他演来好像都不费事。他在新剧《官渡之战》中饰袁绍，在城下连做带唱真见功夫，但也并没有在台上"大洒狗血"；谭富英之所以能做到在台上"不费劲"，正是从"费劲"来的，如果他没有台下的"费劲"的苦功，岂有台上的干净利索的舞蹈动作？所以台上的"清淡"、"不费劲"正是从"费劲"来的。

但是，谭派是否就因"清淡"而"无味"了呢？不错，"朴实"的风格容易流于"无味"，如果没有基本训练，没有技巧上的修养，不注意角色的感情变化，容易流于"平淡"；但谭派艺术却不能说是"平淡无味"。

记得清朝的袁枚在《随园诗话》里说过："诗宜朴不宜巧，然必须大巧之朴；诗宜淡不宜浓，然必须浓后之淡。"这句话用在谭派艺术上可说是很正确的。谭富英的表演艺术的特点就在于"浓后之淡"、"大巧之朴"，我们所谓谭派艺术在于"朴实"，并不是一味"朴实"，而是在"朴实"中见机巧，于清淡中见醇厚，故朴而不拙，淡而不平。谭派艺术当然也有技巧之处，试看他的《定军山》[二六]一段"二次里忙用这两膀的力"，"力"字的腔也够得上"花巧"，但因谭派用气的特点，腔虽花，气仍很直，故仍重于朴直的风格。

## 三

从马派和谭派的比较中，我们可以得到什么启发呢？我们看到，在表演艺术上，就如在一切文学艺术中一样，的确有两种不同的风格，一种是"朴实"，一种是"华丽"。"朴实"者韵味清淡质朴，"华丽"者韵味浓郁而花巧，应该说，这两者都是美的，"朴实"和"华丽"是美的两种不同的形态。

然而"华丽"和"朴实"虽有区别，但又有联系，美是个性、特殊性的，但美的不同的形态之间又有联系，又有一定的共同性。"朴实"和"华丽"是不能完全分割开来的。如前面所分析的，马派艺术固然不是一味"华丽"，谭派艺术也不是一味"朴实"；一味"华丽"固然失之"油滑"，一味"朴实"也会流于"乏味"。马派重于"华丽"、"机巧"，谭派重于"朴实"、"直质"，但他们只是有所偏重，而无偏废。

马派和谭派的表演艺术在有些地方是共同的。首先是都有扎实的基本锻炼，手眼身步各种形体动作，运转自如，得心应手。从身段上来说，他们能完全自由地控制、掌握自己的一举一动；从演唱上来说，他们对于咬字、行腔、用气都下过工夫，也能自由地控制。其次，马派和谭派都比较注意体会人物内心的感情和性格，在表演中不是单纯追求技巧，而是重视表情达意。所以，也可以说，马派和谭派在表现和体验这两个方面都有极深的功夫，这就保证了他们可以"华"而不"浮"，"朴"而不"拙"。

但是，如果他们仅止于上述的基本训练，而不在艺术上、表演风格上创造自己的独特性，也就不会成为独立的流派。人们常说，诗贵创造，表演艺术也贵创造。马连良根据自己的条件和体会，向"华丽"、"机巧"方面发展了，谭富英则向"朴实"方面发展了，于是旗帜鲜明，各有千秋。

"华丽"和朴实、"浓"和"淡"、"巧"和"朴"之间应该相互结合。有如人们品茶，太浓则苦，太淡则索然无味，唯有淡中有浓郁之味，浓中有清淡之气，方能回味无穷，才能有欣赏者品味之余地。

## 从纯粹的学问到真实的事物 *
——"纯粹哲学丛书"改版序

江苏人民出版社自2002年出版这套"纯粹哲学丛书"已有五年，共出书12本，如今归入凤凰出版传媒集团"凤凰文库"继续出版，趁改版机会，关于"纯粹哲学"还有一些话要说。

"纯粹哲学"的理念不只是从"纯粹的人"、"高尚的人"、"摆脱私利"、"摆脱低级趣味"这些意思引申出来的，而是将这个意思与专业的哲学问题，特别是与德国古典哲学的问题结合起来思考，提出"纯粹哲学"也是希望"哲学""把握住""自己"。

这个提法，也有人善意地提出质询，谓世上并无"纯粹"的东西，事物都是"复杂"的，"纯粹哲学"总给人以"脱离实际"的感觉。这种感觉以我们这个年龄段或更年长些的人为甚。当我的学生刚提出来的时候，我也有所疑虑，消除这个疑虑的理路，已经在2002年的"序"中说了，过了这几年，这个理路倒是还有一些推进。

"纯粹哲学"绝不是脱离实际的，也就是说，"哲学"本不脱离实际，也不该脱离实际，"哲学"乃是"时代精神"的体现；但是"哲学"也不是要"解决"实际的具体问题，"哲学"是对于"实际-现实-时代""转换"一个"视角"。"哲学"以"哲学"的眼光"看""世界"，"哲学"以"自己"的眼光

---

\* 原载《文景》2007年第8期。

"看"世界，也就是以"纯粹"的眼光"看"世界。

为什么说"哲学"的眼光是"纯粹"的眼光？

"纯粹"不是"抽象"，只有"抽象"的眼光才有"脱离实际"的问题，因为它跟具体的实际不适合；"纯粹"不是"片面"，只有"片面"的眼光才有"脱离实际"的问题，因为"片面"只"抓住-掌握""一面"，而"哲学"要求"全面"。只有"全面-具体"才是"纯粹"的，也才是"真实的"。"片面-抽象"都"纯粹"不起来，因为有一个"另一面"、有一个"具体"在你"外面"跟你"对立"着，不断地从外面"干扰"你，"主动-能动"权不在你手里，你如何"纯粹"得起来？

所以"纯粹"应在"全面-具体"的意义上来理解，这样，"纯粹"的眼光就意味着"辩证"的眼光，"哲学"为"辩证法"。

人们不大谈"辩证法"了，就跟人们不大谈"纯粹"了一样，虽然可能从不同的角度来"回避"它们，或许以为它们是相互抵触的，其实它们是一致的。

"辩证法"如果按日常的理解，也就是按感性世界的经验属性或概念来理解，那可能是"抽象"的，但那不是哲学意义上的"辩证"。譬如冷热、明暗、左右、上下等等，作为抽象概念来说，"冷"、"热"各执一方，它们的"意义"是"单纯"的"抽象"，它们不可以"转化"，如果"转化"了，其"意义"就会发生混淆；但是在现实中，在实际上，"冷"和"热"等等是可以"转化"的，不必"变化"事物的温度，事物就可以由"热""转化"为"冷"，在这个意义上，执著于抽象概念反倒会"脱离实际"，而坚持"辩证法"的"转化"，正是"深入""实际"的表现，因为实际上现实中的事物都是向"自己"的"对立面""转化"的。

哲学的辩证法正是以一种"对立面""转化"的眼光来"看-理解"世界的，不执著于事物的一面——偏，而是"看到-理解到"事物的"全面"。

哲学上所谓"全面"，并非要"穷尽"事物的"一切""属性"，而是"看到-理解到-意识到"凡事都向"自己"的"相反"方面"转化"，"冷"必然要"转化"为"非冷"，换句话说，"冷"的"存在"，必定要"转化"为"冷"的"非存在"。

在这个意义上，哲学的辩证法将"冷-热"、"上-下"等等"抽象-片面"地"对立""纯粹化"为"存在-非存在"的根本问题，思考的就是这种"存在-非存在"的"生死存亡"的"大问题"。于是，"哲学化"就是"辩证化"，也就是"纯净化-纯粹化"。

这样，"纯粹化"也就是"哲学化"，用现在流行的话来说，就是"超越化"；"超越"不是"超越"到"抽象"方面去，不是从"具体"到"抽象"，好像越"抽象"就越"超越"，或者越"超越"就越"抽象"，最大的"抽象"就是最大的"超越"。事实上恰恰相反，"超越"是从"抽象"到"具体"，"具体"为"事物"之"存在"、"事物"之"深层次"的"存在"，而不是"表面"的"诸属性"之"集合"。所谓"深层"，乃是"事物"之"本质"，"本质"亦非抽象，而是"存在"。哲学将自己的视角集中在"事物"的"深层"，注视"事物""本质"之"存在"。"事物"之"本质"，"本质"之"存在"，乃是"纯粹"的"事物"。"事物"之"本质"，也是"事物"之"存在"，是"理性-理念"的世界，而非"驳杂"之"大千世界"－"感觉经验世界"。"本质-存在-理念"是"具体"的、"辩证"的，因而也是"变化-发展"的。并不是"现象""变"而"理念-本质""不变"，如果"变"作为"发展"来理解，而不是机械地来理解，则恰恰"现象"是相对"僵化"的，而"本质-理念"则是"变化-发展"的。这正是我们所谓"时间（变化发展）"进入"本体-本质-存在"的意义。

于是，哲学辩证法也是一种"历史-时间"的视角。我们面对的世界，是一个历史的世界、时间的世界，而不仅是僵硬地与我们"对立"的"客观世界"。"客观世界"也是我们的"生活世界"，而"生活"是历史性的、时间性的，是变化发展的，世间万事万物无不打上"历史-时间"的"烙印"，"认出-意识到-识得"这个"烙印-轨迹"，乃是哲学思考的当行，这个"烙印"乃是"事物-本质-存在""发展"的"历史轨迹"，这个"轨迹"不是直线，而是曲线。"历史-时间"的进程是"曲折"的，其间充满了"矛盾-对立-斗争"，也充满了"融合-和解-协调"，充满了"存在-非存在"的"转化"，充满了"对立面"的"转化"和"统一"。

以哲学-时间-历史的眼光看世界，世间万物都有相互"外在"的"关系"。

"诸存在者"相互"不同",当然也处在相互"联系"的"关系网"中,其中也有"对立",譬如冷热、明暗、上下、左右之类。研究这种"外在"关系,把握这种"关系",当然是非常重要的,须得观察、研究以及实验事物的种种属性和他物的属性之间的各种"关系",亦即该事物作为"存在者"的"存在""条件"。"事物"处于"外在环境"的种种"条件""综合"之中,这样的"外在""关系"固不可谓"纯粹"的,它是"综合"的、"经验"的;然则,事物还有"自身"的"内在""关系"。

这里所谓的"内在""关系",并非事物的内部的"组成部分"的关系,这种把事物"无限分割"的关系,也还是把一事物分成许多事物,这种关系仍是"外在"的;这里所谓"内在"的,乃是"事物""自身"的"关系",不仅仅是这一事物与另一事物的关系。

那么,如何理解事物"自身"的"内在""关系"?"事物自身"的"内在""关系"乃是"事物自身""在""时间-历史"中"产生"出来的"非自身-他者"的"关系",乃是"是-非"、"存在-非存在"的"关系",而不是"白"的"变成""黑"的、"方"的"变成""圆"的等等这类关系。这种"是非-存亡"的关系,并不来自"外部",而是"事物自身"的"内部"本来就具备了的。这种"内在"的"关系"随着时间-历史的发展"开显"出来。

这样,事物的"变化发展",并非仅仅由"外部条件"的"改变"促使而成,而是由事物"内部自身"的"对立-矛盾"发展-开显出来的,在这个意义上,"内因"的确是"决定性"的。看到事物"变化"的"原因""在""事物自身"的"内部",揭示"事物发展"的"内在原因",揭示事物发展的"内在矛盾",这种"眼光",可以称得上是"纯粹"的(不是"驳杂"的),是"哲学"的,也是"超越"的,只是并不"超越"到"天上",而是"深入"到事物的"内部"。

以这种眼光来看世界,世间万物"自身"无不"存在-有""内在矛盾",一事物的"存在"必定"蕴涵"该事物的"非存在",任何事物都向自身的"反面""转化",这是事物自己就蕴涵着的"内在矛盾"。至于这个事物究竟"变成""何种-什么"事物,则要由"外部""诸种条件"来"决定",但是哲学可以断言的,乃是该事物-世间任何事物都不是"永存"的,都是由"存在"

"走向-转化为""自己"的"反面"——"非存在","非存在"就"蕴涵""在"该事物"存在"之中。在这个意义上,我们对事物采取"辩证"的态度,也就是采取"纯粹"的态度,把握住"事物"的"内在矛盾",也就是把握住了"事物自身",把握住了"事物自身",也就是把握住了"事物"的"内在""变化-发展",而不"杂"有事物的种种"外部"的"关系";从事物"外部"的种种"复杂关系"中"摆脱"出来,采取一种"自由"的、"纯粹"的态度,抓住"事物"的"内在关系",也就是"抓住"了事物的"本质"。

抓住事物的"本质",并非不要"现象","本质"是要通过"现象""开显"出来的,"本质"并非"抽象概念","本质"是"现实",是"存在",是"真实",是"真理";抓住事物的"本质",就是要"透过现象看本质"。"哲学"的眼光,"纯粹"的眼光,"辩证"的眼光,"历史"的眼光,正是这种"透过现象"看"本质"的眼光。

"透过现象看本质","现象"是"本质"的,"本质"也是"现象"的,"本质""在""现象"中,"现象"也"在""本质"中。那么,从"本质"的眼光来"看""现象-世界"又复何如?

从"纯粹"的眼光来"看""世界",则世间万物固然品类万殊,但无不"在""内在"的"关系"中。"一事物"的"是-存在"就是"另一事物"的"非-非存在","存在""在""非存在"中,"非存在"也"在""存在"中;事物的"外在关系",原本是"内在关系"的"折射"和"显现"。世间很多事物,在现象上或无直接"关系",只是"不同"而已。譬如"风马牛不相及","认识到-意识到""马""牛"的这种"不同"大概并不困难,是一眼就可以断定的。对于古代战争来说,有牛无马,可能是一个大的问题。对于古代军事家来说,认识到这一点也不难,但是要"意识到-认识到""非存在"也"蕴涵着""存在",二者是一而二、二而一的,并不因为"有牛无马"而放弃战斗,就需要军事家有一点"大智慧"。如何使"非存在""转化"为"存在"?中国古代将领田单的"火牛阵"是以"牛"更好地发挥"马"的战斗作用的一例,固然并非要将"牛""装扮"成"马",也不是用"牛"去"(交)换""马",所谓"存在-非存在"并非事物之物理获胜或生物的"属性"可以涵盖得了的。"存在-非存在"有"历史"的"意义"。

就我们哲学来说，费希特曾有"自我""设定""非我"之说，被批评为主观唯心论，批评当然是很对的，他那个"设定"会产生种种误解；不过他所论述的"自我"与"非我"的"关系"却是应该被重视的。我们不妨从一种"视角"的"转换"来理解费希特的意思：如"设定"——采取一种"视角"——"A-存在"，则其他诸物皆可作"非A-非存在"观。"非A"不"＝（等于）""A"，但"非A"却由"A""设定"，"非存在"由"存在""设定"。我们固不可说"桌子"是由"椅子""设定"的，这个"识见"是"常识"就可以判断的，没有任何哲学家会违反它，但是就"椅子"与"非椅子"的关系来说，"桌子"却是"在""非椅子"之内，而与"椅子"有一种"对立统一"的关系，"非椅子"是由于"设定"了"椅子"而来的。扩大开来说，"非存在"皆由"存在"的"设定"而来，既然"设定""存在"，则必有与其"对立"的"反面"——"非存在""在"，"非存在"由"存在""设定"，反之亦然。

"我"与"非我"的关系亦复如是。"意识-理性""设定"了"我"，有了"自我意识"，则与"我""对立"的"大千世界"皆为"非我"，在这个意义上，"非我"乃由"（自）我"之"设定"而"设定"，于是"自我""设定""非我"。我们看到，这种"设定"并不是在"经验"的意义上来理解的，而是在"纯粹"的意义上来理解的，"自我"与"非我"的"对立统一"关系乃是"纯粹"的、"本质"的、"哲学"的、"历史"的，因而也是"辩证"的。我们决不能说，在"经验"上大千世界全是"自我""设定"——或者叫"建立"也一样——的，那真成了狄德罗批评的，作如是观的脑袋成了一架"发疯的钢琴"。哲学是很理性的学问，它的这种"视角"的转换——从"经验"的"转换"成"超越"的，从"僵硬"的"转换"成"变化发展"的，从"外在"的"转换"成"内在"的——并非"发疯"式的胡思乱想，恰恰是很有"理路"的，而且还是很有"意义"的：这种"视角"的"转换"，使得从"外在"关系看似乎是"风马牛不相及"的"事物"都有了"内在"的联系。"世界在普遍联系之中"。许多事物表面上"离"我们很"远"，但作为"事物本身-自身-物自体"看，则"内在"着-"蕴涵"着"对立统一"的"矛盾"的"辩证关系"，又是"离"我们很"近"的。海德格尔对此有深刻的阐述。

"日月星辰"就空间距离来说，离我们人类很远很远，但它们在种种方面影响人的生活，又是须臾不可或离的，于是在经验科学尚未深入研究之前，我们祖先就已经在自己的诗歌中吟诵着它们，也在他们的原始宗教仪式中膜拜着它们；尚有那人类未曾识得的角落，或者时间运行尚未到达的"未来"，我们哲学已经给它们"预留"了"位置"，那就是"非我"。哲学给出这个"纯粹"的"预言"，以便一旦它们"出现"，或者我们"发现"它们，则作出进一步的科学研究。"自我"随时"准备"着"迎接""非我"的"挑战"。

"自我"与"非我"的这种"辩证"关系，使得"存在"与"非存在""同出一元"，都是我们的"理性""可以把握-可以理解"的：在德国古典哲学，犹如黑格尔所谓的"使得""自在-自为之物""转化"为"为我之物"；在海德格尔，乃是"存在"为"使存在"，是"动词"意义上的"存在"，"存在"与"非存在"在"本体论-存在论"上"同一"。

就知识论来说，哲学这种"纯粹"的"视角"的"转换"，也有相当重要的意义。知识论也"设定"一个不以人的意志为转移的"客体"，这个"客体"乃是一切经验科学的"对象"，也是"前提"，但是哲学"揭示"着"客体"与"主体"也是"对立统一"的"辩证关系"，一切"非主体"就是"客体"，于是仍然在"存在-非存在"的关系之中，那一时"用不上"的"未知"世界，同样与"主体"构成"对立统一"关系，从而使"知识论"展现出广阔的天地，成为一门有"无限"前途的"科学"，而不局限于"主体-人"的"眼前"的"物质需求"。哲学使人类知识"摆脱""急功近利"的"限制"，使"知识"成为"自由"的。"摆脱""急功近利"的"限制"，也就是使"知识-科学"有"哲学"的涵养，使"知识-科学"也"纯粹"起来，使"知识-科学"成为"自由"的。古代希腊人在"自由知识"方面给人类的贡献使后人受益匪浅，但这种"自由-纯粹"的"视角"，当得益于他们的"哲学"。

从这个意义来看，我们所谓的"纯粹哲学"，一方面当然是很"严格"的，从康德到黑格尔的德国古典哲学，哲学有了自己很专业的一面，再到胡塞尔，曾有"哲学"为"最为""严格"（strict-strenge）之称；另一方面，"纯粹哲学"就其题材范围来说，又是极其广阔的。"哲学"的"纯粹视角"，原本就是对于那表面上似乎没有关系的、在时空上"最为遥远"的"事物"，都能"发现"有一种"内在"的关系。"哲学"有自己的"远"、"近"观。"秦皇汉武"

已是"过去"很多年的"事情",但就"纯粹"的"视角"看也并不"遥远",它仍是伽达默尔所谓的"有效应的历史",仍在"时间"的"绵延"之"中",它和"我们"有"内在"的关系。

于是,从"纯粹哲学"的"视角"来看,大千世界、古往今来,都"在""视野"之"中",上至"天文",下至"地理","至大无外"、"至小无内",无不可以"在""视野"之"中";具体到我们这套丛书,在选题方面也就不限于讨论康德、黑格尔、海德格尔等等专题,举凡社会文化、政治经济、自然环境、诗歌文学,甚至娱乐时尚,只要以"纯粹"的眼光,有"哲学"的"视角",都在欢迎之列。君不见,法国福柯探讨监狱、疯癫、医院、学校种种问题,倡导"穷尽细节"之历史"考古"观,以及论题不捐细小的"后现代"诸公,其深入程度,其"解构"之"辩证"运用,岂能以"不纯粹"目之?

"纯粹哲学丛书"改版在即,有以上的话想说,当否敬请读者批评指正。

2007 年 7 月 10 日于北京

# 德国古典哲学对中国哲学研究的意义*

研究哲学史，重点还是要在哲学，作中国哲学史或西方哲学史的研究，都不例外。这样就回到一个中心的想法，即学习西方哲学的成熟阶段，学习、研究德国古典哲学，不失为一条好的途径。

60 年特别是改革开放 30 多年，西方哲学史研究已经有了很详细的总结，我个人感到最为重要的或许是：在许多专家共同努力做出的丰硕研究成果的基础上，我们在德国古典哲学研究方面，虽经过种种曲折，但坚持了下来，特别是在改革开放新的条件下重新确立了德国古典哲学研究的重要地位，取得可喜的进步。这个感想来自在中国作西哲史研究的特殊历史条件以及这个条件的历史变化，当然也有学理本身的道理在内。

## 德国古典哲学研究的传统和发展

新中国成立后，大家都在马克思主义哲学指导下进行哲学的研究工作，西哲史也不例外。在一个时期内：德国古典哲学的研究吸引了许多有才能的学者，我们西方哲学史研究室的创始者贺麟先生，之前对于黑格尔哲学已经有了扎实的基础，此时得到了一定的发展机会，在翻译、研究方面都作出了重要贡献，成为著名的黑格尔哲学研究专家。我们研究室除贺先生外，还有杨一之、

---

\* 原载《中国社会科学报》2009 年 6 月 23 日第 6 版。

王玖兴和姜丕之都以德国古典哲学为研究重点，相对于全国高校来说，自然形成一个中心和传统。

回顾起来，这个传统在改革开放初期经受了一场考验，黑格尔哲学在当时一些青年学者的眼里，大有再一次成为"死狗"的趋势。年轻人的这种逆反是有理由的，因为他们心目中的黑格尔哲学，离不开这几十年塑造出来的黑格尔形象：一个绝对主义者、极权主义者。绝对权威和君主集权当然是非常讨厌的思想，社会思潮有反对黑格尔的倾向是很自然的。

然而学术的职责在于以学术的工作努力向公众揭示一个真实的黑格尔，揭示德国古典哲学的真实精神。

自从杨一之、贺麟、王玖兴相继去世，我们研究室已经失去了老一代学者的呵护和教育，但是我们这一代人自觉不自觉地维护和发扬这个传统，以自己的学术工作努力使德国古典哲学得到学界和社会的更多承认。特别是近几年来，黑格尔哲学有了更加深入的讨论，受到较多的中坚学者的关注，在人大、武大、北大、复旦等高校哲学系，都有重要学者在作这方面的研究，翻译和研究著作也都成绩斐然。我们可以告慰贺、杨、王诸位老师了。

**德国古典哲学对于西方哲学研究的意义**

德国古典哲学这个阶段，上接古代希腊以来西方哲学传统，下达马克思主义哲学，经叔本华、尼采等，下开胡塞尔现象学以至后现代诸家，就欧洲哲学的历史发展来说，是一个关键的时期；就哲学作为学科来说，是一个成熟期。

这个时期的德国哲学，在哲学史上是一个大综合、大总结的阶段。从康德到黑格尔，他们所思所想，涉及欧洲哲学史的基本问题，无论康德、黑格尔，还是费希特、谢林，其主要哲学著作，既是自己的哲学体系，又是一部具有特色的哲学史。不仅黑格尔《哲学史讲演录》是哲学史，而且《精神现象学》甚至两部逻辑学都是哲学史。这体现了哲学作为学科，是历史性的，而他们理解的历史，也是哲学性的，是人作为理性自由者共同创造的历史。在这个意义上，历史是有效应的历史，也就是在道理上可以理解的历史。他们的工作提供了一个历史与逻辑相结合的例证，也为我们研究哲学史做出了榜样：哲学史最不可以被理解为编年史，须得从哲学的视角从事思想性的工作，使哲学史回到哲学，也使哲学回到历史。

从这个角度来看，德国古典哲学这个阶段的哲学，不仅对于研究哲学史，而且对于研究哲学具有普遍的意义。

哲学是一门很特殊的科学，它之所以特殊，乃在于它太普遍了。哲学无所不包，也可能做得大而无当；哲学虽大，也有它该-当做的和不该-不当做的事情。什么当做，什么不当做，倒不是下个定义就可了事的，但是研读德国古典著作的书，会对这个当与不当的度较为清楚起来。

当然，我们很可能并不同意他们的观点，譬如他们强调的"经验"和"超越（超验）"之间的原则界限，他们之间也有不尽相同的理解，他们的著作原本就是要挑动我们去反驳而开动我们的脑筋的。但我们须得学习的是他们思考的理路，亦即他们的思路-理路。这个思路-理路是哲学的。也就是说，研读之后，我们得承认，他们不是胡说的。我们有自己的立场、观点、方法，我们当然也要批判他们，但我们的思路-理路须得"在路上"，这条"（道）路"是历史显示了的轨迹，而不是随心所欲的野路子。

从康德到黑格尔都是高举批判大旗而前进"在路上"的哲学家，这方面为我们做出榜样的还有马克思。马克思在黑格尔几乎要成"死狗"的时候勇于承认黑格尔哲学辩证法的核心价值，同时对他的整个哲学体系作出了彻底的批判。

恩格斯说，德国哲学具有彻底性的传统。这个见解之所以深刻，在于哲学正是一门彻底的学问，哲学而不彻底，则不是"在路上"。彻底性不是否定一切，否定一切未必真彻底；真彻底是要在"根本-根底"处——"基本"的问题上作出推进。哲学在社会-人生的"基础"中思考。"超越-超验"正是回归，哲学从"天"上回到"地"上；这条哲学之"路"，正是德国古典哲学开创出来的，也是和其他学科-科学的不同之处。

德国古典哲学确立了哲学自身的科学形态，哲学需要天才、灵感，但它也是概念体系，因而可教、可学。一般科学从现实总结、概括出思想-概念，哲学科学则使思想-概念回归现实。如何理解思想-概念的现实性，是从康德到黑格尔哲学工作的主要目标。我们看到，这是一条现实的道路，而不是一条抽象的道路；是一条"入地"之路，而不是"升天"之路。

正是康德到黑格尔这些哲学家的工作，在不同的程度、不同的角度和方面，揭示了思维与存在之同一性这样一个重要的基本原则。对于这个原则也有挑战，但这种挑战之所以受到重视，也正因为这个问题是存在于"现实-思想"的基础中。

思维与存在同一性的原则，也就是理性自由的原则。"思想-概念-理性"具有现实性，也就是自由作为主观的"思想-概念-目的"本身就有客观性、现实性。自由乃是创造。正是德国古典哲学把自由牢牢地放置在哲学的科学体系之中。在这个意义上，哲学是一门自由的科学，是一个自由概念的体系，或者说概念的自由体系。

## 德国古典哲学对于中国哲学研究的意义

许多学者在德国古典哲学方面做出的工作，其意义不仅对于西方哲学史的研究，对于普遍哲学理论思考的推进，甚至对于我国传统哲学的研究工作，也都是很有意义的。

我们民族是世界上最富有哲学思维能力的民族之一。我们的《老子》五千言不可能抵不过希腊泰利士那句可疑的话"万物始基是水"。不过我们应该承认，欧洲人从那些片言只语和《残篇》中，有能力开发出柏拉图、亚里士多德那样划时代的哲学思想家，而且随着时代的发展，将哲学发展成一个完整的科学体系，这是我们须向人家学习的。

学习是一个缩短的过程，人家花费数千年走过的路程，我们可以在比较短的时期内走过来。就中西哲学的融会贯通来说，我们以学习他们哲学的成熟形态入手，未尝不是一个较好的途径。

我们的前辈早已开始了这项工作。贺麟老师早年已经把中西哲学问题会通起来思考并很有成果，他是这方面的先驱之一。王玖兴老师原本跟冯友兰学中国哲学，而杨一之老师在中国的诗书典籍方面家学渊远，他翻译的黑格尔《大逻辑》，过去觉得文字古老不太好懂，现在读起来典雅而又准确，犹如蓝公武所译康德《纯粹理性批判》，尽管是从英文转译，但就中文文字来说，值得参考阅读。

我们老师辈里治中国哲学的,大都很重视对照参考西方哲学,如冯友兰老师的西学基础是得到大家一致钦佩的,他后来出版的独卷《中国哲学简史》,直接深入哲学基本问题,我们学西哲的读来,竟有点黑格尔的意味,而不是早期新实在论所能框得住的。

注重中西哲学会通的还有一位牟宗三先生,他的西学得力于康德,他对康德的理解在近年受到质疑,但他在贯通中西哲学工作上的成绩,是不可否认的。

看来,研究哲学史,就学科分工说来可以有两种路子,一是历史的,一是哲学的,而这两条路子原本是同一的。研究哲学史,重点还是要研究哲学,作中国哲学史或西方哲学史的研究,都不例外。这样就回到一个中心的想法:学习西方哲学的成熟阶段,学习、研究德国古典哲学,不失为一条好的途径。

(本文是作者根据2008年一次发言稿删改而成的)

## 有"流行"才成流派*

京剧是"古典"的艺术,但京剧也曾经流行过。

中文"流派"先有一个"流"字,意思倒也不很单一,"流淌-流动"是一层意思,我觉得还有一层意思,那就是"流行"的意思。"京剧"是"古典"的艺术,似乎跟"流行"矛盾的。然而京剧也曾经"流行"过,似乎有诗为证,一时记不得了。京剧出现"流派",似乎正是它"流行"之时。

"流派"有"创始者",有"追随者",光有"创始者"还成不了"流派",而只能是一种艺术"风格",甚至是个人的"特色"。"派"是"流"里"流"出来的。

因此"流派"都有相对大一些的"生存空间","流风所及",是它的"实力范围"。

"邦畿千里,维民所止",争取"空间",也就是争取"人"——包括观众在内的"追随者"。现在的"流行音乐"都有"追星族",京剧也是有的,我在上海念中学时也当过。

要使一种艺术"流行",需要很多的内部和外部的条件,天时、地利、人和,但似乎作为一种"娱乐方式"更容易"流行"起来。

京剧曾经是一种相当普及的"娱乐方式",寓教于乐,雅俗共赏,那

---

* 原载《人民日报》2009年11月26日第20版。

时候"生存空间"是相当大的,所以"戏班"也是一个"产业"。我们小的时候,即使那十里洋场的上海,京剧仍然很"流行"。那是因为上海的经济实力,北京的名角似乎还要在上海唱红地位才能更加巩固。大概就在那一段时间,京剧各行当的"流派"才逐渐地、陆续地"形成-成熟"起来。

然而,就大众来说,"娱乐方式"不是固定不变的,京剧的"生存空间"渐渐在"缩小",或许不得不"退出""娱乐方式"的行业了,逐渐它的地位"让"给了"电影"。京剧从"娱乐性"转化为"欣赏性",某种意义上说,尽管不太"普及"了,但"提高"了,京剧成了"古典艺术"。

因为不很"流行"了,新的"流派"不很容易出来了,但原有的"流派"得到"磨练",精益求精,渐渐成了"典范"。

上世纪五六十年代,那时候许多"流派"的"创始人"还都健在,更老的"流派"不仅有"传人",而且有"中兴者"(如谭富英、叶盛兰等),真正起到"承前启后"的作用。这时候,京剧在"空间"上有所"缩小",但在"时间"上更加"绵长"了,作为"古典艺术"得以"长久""存留"于"时间-历史"中,而不至于"流行"一阵就"消失"了。

世事难料,一场"文革"摧毁了京剧作为"古典艺术"的"地位",以空前绝后的强力"扩大"了京剧的"空间",但是既不是以"娱乐方式",也不是以"欣赏方式",而是以"政治方式"了。

随着"强力"的消失,京剧回到"艺术"行列,但是何所"归依"?

首先人们想让它再"流行"起来,也好出现"新"的"京剧流派"。然而,作为"娱乐方式",京剧也许不容易"振兴"了。现在的"娱乐方式"太多了、太好玩了,连老朽如我也改了,我不看戏,电视里的戏也不看了。

于是京剧大概只有"回归""古典艺术"一途,似乎不要专门去"争夺""空间","空间"也就这样大了,更多在"提高"上下点功夫吧。但是,即使是"古典艺术"也不应该呆在博物馆里,京剧艺术的舞台生命似乎还在不断地"恢复"、加强。就说"流派",前几年很热闹,很多派都有传人了,在"推广"方面有些作用,善哉。当然难矣。甚至不客气地说,有些"传人"竟是光有"派"却不入"流"。

现在的科技手段,保存了许多创始者的录音甚至录像,典范犹存。传人们在普及推广上功不可没,单就欣赏言,还有创始之音可以聆听。甚至连谭鑫培那七张半早期录音,都能去噪复原,听后深感"享受"啊。在这个意义上,说不定它对流派的传承能发挥至关重要的作用,以前所做京剧音配像工作,很有意义。

## 读《世界哲学》双月刊*

如今学术事业繁荣昌盛,学术期刊也如山阴道上,应接不暇。感谢各位编者的好意,我常常收到赠刊,使我从中了解不少学术动态,学习到很多东西。我过去还很爱读国外的学术期刊,后来随着年龄变老,越来越懒散,主要就靠中文的期刊了。在阅读的学术性期刊中,我愿意向大家推荐《世界哲学》。最近,承编者美意,获赠 2009 年全年 6 期,受益匪浅。我认为,在众多优秀的学术期刊中,它办得是相当出色的。

说起这个刊物的"前身",跟我们这个西方哲学史研究组(室)应该还有些关系。大概在 20 世纪 50 年代后期,我们研究组(室)有几位新近回国的老师,他们外语好,有人建议出一本介绍欧美哲学材料的不定期刊物。编了几期,似乎叫"外国哲学参考资料"这类的名字,打字油印的。后来,杜任之成立《哲学译丛》编辑部,另起炉灶,就跟我们这个研究组(室)没有什么关系了。

早年,杜老主编《哲学译丛》,也是哲学研究的一块"宝地"。那时候,外文杂志很难进口——当然俄文除外,要了解外国哲学比较晚近的情况,这是一个重要渠道。由于杜老的眼光以及当时编辑的素质,这个期刊的内容是相当扎实的,有好几期我保存了很多年。直到后来,单位取消了"写作间",才束诸高阁了。杜老之后,《哲学译丛》几经易人,都作了很大的努力,做出很好的

---

* 原载《中国社会科学报》2009 年 12 月 17 日第 13 版。

成绩。只是随着改革开放的深入，外刊进入学界，研究人员的外语水平日益提高，"译丛"这类的刊物如何更上层楼，就是一个挑战性的问题了。

我不知道是何时在"译丛"的基础上改为《世界哲学》。这一改，的确是与时俱进的。发表的不再全是译文，若有，也大多是外国学者来华讲学的讲稿以及相关著作，发表的大多数是我国学者的论文。这样，不仅不会发生"版权"的问题，而且能反映我国学界的学术交流情况。至于刊登的那些论文，不仅是介绍性的，而且是研究性的；不仅给人以知识，而且给人以启迪。信息时代，信息固然重要，不过作为哲学来说，信息的广度要和问题的深度结合起来，有问题深度的信息，对于哲学的思考才是有价值的。

翻开《世界哲学》，很高兴和许多学有成就的学者、同行会面。有许多是很熟悉的名字，也有一些生疏的，但读了他们的文章，因为文章的分量，也就比较容易地记住了名字，这本期刊把故交和新知汇聚一堂。办学术期刊，也许办任何期刊杂志，相当重要的一环是团结一批作者，作者的分量决定刊物的分量。《世界哲学》有一批学者支持它，在这里我们能读到一些学者的重头研究文章，有些很专门、很深入的文章，在别的刊物上很少读到。我平时不参加会，也不知道各位做了那么多的研究工作，除文章的教益外，对他们的敬业和劳作也深表敬意。这个刊物还办了一些专栏讨论，有主持人的讲话（手记），围绕专题有一些文章，或发挥己见，或相互讨论，有如一个学术讨论会。不过，我妄加猜测，可能要比一般讨论会精炼和集中得多。利科说，写要比说减少偶然性。纸上的笔谈，虽没有口头讨论生动活泼，但就哲理来说，或许反倒更加透彻些。

该刊还分两期刊载了"古希腊哲学青年论坛"专辑。诚如编者按语所说，古希腊哲学是哲学的"基因库"，有志研究哲学不可因其古老而忽视。哲学作为一门科学，好像是很奇特的，哲学的思考经常要求人们回到源头，在理论-道理上如此，在时间-历史上好像也是如此。哲学不是一门技术，新技术可以代替旧技术。哲学的新-旧，不在技术的层面，其理由也许可以说，哲学思考的是常青-常新的问题。旧人和新人考虑的具体方式也许不同，但都是在考虑这些原始性-创造性的问题，历史的积累，创造性的积累。因而，柏拉图、亚里士多德的哲学，并不能被贬为旧学。

这个刊物在今年第 4 期上还出了一个"德国哲学专号"。除编者的"序言"外，设有 9 个专栏，约请多位专家围绕德国哲学发表研究心得。有综合评述，有探讨所涉哲学问题，有东西哲学之比较互补，有汉译译名斟酌，还有两篇哈贝马斯的译文。议题所及，从康德、尼采直至胡塞尔、海德格尔、雅斯贝尔斯、马克斯、舍勒，虽不可作系统哲学史观，覆盖面也算不小。更主要的是，文章作者都是学识精深的专家学者，这些文章就我来说都是要安排时间来读的。当然，我不知道这里的德国哲学当算旧学还是新学。其中，有哈贝马斯或可谓新，不过也不妨说他或已过时。

从今年这 6 期来看，《世界哲学》的编者写了三四篇"编者手记"和"编者序言"，我也是很欣赏的。编者这些按语类的短文，表述了编者的取向和观点，不仅仅是简单交代所发文章的背景。多年前，我也当过一阵子编者，替商务印书馆编过几期《外国美学》集刊。每一期也都写一则编后记，想借此发一点议论，曾想把它们集起来出一个小册子。只是自惭形秽，分量太轻，未敢贸然从事，后来这个集刊也不编了。《世界哲学》这几篇编者按语，有的是很有意思的。譬如第 5 期"古希腊哲学青年论坛（专栏·上）"的"编者手记"中说："哲学研究固然是个非常私人的活动，但哲学研究的整体繁荣却特别依赖一个成熟的学术体制。"为什么哲学研究竟然是"私人的"，还要着重是"非常"的"活动"？那个"固然"意味着至少在相当一部分进行哲学"活动"的人中，已经习惯认同这是一项"活动"的性质，而且是"非常"的。这样一个以"私人"为特点的"活动"，却（更）需要一个"成熟"的"学术体制"。二者结合起来，本身就是一个深刻的哲学问题，我想编者当还有许多话可以说。

20 世纪 90 年代中，三联书店在"法兰西思想文化丛书"中出过一本很薄的小册子，书名为《自由交流》（桂裕芳译），记录了皮埃尔·布尔迪厄和汉斯·哈克的对话。书名很普通，也很有意思，原文是"Libre——Échange"，当中是破折号，意味着二者是对等的。唯自由（者）才对话-交谈-交流。哲学的活动，是自由（者）之间的活动，什么样的学术体制和如何来组织这样一种活动，则是一个不同于非自由（者）之间的关系的问题。通过一个成熟的、有水平的学术刊物，当是一个好的哲学活动得以发展的体制中的一个要紧环节。

# 为新时代哲学发展努力工作[*]

——改革开放 30 年西方哲学史研究感想

我在哲学所工作 50 年，很幸运地度过了这改革开放的 30 年。各级管理领导机构给了我们相当充裕的时间，我们自己要问的是在这许多年来都做了什么事情来写或改写这 30 年学术史-哲学史？详细回顾，2007 年已有周晓亮同志向大家做了汇报，这里说的，只是我个人的一点感想，挂一漏万，疏漏错误请大家批评指正。

就西方哲学史研究这条战线来说，我们做了方方面面的大量工作，其中我感到最为重要的或许是：在许多专家共同努力作出的丰硕研究成果基础上，我们在新的条件下重新确立了德国古典哲学研究的重要地位。

我的这个感想来自于在中国作西哲史研究的特殊历史条件，以及这个条件的历史变化，当然也有学理本身的道理在内。

新中国成立后，大家都在马克思主义哲学指导下进行哲学的研究工作，西哲史也不例外。那个时候我国的哲学研究主要受苏联的影响，他们出了个日丹诺夫，西哲史在严格的条条框框的制约下，都唱一个调子。

感谢列宁，他说过马克思主义的哲学来源于从康德到黑格尔的德国古典哲学，在这个上方宝剑下，对于德国古典哲学的研究，不再被公开反对；也要感谢马克思和恩格斯，有他们对于德国哲学的精辟阐述，对于某些极"左"偏激

---

[*] 原载中国社会科学院科研局/学部工作局编《30 年回顾与评析——中国社会科学院纪念改革开放 30 周年学术报告集》，社会科学文献出版社 2009 年版。

的论断，才可以稍加辩解和抵制。

于是，在一个时期内，德国古典哲学的研究吸引了许多有才能的学者和学术领导人员，使这个领域保持了很有限的学术自由。

我们西方哲学史研究室（组）的创始者贺麟先生，新中国成立前对于黑格尔哲学已经有了扎实的基础，新中国成立后得到了一定的发展机会，在翻译、研究方面都作出了重要的贡献，成为著名的黑格尔哲学研究专家。

我们这个研究室，除贺先生外，还有杨一之、王玖兴和姜丕之，都是以德国古典哲学为研究重点，相对于全国高校来说，自然地形成一个中心和传统的优势。

回顾起来，这个传统和优势在改革开放初期经受了一场考验，黑格尔哲学在当时一些青年学者的眼里，大有再一次成为"死狗"的趋势。

年轻人的这种逆反是有理由的，因为他们心目中的黑格尔哲学，离不开这几十年塑造出来的黑格尔形象：一个绝对主义者、集权主义者。绝对权威和君主集权当然是非常令人讨厌的思想，大家都很烦的，社会思潮有这个倾向，是很自然的。

然而学术的职责在于以学术的工作努力向公众揭示一个真实的黑格尔，揭示德国古典哲学的真实精神。

自从杨一之、贺麟、王玖兴相继去世，我们研究室就失去了老一代学者的呵护和教育，但是我们这一代人自觉不自觉地维护和发扬着这个传统和优势，以自己的学术工作努力使德国古典哲学得到学界和社会的更多的承认。特别是近几年来，黑格尔哲学得到更加深入的讨论，受到较多的中坚学者的关注，在人大、武大、北大、复旦等高校哲学系，都有重要学者在做这方面的研究，翻译和研究著作也都成绩斐然。我们可以告慰贺、杨、王诸位老师。

我个人觉得，德国古典哲学这个阶段，上接古代希腊以来西方哲学传统，下接马克思主义哲学变革，经叔本华、尼采等，下至胡塞尔现象学以至后现代诸家，就欧洲哲学的历史发展来说，是一个关键的时期；就学科来说，是一个成熟期。

这个时期的德国哲学，就哲学史来说，是一个大综合、大总结的阶段，从康德到黑格尔他们所思所想涉及欧洲哲学史的主要基本问题，无论康德、黑格尔或费希特、谢林，其主要哲学著作，既是自己的哲学体系，又是一部具有特色的哲学史。不仅黑格尔的《哲学史讲演录》是哲学史，而且《精神现象学》甚至两部逻辑学都是哲学史。他们的工作，体现了哲学作为学科，是历史性的；而他们理解的历史，也是哲学的，是人作为理性自由者共同创造的历史。在这个意义上，历史是有效应的历史，也就是在道理上是可以理解的历史。他们的工作，提供了一个历史与逻辑相结合的例证，也为我们研究哲学史作出了榜样：哲学史最不可以被理解为编年史，而需从哲学的视角从事思想性的工作，使哲学史回到哲学，也使哲学回到历史。

从这个角度来看，德国古典哲学这个阶段的哲学，不仅对于研究哲学史有重要的意义，而且对于研究哲学具有普遍的意义。

经过这一批哲学家的大综合、大总结，哲学作为一门学科-科学的对象、方法和研究途径更加明朗了，"什么叫哲学"这个问题也更加清楚起来，所以说，哲学作为一门科学-学科，这时候才比较成熟了。

哲学是一门很特殊的科学，它之所以特殊，乃在于它太普遍了。过去我们说，哲学是自然科学和社会科学的综合，中国社会科学院的前身是哲学社会科学学部，把哲学和社会科学并列起来，是有些道理的，我们所也有科技哲学研究室，大概也不仅仅从社学的角度研究自然科学。

哲学无所不包，也可能做得大而无当；哲学虽大，也有它该-当做的和不该-不当做的事情。

什么当做，什么不当做，也不是下个定义就可了事的，但是研读德国古典著作的书，会使你对这个当与不当的度比较清楚。

当然，在研读他们的著作之后，你很可能不同意他们的观点，譬如他们强调的经验和超越（超验）之间的原则界限，他们之间也有不尽相同的理解，他们的著作原本就是要挑动你去反驳而开动你的脑筋。但在研读他们的著作过程中，你需得学习的是他们思考的理路，亦即他们的思路-理路。这个思路-理路是哲学的。也就是说，研读之后，你得承认，他们不是胡说的。

我们有自己的立场、观点、方法，我们当然也要批判他们，但我们的思路-理路需得在路上，这条路（道）是历史显示了的轨迹，而不是随心所欲的野路子。

从康德到黑格尔都是高举批判大旗而前进在路上的哲学家,在这方面为我们作出榜样的还有马克思。马克思在黑格尔几乎要成"死狗"的时候勇于承认黑格尔哲学辩证法核心价值,而同时对他的整个哲学系统作出了彻底的批判。

恩格斯说,德国哲学具有彻底性的传统,这个见解之所以深刻,在于哲学正是一门彻底的学问,而哲学不彻底,则不是在路上。

彻底性不是否定一切,否定一切未必真彻底;真彻底是要在根本-根底处——基本的问题上作出推进。哲学在社会-人生的基础中思考。超越-超验正是回归,哲学从天上回到地上。这条哲学之路,正是德国古典哲学开创出来的,也是和其他学科-科学不同之处。

德国古典哲学确立了哲学自身的科学形态,哲学需要天才-灵感,但它也是概念体系,因而可教-可学。一般科学从现实总结-概括出思想-概念,哲学科学则使-令思想-概念回归现实。如何理解现实性-有内容的思想-概念,亦即思想-概念的现实性,是从康德到黑格尔哲学工作的主要目标。我们看到,这是一条现实的道路,而不是一条抽象的道路;是一条入地之路,而不是升天之路。

正是由康德到黑格尔这些哲学家的工作,在不同的程度和不同的角度与方面,揭示了思(维)想与存在的同一性这样一个重要的基本原理原则;这个原则也面临挑战,但这种挑战之所以受到重视,也正因为这个问题是存在于现实-思想的基本-基础的地方。

思维与存在同一性的原则,也就是理性自由的原则。思想-概念-理性具有现实性,也就是自由作为主观的思想-概念-目的本身就有客观性、现实性。自由乃是创造。正是德国古典哲学把自由牢牢地放置在哲学的科学体系之中。在这个意义上,哲学是一门自由的科学,是一个自由概念的体系,或者说概念的自由体系。

这 30 年尤其是最近这 10 年以来,许多学者在德国古典哲学方面作出的工作,应该说是很有意义的,不仅对于西方哲学史的研究,而且对于普遍哲学理论思考的推进,甚至对于我国传统哲学的研究工作,也都是很有意义的。

我们这个民族是世界上最富有哲学思维能力的民族之一。我一直想不通,为什么我们《老子》一书五千言就抵不过希腊泰利士那句可疑的话"万物始基是水"。不过我们应该承认，欧洲人从那些片言只语和《残篇》中，就有能力开发出柏拉图、亚里士多德那样划时代的哲学思想家，而且随着时代的发展，弯弯曲曲、坎坎坷坷地将哲学发展成一个完整的科学体系，这是我们要向人家学习之处。

学习是一个缩短的过程，人家花费数千年时间走过的路程，我们可以在比较短的时期内走过来。

就中西哲学的融会贯通来说，我们从学习他们哲学的成熟形态入手，未尝不是一个较好的途径。

我们的前辈老师早已开始了这项工作。

我们研究室的贺麟老师早年就把中西的哲学问题会通起来进行思考并很有成果，他是这方面的先驱之一。王玖兴老师原本跟冯友兰学中国哲学，而杨一之老师对于中国的诗书典籍家学渊远，他翻译的黑格尔《逻辑学》，过去觉得文字古老不太好懂，现在读起来，感到很典雅而又准确。犹如蓝公武所译康德《纯粹理性批判》，尽管是从英文转译的，只从中文文字来说，也是值得阅读的。

我们老师辈里治中国哲学的，大都还是很重视对照参考西哲，大家如冯友兰老师的西学基础是受一致钦佩的，他后来出版的独卷《中国哲学简史》，直接深入哲学基本问题，我们学西哲的读者看来，竟有点黑格尔的意味，而不是早期新实在论所能框得住的了。

中西哲学会通在境外还有一位牟宗三先生，他的西学得力于康德，他对康德的理解在近年受到置疑，但他在贯通中西哲学工作上的成绩，是不可否认的。

看来，研究哲学史，就学科分工来说可以有两种路子，一是历史的，一是哲学的，而这两条路子原本是同一的；强调起见，我想说研究哲学史，重点还是要在哲学，做中国哲学史或西方哲学史的研究，都不例外。

研究哲学史首先还是要研究哲学，这样就回到一个中心的想法，即学习西方哲学的成熟阶段。学习、研究德国古典哲学，不失为一条好的途径。

这30年我们在这方面做了一些工作，在社会思潮上确定了它的有意义的位置，紧接着是要在专业学术方面跟上，这方面的工作我们还要努力去做。

我们西方哲学史的研究有方方面面，至少欧洲哲学还有另外一个大系统："分析"的系统，它的专业性、技术性更强，是我本人一再发愿要学习的；而从康德到黑格尔这些哲学家所致力的工作，正在于他们要"改造"一个"逻辑"的传统，他们本人也具有相当的传统逻辑的修养，我们需要深入的问题正是如何理解他们这种"改造"的意义。

于是从某种意义上说，研究"分析"的哲学传统——关注德国古典哲学的问题，也还是有好处的。

## "书"的生命与"读书-写书"*

我于1956年进入中国科学院哲学研究所(即后来的中国社会科学院哲学研究所)工作,这是一个"读书-写书"的地方。尽管其间有很长时间不能读和写,但即使在那段时间,也还是偷偷地读一点书,写点心得笔记,被同事们发现但无人告发,可见"书"在我们这批人心中的地位。

念了将近一辈子书了,关于"读书-写书"能说些什么?书"浩如烟海","书到用时方恨少",古人已有明训,教导人们"读书不可懈怠",我也以此策励自己。但是,我们不宜停留在对"书"的望洋兴叹上,不能因其"不可穷尽"就望而却步,也不能因此致力于"皓首穷经",止于当一部"活字典"。前者过于"懒惰",后者过于"勤奋"。二者受到批评的程度虽不同,其根源却一样:一是知其"不可穷尽"而"不为",一是"知其不可为"而"为"。两种态度都有一些辩解之道。"懒惰"固然不好,但"尽信《书》,则不如无《书》"也是一解;"勤奋"总是好事,而不得其法,也会事倍功半。然则,这个"法"怎样讲?"读书"并无"定法",随专业、个人习性等因素而"异"。这话似乎很空洞,但深究起来,却很实在。

有各种各样的专业书,在一个专业中也有不同用处的书,不可一概而论。我侧重读哲学书。按我的读书经验,觉得那些大哲学家写的"书",都是有"生命"的,是"活"的。写书的"哲学家""死了",他们的"书"还"活

---

* 原载《秘书工作》2010年第9期,第52—53页。

着"。所谓"活着",就是它还保留着"自己"的"发言权"。当然,"读者"有"自己"的"解释权",但凡哲学大家们的"书",你不能任意地"曲解"它,我们作为"读者"还得"老老实实"地跟着它的"思路"去"读",去"想";你另起炉灶,那是你的,你想得好坏,跟它就没有关系。如果脱离开"前人"的"思考"成果"自己""想",我敢断定,八成是相当混乱,或者相当落后的。所以,哲学固然是一门创造性的学问,同样不能排斥"学习",同样要"读书"。

在此,我还想说一层意思:"书"既然是有"生命"的,我们"读书",犹如和一个"活人"打交道,"读书"如"交友"。"交友"又有几层意思:一是在广泛交往中,自然会有一些"好朋友",一些"挚友"。在学问的大道上发现"挚友",颇为重要。我做哲学,得力于读德国古典哲学的书,从康德到黑格尔,是我经常请教的"朋友",真是"一日不见如隔三秋"。二是这些"朋友"绝大多数是古人,我和他们交朋友,他们永远是我的"老大哥",我总是"小弟弟",我们总是"忘年交"。这样,就引出第三层意思——为什么我要翻来覆去读他们的书?正是因为我和他们"年龄"差距的渐渐"缩短",总会有更新的理解。

我曾经私下跟学生说,"读书"与其"读早了",不如"读巧了"。有些书,早年读了,等于没有读,当然知道一些人名、书名,大概的目录章节,算是有一点"知识",至于它们到底说些"什么",则茫然不知所以。我不足 20 岁读康德,康德已经作古多年,不会"照顾"我这个"小弟弟",即使真的活着,大概也不能"照顾"我,因为他的学问,本不是我的智力水平所能窥视一二的,怪不得当年我的导师也不能让我弄懂康德,那是我自己的问题。到哲学所以后,仍然读康德的书,一直读到改革开放以后,才渐渐觉得有点"朋友"的意思了,他说的话,我大体懂了,而如果真的"懂了",我自己的意思,也就出来了。

"读早了不如读巧了"的体会,还可以读尼采的书为例。我当然很早就知道尼采是个怪怪的大人物,也念过一些他的英文选本,不得要领,还硬要妄加评论,说他有这样的怪思想,以"自杀"告终也就不奇怪了,等等。前几年认真读他的书,发现他的思想还是很有理路的,你可以不同意,但不可以"怪诞"一言以贬之。以交友论,大有"相见恨晚"的感慨,转念倒退 30 年,即使把他的书读个十几二十遍,可能同样会"失之交臂"。于是,对于一些大哲学家的书,唯有"经常"读,才能避免"失之交臂"之憾。有些书,读不懂,放两年再读,不定什么时候,你就可能读懂了。

那么,又是什么"书"值得你翻来覆去地"读",以求不失之交臂呢?过去我说,那只能"相信"别人的"推荐",包括"哲学史书"的推荐。交友靠自己,也靠别人的"介绍"。这里,我再说一层意思:什么叫"好书"?我说,能"产生""另一本书"的,也许就叫"好书"。我们说,"书"是有"生命"的,"书"可以"生"书,凡能够-有能力"生产""书"的,大概就可以说是"好书"、"有价值的书";不能-没有能力"生产""另一本书"的"书",是为"无能力",读不读都不重要。实际上,我们一生所读之书,有相当一部分是属于"无能力"的书。到了一定年龄以后就要特别慎重,对于那些"无生产能力"之书应该尽量少读。

当然,"书"不能自己"生""书",一本"书"要靠"人-读者"来"生产""另一本书",苏格拉底遂有"助产婆"之说。"人"通过"写""生产""另一本书"。"写书"乃是"读书"之"自然""结果",犹如"花"后的"果实"一样。古人有"述而不作"之说,着意在于领会、阐述"经典"之意义,但如果作"不写作"讲,窃以为不足为训。我的老师辈中,不乏满腹经纶、学问渊博之士,但他们中也有一些人很少"写书",为后世留下不小的遗憾。他们只"开花",不"结果",他们的学问思想,因没有"后代"而"消失",留下一些"名字",徒增后人之惆怅,小说家固可借此敷衍成篇,于学问则无所增益。所以,我还是主张不仅要"读书",还要"写书",当好这个"助产婆"。尤其对于专业的学者而言,更是如此。

"读书"和"写书"相辅相成,就耗费时间来说,"读书"是主要的;我们大部分时间还是用来"读书",然后才是"写书"。不"读书"专事"写书"的,如今也很流行。或谓天下"第一本书"似乎应是"不读书""光写书""产生"出来的。其实,即使在狭义文字产生之前,人们——有头脑的人们也还是"读"的,他们那是"读""天","读""地","读""日月山川","读""他者-他人","读""无字书",如果真有"第一本书"的话,那也是"读"出来的。

我们平时把"读书"也说成"看书",这里的"看"并非光用"视觉",光看印刷或手写的"字",不叫"读书"。"读"从"言",古人"读书"常常为"朗读"。"读书"是把"他人-作者"的"话"由"我""朗读"出来"听",是"听""他人"的"话"。现在的书意思复杂,"话"太多,"朗读"不便,于是"默读"成为主要的,便于领会"意思",而"意思"和"思想-心思"相通,"默读-看"更易于"心心相印"。但其基础仍在"听""话","言"为"心声"。

于是,"读书-写书"无非是"听、说、读、写","读-写"是"听-说"的深化发展,看上去不那么直接,但摆脱当下的"直接性",则更加"深入",也更加"自由"。通过深入"读",进入"写",其"结果"则是"另一本书","不同于""所读之书",是一本"创造性"的"书",但又是有根有据的,有传授、有承续的,不是凭空杜撰的"书"。

我们做人文科学的,特别是做哲学的,主要的"存在方式-存在形式"就"在""读书-写书",是严格意义上的"书生",为"读书-写书"而"生"。就这个意义而言,你说他是"书呆子"也可以。但"书"毕竟是一个"形式",一个"存在形式",至于它的"内容",则是一点也不"呆"的。没有人胆敢把思考宇宙、社会、人生"意义"的人,称作"呆子"。

## 不知说些什么的大学生活*

说了中学生活又让说大学的。按理，到了大学，人也长大了些，可说的东西会更多些，也正因为可说的太多，有些过去也说过了，现在作乎正经地来说，反倒不知从何说起了。

我是1952年从上海考入北京大学哲学系，那正好是建国以后全国高等院校院系调整的第一年。现在有人愿意说"黄浦一期"，我想我们这一届也许也可以弄个"黄浦一期"说说，因为那是一次很大的改变，而不仅是继续或恢复什么。

当然，那时我17岁，对于调整的详细情形一无所知，只知道我要报考的"新闻"和"哲学"两个专业，全国高校中只有上海复旦有"新闻系"，北京北大有"哲学系"，而似乎当时规定只有一个学校有的系，在几个志愿中只能填一个。在无可奈何的情况下，我和另一个同学一起，把"哲学"放到了第一志愿。

可能因为调整院校系科有许多行政事务要做，我们那一届入学时间推得很晚，好像是上海的考生等不及了，就自己组织起来开进了北大，一时还没有校舍住，在两个体育馆都打过地铺。

因为全国只有一个哲学系，其他各校哲学系连老师带同学连锅端到了北大哲学系，所以我们高班级的旧同学中，有一些是清华的，有些是辅仁的，有些

---

\* 原载徐中玉等《我的大学时代》，福建教育出版社2010年版。

是武大的等等，而老师中，更有全国哲学系的许多哲学教授集中在北大，我很久以后才基本上闹清楚谁原来是清华的，谁原来就是北大的，譬如金（岳霖）、冯（友兰）老师原是清华的，贺（麟）老师是老北大的，等等。

我入学时，北大哲学系主任是金岳霖先生，但我们学生很少见到他，许多事情是当时的系秘书汪（子嵩）先生做的。

按说，当时北大哲学系集中了全国哲学方面的绝大多数专家学者，但给我们这届学生上课的却不多，所以我在校期间和很多老师几乎全无接触，连贺先生和金先生也是我到哲学所来以后才熟识的。

之所以如此，当然也不全是因为他们那时没有开课，而主要是我不是好学生，更是生性不喜"串门子"，不去拜访老师。我虽号称喜欢美学，但好像从未见过邓以蛰老师，也没有见过据说当时也在北大哲学系的马采老师。就是宗白华先生，也是后来 60 年代在编写高等教材《美学原理（概论?）》后才见过几次。其他当时我不太经心的专业方面的老师，接触机会就更少。记得我只去过冯先生家一次，那是和同学一起去给老师拜年，拜到冯先生家，有的同学说我会唱京剧，冯先生说他喜欢听，同学们就哄让我唱，问冯先生爱听哪个行当，冯先生说，爱听"黑头"，而我只会唱一点老生，所以连这个表现的机会也没有抓住。冯先生后来是哲学所中国哲学史研究组兼任组长，那时哲学所还在中关村，他老先生倒是常去开会，这是后话了。

我上北大时贺先生也没有开课，甚至一直到我毕业论文答辩的时候，贺先生参加了，我才开始了与贺先生的交往。

说起论文答辩，那时没有研究生的制度，大学毕业就是最高学历了，毕业前也要做一年论文，也要进行答辩，还评了分，不过不对学生讲，只讲通过与否，分数是内部掌握的。这次论文答辩，对我倒是很关键的。如果不是这次答辩，贺先生不会注意我，也就不会有后来他要我到哲学所来的事，我会"流落"何方，现在就无法想象了。

还是回来说这大学四年。

现在回想起来，我在北大这四年，足足经历了一个"时代"，从一个"时代"的开始，到一个"时代"的结束。这是一个比较全面的、比较一板一眼的学习"（前）苏联老大哥"的"时代"。1952 年到 1956 年，我想正好是这段时期。1952年前和1957年以后的情形，就都不一样了。

这一段时期的教育，后来有不少批评，也是应该的，当时的确有许多教条的地方，但就我个人的情况来说，现在回顾起来，那一段时间当然也是有许多收获的。我感到，当时的教学有一个特点，就是清楚明白有余，而深入探究不够，而对于青年学子来说，清楚明白却是很重要的。

哲学是一门很深奥的学问，因其太深奥，就更要注重清楚明白。如果问题本身就很深奥，你又弄得玄而又玄，那会是一个什么局面？学问本该从浅显处入手，所谓"极高明而道中庸"是也。十七八岁的娃娃，你要他学什么？当然，有那早熟的天才，很年轻就能把问题想得很深入，但我说的是一般的情形。哲学系也不是天才班。反正我感到我们那一班大概没有什么"天才"人物。

年轻人从理解比较浅显的道理入手，也有好处。譬如我们学哲学原理，用的是《联共（布）党史》的第四章第二节。那里说的观点，大概现今做原理研究的同志早已经有许多新的发展了，但我觉得文章还是好文章，把问题说得那样清楚，那样精练、干净，不下大功夫是写不出来的。我甚至感到，大凡经过以这篇文章为基础训练出来的那一代哲学工作者，都有一个共同的特点，就是思路相当的清楚，这是我应该向他们学习的。

我们那时的哲学系，分"自然科学"、"社会科学"和"逻辑"三个专业，是不是学（前）苏联的，我不知道，不过我觉得这样分也有好处。按当时的理解，"哲学"是"自然科学"和"社会科学"的"综合（总和）"，加上工具性的"逻辑"，学生的专业有所侧重，是顺理成章的。我因为中学时数理化不好，而又觉得学哲学一定得懂得自然科学，所以就选了"自然科学"这个专业。这个选择应该说是正确的，问题是我没有能把这个方向坚持下去，至今深感懊悔。

在自然科学方面，我们好像是一年级开始学数学（微积分），二年级学物理，三年级学化学，期间还有一门生物，忘了在哪年级上的了。一年级的数学，我学得还算不错，常得九十分以上；二年级学物理，就每况愈下；到了三年级化学课，就只能得个"及格"分了。

做哲学要懂自然科学这个思想是我一直有的。记得我住在干面胡同的时候，杨向奎先生对我说，理科和文科不同，理科的东西，你没有进去时，觉得很难懂，进去了，就懂了；文科却没有这种明显的感觉，老是像懂了，又好像没有懂。在他老先生的榜样的鼓舞下，我长期保存了一套数理化"自学丛书"，总想有一天能"重新""捡起来"，直到去年，我明智地感到，大概没有那个日子了，为了有更多的生活空间，我把这套丛书处理了。我听说，现在的哲学系本科不分专业了，因为前面还有"硕士"、"博士"等着，甚至"博士后"也成了学历，不仅"博士生导师"成了"高于"教授的头衔，"博士后导师"居然也成了一个"头衔"——自然是"高于""博士生导师"的了，这样自然科学的课，慢慢来，何况，还有"科技哲学"这样的专业呢。其实我的意思是，不论你哪个专业，凡学哲学的，都要有自然科学的基础，不仅是中学的，而且要有高校自然科学的基础知识。当然，我说这话不硬气，当年那样好的条件——教我们数理化的老师都是很好的，有的还是刚从国外回国的，你都没有学好，还来说人。我只是希望，我没有做到的，我的学生辈能够做到。

外系的课，除了自然科学外，还有"历史"、"中文"、"语言学"、"政治经济学"等等。我记得我们去历史系听邵循正开的"中国近代史"，去中文系听高名凯老师的"语言学概论"，可惜这两位老师早就去世了。我们的"政治经济学"最初是樊弘老师讲的，他是著名的经济学家，政治上也是很进步的，可是他讲的课对我们这些小毛孩子来说太深了，同学们反倒有意见，后来就换了一位老师，立时课程的条理就清楚起来，学生们皆大欢喜。现在想起来，当然是我们年轻不懂事了。不过，无论怎样，这门课我都提不起兴趣来，考试能敷衍过去就行了。

本系的课，像哲学原理这样的课，北大哲学系开不出来，请了人大萧前老师来上。他的课很受欢迎，因为他讲得非常清楚。我觉得，他是我们讲课老师中条理最清楚的一位。

西方哲学史是一位苏联专家开的，他在课堂上，用俄语讲课，由王太庆老师翻译。太庆老师是我们哲学界的语言大师，我想他的俄语也是解放后突击学出来的，到我进北大时，他居然已经能够做翻译了。王先生后来遭遇很坎坷，改革开放以后，才得重新回北大，可惜也于去年突然病故了。

教我们中国哲学史的老师比较多，有张岱年、石峻、朱伯崑等先生。张先生讲课也是特别清楚。当时我并不喜欢学中国哲学史，但考试成绩挺好，全仗着背张先生摘出来的每个哲学家的重要语录。石先生讲课喜欢发挥，生动有趣，常穿插一些历史小掌故，学生也很爱听。

应该说，如果说在学习上还有什么懊悔的事，就是太不重视中国哲学史的学习。那时有一种错误的思想，觉得中国传统哲学不像"哲学"，都是一些伦理道德的教条，而现在又大半"过时"了，不认真听讲，也不认真读参考书；现在我也做一点点中国传统哲学方面的文章，当然是野狐参禅，也深悔在学校时没有跟老师们多学点东西。

说起那时的校园生活倒也是宁静中有着丰富的色彩的。"宁静"是说那时还没有什么政治运动，因为我入校时那个建国初期针对旧知识分子的"思想改造运动"已经结束，这个运动的事，是后来才听说的。我入学后，多数人整天所思所想都是如何学好了毕业出去为国家的各项建设服务。主要的政治活动是参加每年"五一"、"十一"的游行，那对我们这些外地来的学生说，的确是个大典。记得第一次参加游行，同学们还都穿着西服革履，没有西服的，就到金先生那里去借，我因为来自上海，带有一套，就免了麻烦了。晚上参加天安门广场联欢，也跳交谊舞，哲学系女同学极少，同班的郝善群现场介绍一位女生和我跳，吓得我扭头就跑了，因为的确不会，后来想想是很不礼貌的。说起郝善群，他后来常常挨整，被分到内蒙古，做中国哲学史研究蛮有成绩，前几年得癌症去世了。

现在看来，当时的风气还是蛮活泼的。记得有一年，当时做团中央书记的胡耀邦同志还号召过女同志穿花衣服呢。

说校园的生活丰富多彩也是不假的。当时学生的课余生活并不单调，学生会有各种文艺团体，有民乐团、诗社、剧艺社，还有我参加的京剧社，我还当过这个社的第二任社长。第一任是上面提到的郝善群同学。在郝社长治下，京剧社上演过什么我不大记得了。郝善群这个社长当得很辛苦，不久就由我来当。我当了这个社长后，最大的好处是接触了许多外系的同学。可以说各方戏友都聚集起来了。我在这个社的活动中，不但找到了爱人，而且交了一批朋友。说也奇怪，这批戏友，交往至今，比我的哲学系同班同学联系还密切。我当社长不像郝善群事必躬亲，大权"旁落"到了一位当导演的物理系同学手里。在他的导演下，我们从中国京剧院学演了大型新编历史剧《猎虎记》，这一台戏的"演员"，大多数至今还有来往。

我记得那时学校校园的文娱活动也很多，每周末都有舞会，还有音乐会等等。我不会跳舞，就趁有一年庆祝元旦的机会，由我们京剧社主办一个"化装舞会"。应该说，建国以后北京大学的"化装舞会"是从我们这次开始的，不过办得并不出色。我们用了三国刘、关、张的故事，加一个诸葛亮，而我们只借了行头，没有请化装师，结果只有诸葛亮认得出来，关公和张飞分不出来，而刘备像"旗牌"。第二年的化装舞会由中文系主办，他们到底是学文艺的，用了西游记的故事，除沙和尚外，每个人物都有鲜明的特色，一望可知。

有一年暑期，我没有回上海度假，这个暑假生活丰富非常，除京剧社留校"社员"有些活动外，学校还组织了一系列的讲座，请的都是当时学子心中崇拜的人物，我大概每场都听了。我现在记得的演讲人有艾青、冯雪峰、陈涌，似乎还有丁玲。他们讲什么我已经记不清了，大概陈涌讲他的"文艺特殊规律论"；学生问艾青，他的讲稿在什么刊物发表，他回答说，要看编辑愿意不愿意发它，我当时很奇怪，像艾青这样的诗人怎么也有个能不能发表的问题。冯雪峰有一个意思我印象很深，他说，如果有人要他给"人"下个定义，他就找几个人来指着说，"这就是人"，"这也是人"，他的意思大概说，"人"还有"文学"这类的概念，是不能"下定义"的。他当时就感到"定义"式的思维模式是不能在"人文科学"里到处套用的。

不过，我们这些学生怎么也想不到，我们的这些偶像，很快就要遭罪了，没有两年的时间，他们都成了全国知名的"右派"。

校园里平静而多彩的生活快要结束了。1955年肃反运动时，我还在北大校园里。那是北京少有的一个酷热的夏天，因为太热，运动的会常常放在晚上开。形势是很严峻的，最紧张的时候连学校大门都不许出。

我们京剧社第一任社长郝善群也挨整了，我至今也不知道他有什么"历史问题"；没有"反动的历史"，就整那"反动思想"。我同宿舍的郑廷础平时说了些什么，也成了重点，我也因此受到警告，要和他划清界限。受到警告的还有陈启伟，他不知道又跟哪个受批判的同学住在一个宿舍里了。这次运动的时间比起后来的算是短得多了，好像没有多少日子，学校的一位副校长就宣布学生还是可以出校门去上小饭馆的。当然,运动在我们班的结果,并没有挖出"历史反革命"来,好像只有一位同学有些什么问题被分去当工人了。我的同屋郑廷础,还有郝善群后来还都留校,分别当了任继愈、张岱年两位老师的研究生,他们被逐出校门又是以后的事了。

我在北大四年,有三年多的平静而多彩的生活,就算是得福了。

我从1956年分配到中国(社会)科学院哲学研究所工作,也有一个短暂的安静读书研究的时间,以后的事,就不在本文时限之内了,且听下回分解。

2000年5月27日于北京

## 《美的哲学》重订本前言[*]

好几年前，北京后浪出版公司的吴兴元先生就约我重版此书，因为这是近十年前的书，要再版不如重新写一本，无奈我十年来没有再做美学方面的研究，思想也集中不到这方面来，重写难，改更难，不得已就订正了一些词句重印一次了，这是首先要向读者道歉的，而且我这个做法，也向读者讨个谅解。

我是一个很不成熟的作者，当时信心十足写的书和文章，过了不多久，又觉得要"改"了，检查其原因，一方面我的"兴趣"经常在"变"，一方面也是"学问"上、"思想"上不成熟的表现。

自打写了《美的哲学》之后，我倒也没有闲着，除写了长长短短的一些文章外，主要完成了两个项目：一是学术版多卷本《西方哲学史》的"绪论"前半部"欧洲哲学史"部分，然后是集中精力完成"西方哲学中科学与宗教两种思想方式"的项目，就工作来说，平时读书写作也都集中在这两个方面，其他方面，就很难顾及了。

当然，工作作业面固然有方方面面的不同，但在"哲学"的道理上，也都是相通的。如果说，这十年只是做了"不同"的工作，那么现在再来看《美的哲学》，虽然不能修改，但可能还是满意的，甚至会觉得现在要写可能都写不出来了；无奈情况不是这样，我现在至少自己觉得要重做会做得更好，这是很别扭的事情。

---

[*] 原载叶秀山《美的哲学》，世界图书出版公司2010年版。

譬如对于康德的《判断力批判》，我虽然一直比较重视，但只是在最近这几年，才开始觉得有一些重要的问题过去我理解得很肤浅，甚至是不对的；而这种情形，又是跟对康德哲学的整体把握不可分的。我现在的认识是：康德在出版《纯粹理性批判》时，他的三个《批判》的大轮廓已经具备，在这里，不仅预示了《实践理性批判》的方向，而且也有了《判断力批判》的"目的论"的规划，只是"审美"的"批判"的确是《判断力批判》新加的内容。《纯粹理性批判》里经常出现"目的论"的问题，甚至在"先验辩证论附录"里集中阐述了这个问题，但是"审美- aesthetic"的先天原则，则是被否定的，而的确是到了《判断力批判》才"扶正"了过来。

对于康德的这三个《批判》的关系的理解，我现在侧重思考的是："建构性原理"和"范导性原理"的区别问题，在康德，"知识"和"道德"-"知性"和"理性"运用的都是"建构性原理"，前者通过"自然"的"概念"，后者通过"自由"的"概念"，但是"审美"和"目的"却是"范导性-规整性"的，是一种"反思"性的原理。

何谓"建构性"？在康德的意思，可以理解为，一种从"概念"的原则"建构"出一个"直观"来，譬如根据"圆"的"概念"的"原理"可以"建构"起一个"圆"的"直观""图形"来，亦即，我们按照"一个中心点"与其"边缘"各个直线皆为"等长"这个"原理"，就能"画出"（建构出）一个"圆"的"图形"来，这样由"概念""建构"的"直观"，乃是"无待经验"的"先天直观"。这在康德的知识论中是相当清楚的。

然而，"审美"和"目的"就没有这个特性，它们不可能由一个"概念"的"原理-原则""建立-建构"一个"直观（图形）"来。在这个"判断力"-"审（评判）美"、"审（评判）目的"的"领域"，并无"确定性"的"概念"的"原则-原理"可以"运用"来"建构-建立"它的"直观"，这似乎就意味着，不仅"目的-终极目的"是一个"理念"，而且"美"的"概念"也只是"理念"，没有相应的、确定的"直观"，"建立建构"不起来一个"先天直观"，没有"直观"，也就进入不了"经验"，不能成为"经验对象"，因而"美"和"目的"的"判断"都不可能是"先天综合判断"，因而不是"知识"，也不是"道德"。这样，"美"和"目的"都不是"自然"的一种"客观"的"属性"。

与我们这本书内容有关的,我们看到,"美"和"艺术"都不可以从一个确定的"概念"出发,来"建构-建立""直观-形象"。很多年来,我们文学艺术经常批评的"概念化-公式化"的毛病,在这里有了一个理论的安顿。"艺术创作"并不是从一个"概念"的"原理原则"出发,来"画"出一副"图象"来;它的路线恰好相反,是从一个具体的经验的"直观-直觉"出发,"寻求"一个"不确定"的"概念",亦即"不受直观限制"的"概念",亦即"理念"。"不受直观限制-理念",亦即是一种"自由的概念",这样,"判断力"的问题又"兼容"了"实践理性"的问题,所以康德有时也说"判断力"是"理论理性"向"实践理性""过渡"的"环节";换一个角度来看,"判断力"的问题也就"蕴含-兼容"了"思辨理性"和"实践理性"的问题,虽然范围仍在"思辨理性"之内,但它的处理方式是"范导"式的,"路线"是由"个别特殊"到"普遍"的,而不是相反。就这一点来说,《判断力批判》的问题,又是更"基础性"的,亦即本书经常提到的,它涉及的是"基本的生活世界"。

在这个世界里,"理性"并无"权力"像在"知识"和"道德"领域里那样,"建立-建构"自己的"独立王国",而只能通过"理念"来"调节-规范-引导""经验""无限-自由"的"追求"。"理性"在这个"领域"里的"运用-作用"是"范导"性的,而不是"建构"性的。

康德经过"理性"自身"批判"之后得出的这样一个"建构性"和"范导性"的区别观念,在他的哲学中有很重要的意义,但这个方面,我长期并没有给予应有的注意,以致使我对他三个《批判》的理解不很过得硬,存在着不少马马虎虎蒙混过关的地方,而在康德,无论你同意与否,都是有所交代的。

"理性的概念-理念"和"知性的概念-范畴"不同在于:前者在"经验知识—科学知识"的"王国-领地- ditio"内只具有"范导性"功能,不具有"建构性"功能,但也并不是可有可无的,"理性概念-理念""规范-引导"着"科学知识","自由""范导"着"必然","自由"不是"自然"的"属性",不是"知识"的"对象",但确"引导"着"自然","经验"中"找不出""自由",一切都是"因果"的"必然""环节",但"自由"作为"理念"却"引导-牵引"着"经验"。

于是,我们看到,即使在《纯粹理性批判》中,康德在阐述了"理念"不能成为"科学知识""对象"的同时,并用大力气揭示理性"二律背反"在"知识王国"的"虚幻性"后,还要特别提醒读者不要忽视了"思辨理性"、"理念-物自体的观念"具有的一种积极的"范导"功能。正是在这样一种区别的基础上,康德阐述了"目的"和"终极目的"的问题,这些问题如何在"思辨理性"的范围内,也能具有一种积极的意义,也就是说,我们在"科学知识-思辨理性"范围内,在何种意义被允许运用"目的"以及"终极目的"这样一些"理念",既然它们已经被"批判"地揭示都是一些"超越经验"之外的观念,何以还能对"经验"起"作用"。

解决这个问题的关键似乎在"界限"这个概念上。"理念"的确在"经验""界限"之外,但要对"经验知识"起到合法的作用而不至于"越权",则"理念"必"在""经验"的"边界"上,一方面"守卫"这个"界限",另一方面这个"理念"既是"自由",则是"自由""守卫"着这个"界限","经验"的"界限"是"自由"的。这就是说,"自由""范导"着"经验-自然-必然"。

过去我也曾经注意到了"理念本质-物自体"这样一些观念,作为"概念",是一些"界限"的"概念",康德也叫做"问题性成问题的""概念",但我的理解也仅止于此。

随着这条思路,进入"美"和"艺术",康德似乎也有个发展的过程;当然如果联系他早期对于英国伯克关于"美"和"崇高"的研究论文,也可以说对这个问题本身,康德也是有长期思考的,只是他在做"批判"的工作时,因为这个第三《批判》"厘析"出来的"理性"职能判断力只是"范导性-规整性"的,所以在"批判"之后,并未将"美崇高艺术"和"目的"问题,如同他对于"自然"和"自由"那样,有一个"自然"和"道德"的"形而上学"作为"学说"上的目标,而相反,认为不可能有"美"和"目的"的"形而上学"之"学说"。在这个意义上,康德以后如谢林特别是黑格尔的"艺术哲学"或"美学",也就不是康德心目中的"形而上学",这之间的思想上、历史上和理解上的关系,还需要下功夫去理清。

从康德到黑格尔,再到胡塞尔至海德格尔,关于"形而上学"问题上的思路,是一个复杂而又有趣的问题,对它的研究颇费时日,我会努力去做,但现在还没有系统的思想可以告诉读者,这也是我不能"修改"这本从哲学来谈美和艺术的小书的主要原因。

次要的原因是我这多年来对于美和艺术的问题过于隔阂了。从这本书也已经看出，名为"美学"，但主要在谈哲学，说明对艺术已经开始有了距离。

早年我对"美学"和"艺术"的兴趣非常专一，甚至觉得哲学太"抽象"，干巴巴不好玩。这种态度当然有主观和客观的原因。主观上说，那时候年龄小，理解力差，玩心重，觉得"哲学""枯燥"，而"艺术""寓教于乐"，既是"学习工作"了，又"玩"了。"做美学"，"工作"显得"轻松"，而"娱乐"中又显得"严肃"，真是个"理想"的境界。

在客观方面，大概也是因为当年（五六十年代）"美学"这个领域可能也比较"宽松"些，当然说"宽松"，也是在很"相对"的意义上，"艺术"有许多"政策"，而理论上的"大批判"更也还有不少，我生在那个时代，在这个潮流中，也写过不少这类文章，想起来很别扭，但也不必讳言；或因"人微言轻"没有被当时的"伯乐""选为""棍子"也就很"庆幸"了。

应该说，那种尽管很相对的"宽松"已经吸引了一批爱好"自由思考"的学者，参与到这个领域中来。

不过这个局面没有延续多久，随着"革命的深化"，先是"艺术"领域变得紧张起来，从"京剧现代戏"到"京剧革命"，一场轰轰烈烈的"文化大革命"，居然在一个古老传统的剧种——京剧中首先发难，也真是很奇怪的事情，这大概也是我们历史上"文字狱"的一个延续和扩大吧。

"好玩"的"艺术""不好玩"了，本来相对"宽松"的环境成了最严酷的阵地，非坚强的"战士"不得入内。我因家庭出身和个人表现不合格从未被吸收为"红卫兵"，不是"革命动力"，又因为所在单位"牛鬼蛇神"太大、太多，也侥幸未成"革命对象"，成了"左右逢源"也"左右为难"的"逍遥派"。后来人们说，"逍遥派"占了"便宜"，这话也有一定道理。首先革命的任务少些，自己的时间多些——当然也有限，心情相对比较"平静"些，"地下工作——偷偷读书"就会抓紧些。

就"客观"情况言，随着"文化大革命"的深入发展，随着"艺坛"八个样板戏越来越"僵化"起来，"哲学"的"理论问题"反倒"暗暗地""活跃"起来。且不说过去心目中那些"哲学理论老师-大师"像杨献珍、艾思奇等等都早已趴下，就连一直当红的陈伯达也倒了，还有那康生，虽是较晚倒台，但也早有暗中的议论了；更不用说我们上学时奉为经典的《联共（布）党史》里清楚系统论述"辩证唯物理论-历史唯物论"的"四章二节"，早已不能成为"根据"来引证了，但一直也没有"系统"的"批判"，只是"含糊"着，这一"含糊"，反倒引起了"理论"的兴趣。在"人人"都要学"哲学"思想的"覆盖"下，虽然不是人人都"思考问题"，但原本就是做哲学的，此时的脑子就有了"逆反"的"催化剂"。

相比之下，"哲学"反倒"自由"一些了。因为"艺术"这种"活动"，常依托于"视-听"，要"有形"或"出声"，那时要转入"地下"，有相当的困难，而"哲学"的"书"，就方便些，"哲学"的"思想活动"，更是"无形"、"无声"，看不见摸不着，尽管长期来很重视"思想改造"，也是"收效甚微"。这样，再加上主观的兴趣倾向，我逐渐地真的转移到"做哲学"来。

做着做着，才发现，原来"哲学"并不"枯燥"，而是十分"有趣"（也就是"好玩"，但为了避免"闲情逸致"之讥，就不说这个词了吧）；也不是"抽象"，而是非常"具体"的。于是进入"改革开放"后，我就在"哲学"这块土地上"耕耘"起来：从古代希腊到康德、黑格尔，至叔本华、尼采再到胡塞尔、海德格尔，以及上世纪后半叶出现的"后现代"诸家，觉得"其乐无穷"，对于"艺术"实在无暇顾及了。不是说，这个阶段"艺术"还在"禁锢"中，它是很"自由"了，可以说，中外古今各种艺术都有机会在中国的"大舞台"上"表演"，山阴道上，应接不暇了，我却没有精力和时间"看"了；还是"读书"方便，一本书，一杯茶，如果二者都能谈得上"好"，则其乐也无穷。

这样，我对于"艺术"的现状实在知道得很少，只觉得是十分繁荣活跃的，无论戏剧、音乐、绘画、舞蹈等等，都各自"领风骚"很多年了，而且不是"收效甚微"，而是"硕果累累"了；特别是在"艺术"更加深入地"进入""市场"之后，又有了一番新面貌，正如"后现代"诸家所谓的"实际现实""解构"了原有的"艺术""系统"，一如"解构"了"思想哲学"的"系统"。由"产业化"到"商业化"占领了一切领域，并非危言耸听。幸好现在不是

"人人唱"的时代,个人可以有自己的"娱乐"方式,不用强求一律,也如同"哲学"领域,各自有自己的"做法",有专事推广的,推广也各自不同,有推广孔教的,有推广道教的,也有推广周易的等等,也可以不做推广的工作。我做欧洲哲学,绕了一圈之后,仍然归到了"德国古典哲学"这个系统,深感仍需学习。

譬如刚才提到新进的"解构",其实"哲学"一直在做"解构"的工作;就我做的范围来说,康德、黑格尔都已经包含了这个"解构"的因素在内,因为他们强调"理性"的"自由",而"自由"本是一个"解构"的力量。一方面如后现代诸家所言,"现实实际""解构"着"思想"的"体系",另一方面,"思想"如作"理性自由"观,则也"解构"着"现实实际"的"体系";而且"思想体系"的"解构",往往通过"思想体系"的"内在矛盾""解构"的。这一点,康德的"二律背反"揭示得很清楚,"思想"的"二律背反""解构"了"知识"的"体系","理性"的"僭越",亦即"理性"之"自由",唯有通过"理性"自身的"批判","厘定""理性"之"合法""职能",也只能"限制""理性"的某一部分(知性)的"僭越",而不能"消灭"这种"僭越",甚至即使在康德做这项"制约"工作时,也很强调这种"僭越"的"提示"作用:有一个"本质自由"在,有一种不同于"经验科学知识"的"知识"在,亦即有不同于传统的"哲学-形而上学"在;于是我们有了黑格尔哲学。

说到这里,似乎离题太远了,我只是想说,这本小书名为"美的哲学",实际重点未在"美"和"艺术",而在"哲学",而在这本书之后我的工作也还有些进展,所以现在再检阅这本书,有无可奈何之感。

在书写方式上,有一点倒是可以指出:这本书是我一口气写成的,不是"规范"的学术文章,以后我的书和文章,常常都是这样的写法,这是一个开始。之所以这样,或许是因为,如果再做旁征博引,一是没有耐心,二也是觉得总还是自己要说的"话"是主要的,养成这个习惯,所以对后来我的文章有失学术规范的地方,一并在此道歉了。

今后我大概也不会再回到"美学"或"艺术"来,但是在哲学的研究中,如果遇到涉及"艺事"方面,也是不会回避的,近期尤其对于康德《判断力批判》涉及的问题,想有一个贴切的梳理,也会谈到"美"和"艺术"的问题,当然,那也是先要在康德自己的"批判哲学"意义内厘清关键的问题,从这个角度来谈他的"美"、"崇高"和"艺术"的问题。

2010 年 6 月 15 日星期二　北京

## 学术研究与学术行政[*]

50多年来,我一直在一个单位作学术研究,很少注意过所在单位的行政和管理工作,顾名思义,"管理"是"管"我们的,"行政"自然是"行政领导"。一般"被管者"不愿意"被人管","领导"和"群众"又总是有矛盾的,于是,从我们年轻的时候起,就主张把"学部(社科院前身)"那个"大屋顶"掀掉,只盖一个"小屋顶"。那时的上级领导也经常讲要"精简行政人员",但是说也奇怪,每次"精简"以后的"反弹",却使这个"屋顶"越来越大。改革开放以后,为了重视文科知识分子,"学部"升级为"社科院",这个"屋顶"自然也就成了巨大的"华盖"。对于这顶"大帽子",我有时候真感到"压"得很。正好高校的朋友有学院"去行政化"的呼吁,我也觉得言之有理。再一想,学校是学校,"机关"是"机关",原本按照"行政单位"建制起来,如何"去"得了"行政化"?我们这个单位,大概如同农业部管农业不管外交一样,只是以管"学术"为主而已。

于是乎在这个问题上,如果要关心的话,就只能"退思","退"而思考"学术"如何管理、如何领导的问题。

扩大开来说,随着社会发展事务之增多,各行各业的"行政管理"早已形成一个相对独立的"学问"体系,成了一门"专业"。不承认这一进化,也有些片面。

---

[*] 原载《社会学家茶座》2011年第1期。

以我所在的单位来说，我刚工作时全所可能不足百人，没有几个"研究室（那时叫组）"，也没有什么离退休人员，一个所长（学部副主任兼），两个副所长，一个办公室主任，一个人事处主任，还有两个会计管发工资、报销，图书馆有两位管理员，中西文各一，办公室人员多一些，也就是两三个。我们所长因为级别高又是兼职，很少到所里来，一位副所长管"常务"。没有"科研处"，一位学术秘书带一个小秘书，管科研，因为没有多少可"管"的，这位小秘书常把办公室门锁上读书，也有意见反映，大秘书还保护性地向大家解释了，说读书应该鼓励等等。那时我们所办了一个杂志，编辑部人员似乎很少。机构大概就这些，我记不太清楚了，一定有不准确的地方。

那时候的所级领导，大概主要是"管"政治的，但一到"运动"，又有各种"领导小组"来管，如"整风领导小组"、"反右领导小组"等等，虽说是临时性的，一"管"也很长时间。那时的"领导"一般很少"管"学术，学术是各"研究室（组）"或者研究人员自己"管"的。不是说，那时的"领导"都是"外行"。我们的所长是学者，尽管因为搞革命而著作不多，但他的学术眼光还是一流的。两位副所长其中一个是逻辑学家，不太"管"事，但"学术"上他有很大的"发言权"，所以"文革"时被当成"（反动）权威"批了几次。"管""行政"的副所长不记得他在单纯"学术"问题方面有什么"干预"，而实际上他有理论修养，学术眼光也还是很好的。

当然，那时候对于"学术"的"干预"是"政治"，但这都不是本单位"行政领导"左右得了的，"运动"到后来，他们一个个也都被"打倒"了。现在想起来，那时候"学术"的"事务"虽然相当简单，但也还需要一套"管理""班子"来办事。

如今我所在的单位，研究人员多了，研究室也多了，"业务（学术）事务"增加了不知多少倍，上上下下的报告表格，对内对外的会议交流，一年有多少事务性程序要做，我虽幸而未曾参与，但也可以想象。我有时也接到一些"条例"，其中考虑之周密，环节之细致，令我肃然起敬。我不能不承认有关"管理人员"具有的"专业"水平和认真的工作态度，不能不承认"管理"是一门"专门的学问"。

改革开放以来，就"学术"的实际工作而言，一个很大的特点就是对外的

"学术交流"多了。我到这个单位的前30年记忆中见到过少数几个外国人,有些会见还不是我们年轻人所能参加的。记得有一次罗马尼亚一位美学专家来做报告,怕没有人听,让全所人员都参加,专家用法语讲,有翻译,一位老师用法语提问讨论,我觉得佩服极了,内容说些什么不记得了,也许我也根本没有懂,但这件事印象很深。改革开放以后的对外学术交流非常多,我们去,他们来,成为经常性的按计划进行,没有专门的管理当然不行了。

再有,现在"学术研究"靠"项目"管理,开始我很不习惯,文科学术本是学者个人创造性的研究结果,"项目"常常约束自由创造。但事在人为,这几年我所接触到的"项目"的"管理"也在不断地改进,渐渐地将"约束"与"鼓励"结合起来,尽可能将学者的"创造性工作"纳入"项目"的管理,从而起到"鼓励-激励"的作用;同时,"管理人员"还开发"项目"外的激励机制,对于那些未有项目而又有成果的学者也通过一定的程序、按照一定的"条例",给予应有的重视和鼓励。

这些"管理"的工作,都要有人去做,从制定比较全面的"条例"到具体的操作,都得有人去做。现在的所一级的领导,早就不像过去那样"清闲"了。记得刚开放的年头,所长还是比较"超脱"的,慢慢地大小事都集中在他一个人身上了。只要一担任这个职务,就不容易见面了。和我同龄的那位所长,在岗位上可谓付出了全部的精力,幸好他能干,应对有余。

这样的所级领导,就绝不是我们那位逻辑专家所能胜任的了,于是,遴选起来就比较困难。选学者上去吧,学术就不用再做了,因为"行政管理"已经成为一门专门的学科了,兼做两门学科,谈何容易。人一辈子能做好一件事(学术上的事)就很不容易了。我看到一些学者在高校当了(副)校长这类的工作后,再也没有什么学术成果问世了,有些原本能作出"大学问"的人——至少我是这样看这些人的,忙于"管理领导-领导管理",如今年事已长,"学问"上只能"得乎其中"了。这样的人已经是佼佼者。还有那本应继续努力于学术,中途"改行""管理专业-(行政)领导专业"的,或许会成为"半吊子"学者了。

我们常说我们这个时代缺乏真正的"学术大家-大师",果如是,我觉得其中一个原因也许是我们常把那些具有超强能力的学者"提拔"成"行政领导"

管理行政了，尽管他们做的是"学术行政管理领导——学术官"，因为既然"学术管理"也是"专业化"的，而不能"兼顾"了。记得过去有"又红又专"的"双肩挑"，现在要找"又官又专"的"双肩挑"大概不很容易，因为"红"似乎不是一个"专业"，"政治"当然是很高深的"专业"，但"红"并不就在"专业"上等于"政治学"，而只是一种瞬息万变的东西，今天"红"了，过几天也许就"黑"了，要说也有什么"学问"在里面，大概也是很"神秘"的，无法"言传身教"的了。"又官又专"或许是"先专后官"，但这个"专"能不能与时俱进，"专"到什么程度，能不能到"学术大家-大师"的级别，或可"自封"，实际上很难了，因为"管理-官"同样也是"专业"，"兼挑""双专门"的，毕竟太难了。

多年前，我被征询意见，曾经很冒失地说过，我们不大会表示"喜欢"人，一喜欢就让他去当官，结果一些能做比较大的学问的人，做不成了；官要当得大些也值，因为"当官-管理-领导"也是很艰深的"专业"，学起来也不容易，所以大部分的官也当不很大，而学界失掉一个"大专家"，是很可惜的。把上等人才提去当官，留下我们这些"中庸之才"来专做"学术"，岂不是"学术"的损失？这种意思一表达出来，我又很懊悔，害怕耽误人家的前程，所好我这话倒也是白说的，并没有实际的恶果。这话当然很冒失，因为事实上我们的风气还是"官本位"，是"以吏为师"的。"官本位"大概是说一切的"名誉-地位-待遇"都是向"官"倾斜的；"以吏为师"对于学术单位就更有一种效应，即凡在"官"的"领导"位置上的，都意味着在"学术"上也必定会具有"领导"的地位和水平。这种观念，当然实际上也说得过去，一般应是"学术"上有了"领导权"之后"行政"上才被封为"学术官"，只是如上所述，"行政领导-官"既然也有很强的专业性，那么被选的往往由于双重专业而有所侧重，更不用说"被封-被选"的"因素"一般都是要比这双重专业更加复杂得多，所以人们并不能因为某某当了"学术领导"就一定"推论"出此人在"学术"上拥有"领导"水平。

无奈风气已然，不但大家的观念如此，连自己的自我感觉也如此。在这种风气下，作"学术研究"的人中，不乏跃跃欲试地争取到一官半职，似乎只有这样，才能"显示"并"保障"自己的"学术水平"，而不惜让"官"的实利和虚名把自己的学术年华虚掷。"学术研究"非一朝一夕之功,人生必须做的"非学术"的事情已经很多,一个人不能每天 24 小时都在"做学问",偶一为之也并不可取。如今"学术研究"的条件比过去好得多,但条件是外在的,如何利用这些条件使之有利于自己的"学问",仍全靠自己的努力。我们尚未出现真正的"学术大师-学术大家",不能怪客观环境,更不能怪"学术管理"工作,"学术研究"的成果还得靠"学者"自己"生产"出来。

现在我们回想起我们的老师们,在那样的"政治运动"的"管理"条件下,冒着被批判的危险,心中念念不忘的仍是"学术",手中偷偷做的,仍是"学术";也许现在看,他们的"学术"因条件限制会有这样那样的问题,但那种"崇学"的精神实在是很可贵的。一种风气很难改变,"学术单位"的风气也一定会受大环境的影响,但包括高校在内的"学术-教育单位"自己"营造"一种"崇学"的风气还是可能的。在现在的条件下,这种风气的形成,寄希望于"学术研究"本身的工作,也寄希望于"学术行政-管理"的工作。

| 访谈演讲补遗 |

# 与叶秀山先生谈书法*

叶秀山：中国社科院哲学所研究员
王　强：中央财政金融学院中文系副教授
刘树勇：中央财政金融学院中文系讲师
梅墨生：《中国艺术报》副刊主编
1995.4.25.于中国社会科学院哲学所

**王**：叶先生，我们想请您就当下书法界在理论观念和创作观念追求变革此一状况谈谈您的看法。

**叶**：因为我不是专门研究书法的，最近也没有太多地关注这方面的问题，只是时常看看《书法研究》，再就是你给我寄来的关于"先锋书法"的一些材料，所知甚少。所以可能谈起来有些困难。

**王**：我们随便谈吧，我们更愿意听您由书法去谈哲学。

**叶**：前一阵我在梅兰芳、周信芳诞辰百年纪念活动中的一个会上谈到，书法界对理论的兴趣要比戏剧界大得多，从西方引进的东西也多。我的谈话在《中国戏剧》上也刊出了。我的确是很喜欢书法界在理论研究中的探索精神。邱振中先生曾来找过我，也让我看了他的作品和文章，他对西方艺术理论掌握的资料还是很多的，书法功底也比较扎实。他的传统书法功底很好，后来就变了，变成一种新的形态。他好像也是你们那个"先锋书法"系列人物之一吧！

---

\* 原载《书法研究》1996年第1期。

这种东西我不太懂，但这是一种尝试。比如毕加索，他画传统的东西非常好，后来他要变，变成了那个样子。戏剧里也一样，比如周信芳，他那种嗓子原来人家都说是被人害的，其实不对，他自己说过，他就觉得要变，觉得这么唱合适。所以变是一种趋势。当然，加上一些理论的阐述更好，借助西方的东西作为一个参考系也是可以的。这是一个很好的方向，书法界在这方面做了很多工作。比如他们寄来的《书法研究》，理论性很强，确实是很新鲜的东西都有。有一期讲到福柯的文章，就是《这不是烟斗》。我不知他们从哪里得来的。我在英国买了带回来，组织人翻译，在第九期《外国美学》发表出来。后来想请人写一篇评论文章，可那时找不到人，所以我自己写了一篇评介这篇《这不是烟斗》的文章，在《外国美学》第十期发表出来了。

　　说到这里，我倒有个建议，这倒并不是只针对书法界，而是整个研究中国传统文化的人，就是对外国的东西，第一，不要简单类比；第二，不要囫囵吞枣。难度很大，不是拿一点就够用的。我们研究中国哲学方面的问题，想弄些新的东西，这是好的。早先用马列解释中国传统方面的问题，虽然有些简单化，但在当时未尝不是一种新的角度。现在又想用西方更新的思想来讲这些问题。但要防止两种上面所说的倾向。第一是简单类比，比如对某类问题，我们有一种说法，他们也有一种说法，这样容易简单类比。这种现象早就有，六十年代就有。比如"通感"。那时莱辛《拉奥孔》刚译过来，有一位很有声望的学者就说，中国讲的"画以状物，诗以言情"与莱辛的思想相同。其实"画以状物，诗以言情"这种思想在西方很早就有，古希腊就有，那么到了十八世纪为什么又重提？莱辛讲这个话是有他的意思的，所以我们要知道他说这话的内在涵义。从简单类比这方面说，书法学的理论文章里不多见，这种情况过去了。"囫囵吞枣"还是有的，当然做到不"囫囵吞枣"，就需要在我们和西方这两方面多下些功夫，如果这功夫不下，就很难了！比如搞中国哲学也有这类问题，像研究孔、老，这学问很大，书籍浩如烟海，要想搞出点新东西很难，要想借助西方的某种思想来阐述孔、老，一方面要对中国的学问有一个很深的造诣，同时对西方的东西也要有一个很深广的把握才行！不能"囫囵吞枣"地用一个概念去套！比如现在说的中国哲学的"超越性"、"内在性"、"天人合一"。说中国哲学是讲"天人合一的"，讲西方哲学是"主客分裂的"，太简单了些，这不好这么讲。西方哲学，起码到近代，就有"合一"的了。像黑格尔，就是"合一"的，他讲"绝对"呀！而且他那个"合一"跟我们的"合一"也有很大的不同，所以都要全面深入地探究。"囫囵吞枣"地说"异""同"，那不行。中国书法也这样，过去讲"抽象"啦、"具体"啦、"表现"、"再现"等，还有人说书法要"反映""现实"云云，这些提法本身就不行！就是"囫囵吞枣"。"反映""现实"，怎么叫"反映""现实"？也太简单了！象形，当然中国字是象形，象形就"反映""现实"了？其实我觉得问题应该这样提：埃及也有象形文字，可它后来为什么没有了？我们为什么还有？我们其实不完全是象形！如果完全象形，我们也会没有的！我们有好多种方法去造字，够用了，用不着去拼音化。只是象形，就不行，太繁琐不说，也表示不清楚。这些问题的"理数"都应弄清楚，不能"囫囵吞枣"地说"象形"就是"反映""现实"如何如何。当然，这个阶段，也已经过去了，现在书法界这种简单的提法基本没有了。戏剧界过去也讲什么"表现"、"再现"，现在也不大用了，不是不能用，是用时你必须弄清楚，不能"囫囵吞枣"！

我倒是想，搞中国书法的学者们，也可以帮助我们搞这样一件事，就是"文字"的问题。西方有"语言哲学"，我们能不能有"文字哲学"？我过去曾试写这样的东西，"文字学"的希腊文，我都想好了，叫"grapheology"，也写了提纲。后来发现德里达在六十年代就写了一本很厚的书叫《文字学》，他的那个词儿"grammatology"跟我的也相似，当然他那么叫也还值得商榷，可人家写了，我就放弃了。我觉得书法界也可以把这个广义的"文"研究一下，无论"刻"还是"写"，是一门很大的学问。从胡塞尔到海德格尔，都谈到"轨迹学"的问题，这个"痕迹"，有的可说。中国的"轨迹"附着在记录语言的文字上，其实书法也影响绘画，比如画法的问题。"轨迹学"在中国人这里，应该说比西方人多。我常想，中国这文字的书写怎么就成了艺术，而不单纯是一种技艺。过去我说过用毛笔写它有一种变化的可能性。再就是中国汉字的结构比较复杂。但这都是客观的，西方人如果想把他们的文字书写变成艺术，也未尝不可能，可他没那个心劲儿，为什么？所以后来我想，他们已经有所依托，比如音乐，他们比我们发达，他们依托在音乐里了。汉民族的音乐不太发达，中国的音乐多保存在戏曲里。中国人的依托，找到写字那里去。西方人重音乐，他们就倾注一切力量在音乐上，大工业化也助持了音乐的发展，什么铜管、钢琴都用在上面，使音乐越来越发达。关键是他想在这方面发展他就会想办法，原来的乐器也不灵，后来就越来越先进，所以工具的问题不是根本性的。从哲学来说，我们的语言里原来没有"是"动词。所以我们的哲学本体论、存在论、形而上学这一套就不发达。西方人有这个"being""to be"，他就老琢磨，现在我们有了，也可以琢磨。他有那个条件他就那样做，有条件没条件，也就是谁方便谁不方便的问题。我们对于"字"来说，这个条件方便一些，我们就拿它来发展。西方人依托在音乐上，在那儿发展。如果你告诉他，这个"文字"也是可以开发的，他如果理解，也说不定发展起来。

**王：** 这个"告诉""提醒"很有意思，我们"提醒"他，是不是也未必使他们非要从他们自己的"文字"里发展出一个什么"艺术"来？他也可以用"现成"的"中国的""文字"？

**叶：** 这是的，所以我说中国书法，和你们搞的那种"先锋书法"，你让他看，他不需要认识你写的是什么，他能感动，能认同，能欣赏。就像我们听西洋歌剧，也大多听不懂他们唱的是什么，但能欣赏！其实咱自己听自己的京剧，也很难听它的词儿，是听韵味。有些京剧的词儿挺粗鄙，词儿不像昆曲，昆曲雅，雅到、文到你也听不懂，可听那韵味，就喜欢。西方人看书法，也是这样，他们不一定懂你写的是什么字，可他也能看韵味。所以接下来就涉及你们所提的"先锋书法"的问题——你也用不着写字，不一定非写规规矩矩的汉字，可是用汉字的意思去"写"，不是"画"的，是"写"的。这是一条思路，当然有些人不赞同，他们说，书法不写汉字不行。其实"书法"是"书写"的"方法"，"书写"，就可以书写汉字，也可以"书写"别的，比如日本就"书写"假名，也成"书道"。所以我觉得"先锋"的尝试是有益的，"书写"什么管不着！当然要"守住""书写"。把这个"Writing"与"Painting"区别开来就行。

这种"试验"是"合法"的，哲学里常用这个词儿，"合法"就是"合度"，不离开那个"物"的"度"。要合"规则"。尝试，写另外的东西，是"合法"的，是允许的。如果越过了"书写"的"法"，就越权了，我这是坐在屋里想的。

王：现在一些书法家在谈当下的书法发展、书法试验时，也常谈到"边界"的问题，他们认为在书法创作中有的"越界"了。比如书法有一套规则，如果不合这规则，就被判为"越界"，但是我们认为，这套"规则"不过是"人为"的，是人"造"的，它形成了，是否它还遗漏了很多东西？"规则"在一开始也不那么严格，也不那么不可摇动，可是代代相传，越来越强化，越来越严密，"界限"也越来越分明，有时也画地为牢，新异的东西就不被接纳。现在有些书家为这个"规则"把原有的应有的一些"合法"的东西遗弃了、压制了，所以他们要"拓边"，要把那些被遗弃的"合法"的东西再收回来。这是一种探索者的想法和做法。还有一种，就是另立一种格局，书法的最基本的存在原则是遵从的，但遵从的方式与旧有的遵守方式不同，出来的结果当然也不同，这一种就不只是"拓边"的问题，而是有一种"分家"的意思，"血脉"还有联系，"家园"却已更换了：一"分家"就横遭物议了。遭"物议"的一个很大的原因，"分"了"家"以后的"它"，又变了另外一个"什么"。之所以称它是另外一个"什么"，是因为它所使用的"语言"改变了，它不单纯地"书写"了，或者干脆不"书写"了，它搞装置、搞行动、利用现成品等等，它开始利用一些当下艺术所共同运用的"语言"，而不止用"书法""传统式"的"语言"。有人说这是"卖身投靠"到"绘画"里去了。所以这个"分"出去的"它"，虽然与"书法""老家"血缘尚存（当然也有人认为根本没了"血缘"关系），可还被认定是不孝子孙而不承认它是"书法"了。当下的一些试验着探索着的书家运用不同于过去的"语言形式"去搞"书法"，我认为是因为旧有的"语言形式"对当下生存状态的言说能力不及所致，他们是要丰富"书法"的言说能力。"装置""行动""现成品"，这是当下艺术共有的"语言形式"，画家用了，或说画家先用了，不能说那就是"绘画"的"语言"，书家用它，自然也不能说是"卖身投靠"，或"越出""边界"。探索着的书家们这种面对多种"语言形式"而积极地运用这多种"语言形式"的态度，我觉得是受到"后现代"思潮的影响的，那就是他们不再沉浸在一种固有"唯一"的"语言"里。"后现代"的东西，现在在学术界介绍得很多，书界也在引用，有很多"后现代"的观念无论是肤浅的还是深入的，都在书法理论与实践中逐渐地被接纳与运用。对于"后现代"，很多人是赞美的，我读过你发表在《读书》

上的那篇文章,你是比较客观地对它作了评价。我们也想请你谈谈,面对这个"后现代",我们究竟应该注意些什么?它对中国书法观念在当下的"转型"的意义何在?

叶:"后现代"现在炒得比较热,我们这里也有些同志去开过专门的会,回来跟我说,各说各的,好像没法交流似的。文学艺术里在理解"后现代"上可能有着各种不同,但从我们搞哲学的这一角度看,"后现代"的问题还是比较清楚的。现在我们冠以"后现代"的主要是法国的"后结构主义"的那一派。他们主张"解散"结构,"解散""界限"。这从我们搞哲学这一角度来谈呢,它有很多问题。他们现在这种思潮的最大的根子还是海德格尔。这个思路有很大的摧毁性,要把这个思路的前后脉络理清楚,也不是那么容易的。因此我说现在我们最好不要拿这些"帽子"来扣。现在我们就谈问题,先把问题谈好。比如"后现代"所说的没有界限的问题。它这有把问题抓住的一面,但是从科学的角度来说,什么叫没有边界呢?从西方哲学史看,最早叫"无定形",我也翻译作"无定"。"无定形"的东西,它必定要走到一个"规律性"的东西上。它这是一个过程。最早的"无定形"是水。有了水就有火,"火"是有"度"的,在某种分寸上它才能燃烧。跟"水"相对的这个"火"它就要强调"逻格斯"。所以说"边界"可以说不是固定的,但是得有。边界在过程当中。"后现代"虽然提出了很多很刺激性的看法,但都没有超过海德格尔,海德格尔还是他们中最大的人物。现在德里达他们认为海德格尔也不行了,但整个看起来,海德格尔比他们强。德太乱,比较而言,福柯还硬一点。

在我看来,古典哲学的问题,他们代替不了。"后现代"有个思想,强调"异"。强调"差异",他们对这个"差异"开发得非常深入。比如说,我们这几个人,都是个体。甚至"个体"也是个"异"。我是我,你是你,你不是第二个"我",不是另外一个"我"。但我觉得,如果都是"异",都是"他",这样下去,"人"本身就有一种危机感,他面临的世界,没有同一性。每个人发出的信息就都是"异",那么我这个接收器,就会紊乱。如果没有结构,信息就会紊乱。所以同中有异,这中间一定有个界限。

再说"界限",不是说打破界限就不好,一些出类拔萃的人物都是打破界限,关键要看这个"界限"是什么"界限"。比如艺术部类的问题,如中国戏剧，包罗万有，包容诗、曲、歌、造型艺术等等。但它也有界限。如书、画，也有界限，但并不是不能突破界限，要看这个界限定在哪儿！比如书法，你说它是抒情的，这不行。我认为书法它称为书法，它是"书写"的，它不是"画"（paint）的。当然我不否定在书与画的边缘上探索，会有很好的创造。我想"边缘"可以尝试，越过"界限"就似乎可以不用尝试！为什么？越到"画"那儿去了，大画家有的是，你书法家就没必要去做人家的事！你做也是画家的事，不是书家的事。

**梅**：书法的边缘性尝试可以，如果把"书写"也取消了，恐怕就彻底没了"边界"。

**刘**：我觉得叶先生刚才说的"关键是把界限定在哪儿"，这从书法的理论与探索性实践上看，都是相当重要的。

**梅**：如果我没有理解错，叶先生的保留书写性，这就是一个"界限"了。

**叶**：我现在至少是这样想的。我以前觉得书法是时间艺术，那么它的顺序就是相当重要的。不管你写时是否有顺序，但你给人的提示是有顺序性的，时间你是切不断的，书法你切不断。时间就是生命，生命切不断。但人们都是切断的，都是一段儿一段儿的，分配开来使用，但本质上切不断。"写"也是时间性的，这就行了。

**梅**：叶先生，我想借您点时间讨教，平时也常跟王强他们聊，他们在讲"先锋"，我曾在王蒙主持的《今日先锋》上看到一些这方面的论述。我觉得，在某种程度上，是不是"先锋"或者"前卫"的那种前进就是后退？西方有"原始主义"，他们的一些所谓"现代艺术"往往是取于古远的作品形式。拿半坡字划与晋人残纸来看，有些日本书家就是从这儿来的，他们是"前卫"人物，可从这儿看，他又退回到历史中去。我不知道所谓"后现代"与所谓"原始主义"有没有相类的地方？

**叶**：时间，有时表现在圆圈式的线上，从这一点看，前进似乎就是倒退。也有直线向前的，那就不是这样了。这是两种观念。比如海德格尔很明显，他要退回去，退到柏拉图以前。现在是这样，所谓"前卫"呢，有他的合理性，并不是倒退！为什么说他合理？就是他们认为许多历史沉积把很多问题掩盖了。这样把一些原始的最基本的东西发扬出来，是一种进步。海德格尔讲什么叫真理，真理叫"揭蔽"，要不断地否定，把真的东西发掘出来。你刚才讲，从基础上说，谁都可以画，谁都可以写。

梅：接下来的问题是写得好写不好？

叶：是了，好不好这标准是"传统"！这种规矩、标准是"传统"，是"古典"，这种"古典"的在现在也有很大的势力的代表，比如伽德默，他认为连"偏见"都不能否定，人都是生活在偏见的历史当中。

王：现在也讲"权势"，就是"power"，话语的权势，统治了人们的思想，一切都按"规则"办事，至于"规则"是否"合理"，不太去追问，因为那已经是固定下来的了，它本身就形成了某种统治人的"权势"。"后现代"似是想通过"解构"来打破这种统治势力的"权力"企图。

叶：这确是一种否定的力量，要否定现有的"权力"、"制度"。而"权力"在自己。你为什么要回到原始去呀？回到原始是"回"，不是不要"法"，这个"法"我来立。真正的天才是为他人立法的，我为万世立则。怎么"立则"？就要回到原始，没有法，才立法！艺术家人人都自我作古，这是西方人的做法，中国人多是要替圣人立言，这是不同的。中国人也不是不讲创新，他是折衷的，在旧有的基础上添砖加瓦。

尼采的"超人"，也就是讲不受任何外力的支配，"我"就是强者！不随俗。所谓"前卫"、"先锋"，我理解，他们是强调"创造性"，在"无法"的情况下"立法"。

王："后现代"者的一些提法，好像是不立"法"，尽管他可能也是要"立"。我现在总想，他们这种消解一切的立法，到底仅是一种"策略"，还是一种"目的"？

叶：那倒也不是。其实这种消解的力量也不是从他们开始。古典哲学里已经有，就是一种否定的力量。其实通过马克思、尼采，到前一阵子法兰克福学派，都讲否定。人就是一个否定的力量。人和动物一个很重要的区别是只有人可以对这个世界说个"不"，所有的动物都是适应。当然像加缪说的，你怎么"不"呢？历史是给你规范的。从这个意义上说，各方面的词儿都有他的道理。但归宗起来，还是有个"时间"性的延续。这个延续不能断！而所有的"后现代"都讲"断"，一层一层的，这个"否定"是突然来的否定，一个空的否定是有问题的。否定是共有的,都否定,加起来,就规范住了"否定"的进程。每个人都可以尝试,都可以作古,但都在这个层次上提高。

其实从古希腊以来就有人讲,只说"不",没什么了不得;只适应,像牲畜,也没什么了不得;难就难在又适应了又"不"了。"后现代"遇到的一个问题就是,你自由,他也自由,你作古,他也作古。各个自由者在一起就有了矛盾、冲突。最后你要让"权",天赋人权,你要他也要,最后就要让,才行。

**梅:** 孙过庭说过"和而不同"。

**王:** 我最近也想这些问题,孔子曾经说过"小人同而不和,君子和而不同"。这是"折衷"一些的看法。老子就多从"否定"的角度说话,他怀疑当时的一切"秩序",所谓"礼者,忠信之薄而乱之首"。现在看来,无论中国还是西方的哲人,从他们的一些著作里看,我们比较清楚他们的一些看法,如果我们从艺术界"接受"的一些"哲思"来看,那就变化很多了。当下一些先锋书家,他们的创作,和古代人不同,和古典式的创作家——比如像梅墨生——不同,墨生写字,大概就是高兴了,就写了,不想太多,心情好,或心情不好,要发泄一下,一寓于书,像张旭似的。当下的先锋书家,"观念"(也就是"想法")很重要,他为什么这样写而不那样写?这跟他们对艺术的看法以及对当下生存状态的认识是有很大关系的,他不只是宣泄情感,他更重要的是传导观念。所以他们在述说其作品时,就多言理论依据,他们不像古人只说的是谁的家法,只说观夏云多奇峰如何如何,他们就要说德里达、说海德格尔,甚至说他们由"后现代"思想而理解的老、庄、禅等。我们有时觉得他们说的离德里达、离老子颇远,可他们就这么说。我想,这是艺术家的"接受"和学问家的"接受"的不同,他们就德里达的某一句话,就可以生发出很多很多意想不到的"后现代"的作品来,学问家就不行,学问家就要搞清楚。但艺术家之敏锐也是不可低估的,我有时看域外一些"后现代"艺术家传或艺术史,就觉得,在某些方面,他们甚至把"理论"尚不能说清的问题,由他们的"作品"说清了。

**叶:** 这种情况是有的。艺术家用一些"理论",比如用尼采,大概其差不多,就用了。这是一种感受。未必研究好了才用。书家利用"理论"协助他完成一件作品就行了。也可能他就把"理论"弄乱了,这没有关系,当然也可能就弄出些新的东西,更好。但是搞理论的,就要严格一些。比如研究尼采、叔本华,只依据着鲁迅、王国维的说法,就不太够,当然鲁迅有他的功绩。王国维也一样。尽管这样,他们影响了一大批人去关注尼采、叔本华,出了研究他们的专家,这应是他们的贡献。

**梅:** 叶先生,最近好像在中国香港搞了一个"现代"与"后现代"的对话性的活动,提出一个很刺耳的论题,就是"后现代"是荒唐还是文化,是走入绝境的什么……

**叶:** 我觉得,搞理论的,替他们解释"作品"或"思潮",不干涉创作。我主张"兼容",我个人有个人的爱好,但是也认为各种探索都有其精神价值,各种东西都可以挖掘。所有艺术形式的"认真"的尝试,都是有价值的!是"合法"的。"写字"怎么写都行,只要"写",我现在还是这样想。书法有其存在的形式,这个"存在形式"就是界限。但由此而又出现一种新的"存在形式",这也可以。但你不必代替别的艺术形式来做事。

**王:** 好了,叶先生,今天占用您很多时间,关于探索性书法观念转型的问题,还有很多想求教于您,我们期待着再有这样的一个好机会。

无尽的学与思*
——访著名学者叶秀山研究员
本刊记者　常晋芳　赵浩

**记**：首先感谢您在百忙中抽时间接受我们的专访。您几十年学术生涯，成就斐然。其中有哪些主要的治学经验，对我们年轻人有什么启示？

**叶**：启示谈不上，经验还是有的。我们这代人，是新中国成立后成长起来的学术工作者。我 1952 年进入北京大学哲学系，是建国后院系调整的第一届学生。我毕业后被分配到中国科学院哲学研究所（现在叫中国社会科学院哲学研究所）工作，转眼四十多年了，其中除各种政治运动占去大量时间外，总算是一直留在了这个专做学问的机构，就我们这代人来说，也算是幸运的了。当然，我们这代人有深刻的时代局限。我在"文革"前，也出过一本小书，发表过不少文章，有的文章写得很用功，也有些许反应，只是现在看都要不得了。一来那时学问底子太薄，二来这些文章大部分都有当时的特殊背景，譬如我也写过一些批判文章，现在不但看不得，而且有一种负疚感，尽管可以有当时的一定历史条件来自我安慰。

你们年轻人正处在学习的大好年华，学习中要处理好"**博**"和"**约**"（**精**）的关系。在努力打好基础的同时，先收紧，集中精力搞一项领域、一个阶段、一个问题，不要游骑不归、漫无目的。这样做容易见效，形成自己的特色。一

---
\* 原载《思想者》（山东大学哲学系内部刊物）1997 年第 2 期。

句话，开始学的时候要精一点，当然也要打好基础。知识面要宽，但这不是一蹴而就的，而是循序渐进的，不能急躁。在此基础上进一步升华为更高的"精"，大致是**精——博——更精——更博**的一个过程，这也是我多年来的深切体会。

**记**：在中国学界历来有个重要问题：即学术与思想的关系，以及学问家与思想者的关系。您对此有何见解？

**叶**：前些日子，一位朋友要我写几句有关我自己学术工作的话，我编了以下几句："**哲学无他，学以致思也。上智者小学而大思；下智者大学而小思；得乎其中者以学养思。唯不思者无救。余中庸之材，读书不敢懈怠，若有所思，不亦乐乎**。"话说得不好，不过我想可以送给你们做参考。哲学是一门思想性很强的学问，和其他许多学问不同，它不是要培养专家，而是要培养"思想者"，这恐怕也是你们这个刊物的宗旨。所谓思想者，是既有深厚文化底蕴、广博知识储备，又有独立思想能力的人。人人都有心，人人都会想，然而并非人人都有"思"，我们必须学会思，用学维护和培养思。而学的方法正如恩格斯所说，就是学习哲学史，学习别人怎样思，这就要求读哲学家的原著。读书要趁着年青，发愤认真读几年书，把基础打好，将来一定受益匪浅。现在许多青年人很有创新精神，大胆地思，却不注意学。我常对他们说，想不对的，可能前无古人，一旦你想对了，说不定以前什么人想过。所以一定不要把自己放在天才位置，要扎扎实实地学，艺不压身，不用担心会埋没自己的创造性，恰恰相反，你自己的思想只有在与前人、与他人交流碰撞过程中才能成熟。与其做空头文章，还不如踏踏实实地介绍材料。

这就牵扯到读书和写作的关系。在我看来，读、写之间，读为重。我做学术工作也像我写字一样，我写字绝大多数时间是临帖，不大自己乱划；同样，我的工作大部分时间是读书，读到真的"有话要说"——"话"让我非"说"不可时才写，这样写出来的东西才是言之有物的。要做到这一点也不容易。因为社会上有许多的需求，写作的任务很繁重，要做到有所为有所不为，并不是一件容易的事。当然，社会需求也是一种推动力，遇到和自己想说的话相一致时，就是一大动力，不过这种情况比较少，只能具体问题具体解决了。

**记**：通过您的诸多论著，我们看到您的西方哲学研究有一个显著特点，就是涉猎面很广，特别是对古希腊哲学、康德哲学和现代存在哲学都有很深造诣，似乎并没有刻意追求形成一定的"体系"。那么，从古希腊直至现当代哲学如此广泛的研究，这其中您有没有比较一贯的学术思路？

**叶：**我觉得，**哲学的最高境界应该是"通"，也就是学贯中西**。我虽远未达到，也是"心向往之"。我一直有一个信念：西方哲学是通的，那种过分专业化的研究不足取。同时，一定阶段的学术研究重点要精一些。我的研究重点的转移一方面与我的兴趣有关，一方面也是许多偶然因素使然。我当初学习西方哲学，是从德国古典哲学开始的。因为它是马克思主义的来源，集中研究它不会被认为选错题。后来到哲学所，重点学康德。当时的兴趣在美学，在这方面做过一些研究。再后来，"文革"期间，由于一些偶然因素，我钻进古希腊哲学（这是一个和政治远离的领域）。八十年代初，我去美国进修，开始接触现代西方哲学。通过许多年的学习和研究，我越来越感到，**表面上批判性、否定性很强的整个西方哲学存在着一种"问题"的"延续性"，即观点、理论可以对立、否定，但讨论的"问题"却是相当"同一"的**。我们所做的就是"贯通"的工作。与历史研究不同，哲学问题研究也应该是时序颠倒的，不完全受"历史"的制约。例如研究亚里士多德，不但他之前的思想要研究，他之后许多思想家和学者对他的思想的阐释、发展也要研究，不但要从上往下推，也要从下往上推，这样才能真正全面地理解某一位哲学家的思想。这一方法我是受胡塞尔启发的。胡塞尔的理念论做了柏拉图没做的，说了柏拉图想说没说清楚的。所以，思想的创造性和对传统的继承性要兼顾统一。现在我们的哲学教学和研究体制有一个缺陷：太专业化。哲学本是通学，中西古代都是文史哲不分家，现在虽然不可能全通，但在自己的专业基础上，也要适当关注、研究其他专业。比如搞哲学原理的人，不要老在马克思主义的框框中打转，应该联系中国和世界的实践，关注时代精神，与当代世界哲学家进行直接的对话和辩论，就是要立足时代，把握哲学的前沿。另一方面，要经常与西方哲学、中国哲学专业，乃至其他人文、社会、自然科学的学者交流与协作，只有这样，才能真正推动哲学的发展。

**记：**您近年来也开始研究中国哲学，许多见解引起了同行的关注。那么在贯通西方哲学的基础上，您是否认为中西哲学也是应该并且可以贯通的？

**叶**：我们做西方哲学研究的人，中国哲学的底子相对差一些。几十年来主要读西方的书，中国的书虽然读过一些，但总是外行。年轻时，我曾说过 60 岁以后再研究中国哲学，当时是戏言，现在竟"言中"了。中国的学问博大精深，一个人精力有限，何敢轻谈"研究"。不过作为一个中国人，我非常关心中西文化与哲学沟通的问题，而且我认为中西两种哲学固然有许多很重要的不同处，但就其基础而言，仍是可以沟通的。应当承认，我们以往的中国哲学研究文史哲不分，"哲学性"不够，有简单化倾向，没有跟世界哲学接轨。中国人能理解西方文化，现在大概已无多少疑问，当然深度、广度或有不够的地方；而西方人对中国文化的理解好像还不够。这需要我们中国人主动把自己的哲学与文化介绍到世界，把中国文化放到世界潮流中去看，非但不会被西方所同化，恰恰相反，它的特色会更明显地呈现出来。好比一个稀世珍珠，放在五千年的"传统"光线下看，也许没有什么新感受，但是放在激光下照射，会完全不同。这一沟通工作是必须有人去做的。我学习中国哲学，有点像"半个外国人"在学，所以比较困难，路子和专搞中哲的学者也有差别，然而也许正因为这样，我从另一个角度观照中国哲学，可能会发现一些别人没有发现的新东西。这方面工作我正在探索。最近我陆续思考了一些问题，写了一些文章。如为什么孔子晚年对易经那样感兴趣，并将之提到"经"的地位？如何理解儒家"仁"与"天命"的矛盾？老子的"道"是否具有西方哲学中"存在"的意味？等等。总之，哲学专业固有分殊，道理却是相通的。我希望中、西哲学的研究者在注重专业的基础上，打破专业间的隔膜，做一些沟通的工作，这一工作是我国许多学界前辈如贺麟先生、冯友兰先生、金岳霖先生、牟宗三先生等开创的，我们要继续做下去。

**记**：您说的这一工作正是研究"中西哲学比较"的学者所做的。他们的成绩固然功不可没，但我们觉得，在方法上似乎存在某种简单化倾向，就是将双方材料简单类比，然后轻率下结论。您对这一现象怎么看待？您有没有自己独特的研究方法？

**叶**：对于这种现象我也深有体会。所以我不大喜欢用"比较"这个词，而用"沟通"。我在做这个工作时形成了一种自己的方法，就是把自己放在一个恰当的地位，不使其过分突出。"**我**"既不趋向于"**我注六经**"，也不趋向于

"六经注我",而是趋向于把"我""隐去",让那"六经"(古人)自己互相去"注",让它继续说下去。如果"我"也有点作用的话,那或许是苏格拉底所说的"助产婆",协助"古人"(六经)把"话"说下去。"我"的作用实际上并不是很小的,因为"古人"说话,有他的时代背景,而"我"却生活在现代,"我"可以通过自己的学术工作,研究"古人"如果在现在,按他已经说过的话,会怎样继续说下去,这其中包括了作出适当的改变,但思路总是可以顺下去的。谈到这里,我还有个体会。我们做学术工作,贵在"创新",但"创新"并非单纯的、简单的否定,不是你说东,我说西,和你对立起来,就算把你"批"倒了。"新"东西从"旧"东西"脱颖"出来,我们"批判"一个学说,要让它自己完成自己的使命,让它把"话"说完,等到它"没词了",往往你不"批",它就"倒"了。有的哲学体系,没有把"话"说完,我们就要"替他"把他本该说完的"话"说完。要首先顺着他的思路"走"下去,一直"走"到他自己不愿意去的地方,你要拿"理路"来"逼"他"走",其实这就是我们常说的"暴露矛盾",让他的矛盾充分暴露出来,"逼"他走到"死路",告诉他,或告诉天下的人,"此路不通"。这就是"批判"、"克服"一个哲学的真正方法和途径。海德格尔有一个不太好懂的说法,叫做"不是我说话,而是话让我说",我把它理解为"有话要说",现在看来,就是上面这个意思。海德格尔批判"形而上学",使用的就是"使其终结"的方法,让"形而上学"做完它自己能做的事,使其"寿终正寝",于是,"柳暗花明又一村",新的"理路"就出现了。所以,在替古人说话以前,一定要多读古人的书。对于中西哲学的"经典",要反复地"读",用"心"去"念"。哲学史上的大家下笔千金重,每句话都值得琢磨。不要急于求成,以为一本书读一遍就全懂了,没那回事。我以前有许多书明明已经读过,甚至读过多遍,但再读时竟似乎从未读过一样,可见当时未曾读懂,所以有些书因为读过多遍,上面都划满了符号。**读书不要怕失掉自我,熟能自现,水到渠成。**

**记:**最后,请您谈谈对《思想者》的期望。

**叶:**学生办刊物是一项很好、很有意义的工作,《思想者》虽然还很稚嫩,但很有希望。在此,只送你们几句话。要把学风、文风搞正,不要急于求成,迎合一时热闹,不要为市场经济所左右,不要不尊重历史和传统,要把自己放在一个恰当的位置，永远虚心、开放、不满，保持一颗赤子之心。"思想者"要始终保持青春人是"有死的"，但"精神"却可以长存，因为"精神"凝聚在"理智"、"科学"的形态中，"智慧"的产品可以"存留""精神"，并"激发"另一个"智慧"和"思想"。我们自己的工作，都是在别的"思想"的激发下做的，所以首先是"学"，学会自己去"思"。生命与"思"不可分，有生之年当继续学与思，在学与思的路上不敢懈怠。希望《思想者》这个刊物能为这一事业做出应有的贡献。

**记：**再次感谢您接受我们的采访！您的话对于我们刊物的读者、作者和编者一定会产生很好的启发和教益。最后，祝您身体健康！

一九九七年十一月

## 尼采在西方哲学中的地位*

各位同学，大家好，很高兴今天来到北京师范大学，跟大家一起探讨有关尼采的一些问题，我感到十分高兴。尼采是一个颇有争议的哲学家，也许我理解的尼采和年轻人心目中的尼采是很不一样的，因为我是作哲学史研究的。作哲学史的研究趋向于把各种思想归向于历史联系的方面，所以，会想把他的前前后后联系起来，加深对他的理解，这样的工作做起来有时候可能显得枯燥无味，本来很生动活泼的东西却把它纳入一个历史的轨道，因为我们是研究哲学史，我们觉得这样做可能会使我们的研究更容易理解一些。前几年我个人对尼采不是很喜欢的，我们学哲学史的时候，觉得这个尼采怪怪的、疯疯癫癫的，他的话都是不连贯的，好像是警句似的。我们作哲学的人，不是很喜欢这个风格，我们喜欢逻辑的、清清楚楚的、一清二楚的，不喜欢像诗一样的，当然我们承认他的诗很好，很有诗意。但是当作哲学来作，就有点……因为古代，有的作哲学的，比如说希腊哲学史上，有的哲学家用诗来写哲学文章，但他们不像尼采那样，他们只是用诗的形式，或者像柏拉图——大家都知道，哲学系的都知道——他的对话根本是个戏剧，是个 drama，不是个论文。但是他们的思路的条理还是很清楚，而不是真正地去写一首诗，或者是写一个故事。这个故事有自己的情节、发展或者怎么样的，而他不是这样的，柏拉图的对话，并不是告诉你有怎么一回事，苏格拉底跟巴门尼德斯在一起讨论，柏拉图借这个对

---

\* 此为2001年11月29日在北京师范大学的讲演,原载文池主编《大学演讲录》第二辑,新世界出版社2003年版。

话把这些哲学主题搞清楚，所以我们的哲学在老祖宗那里就是从讨论对话兴起来的。以后这种形式就变了，变成了一种独白，从这个逻辑推理一步步推下去，从亚理士多德那里开始就这么写文章了。所以一直到近代以后，文章的逻辑体系性要求很高。我们在 60 年代的时候，特别是在 60 年代初，当然是在"文革"以前了，我们有些人，一些我周围的朋友或者师长，都不是那么欣赏尼采，觉得这个尼采怪怪的。后来慢慢地发现，尤其是 80 年代，谈尼采的人多了，当年时兴一个谈尼采，一个谈萨特，讨论的很多，当然这跟社会思潮有关系。我们作哲学的也注意到了这个问题。当时 80 年代，还不是特别欣赏，只承认他有一些很敏锐的地方、很彻底的地方，但是这个理论的深度我们怎么把握，我们还是掌握不好。就我本人来说，一直到最近，前三四年或四五年吧，突然发现，慢慢念尼采的书，感觉特别有味道。我就觉得他表面上虽然怪怪的、很不系统的，实际上他有一个非常深刻的理路在那里，他切中了哲学在这个发展阶段的要害问题，就在这个时代捉住了这个要害问题，捉住这个问题之后他有自己的想法、自己的思路，而且他坚持得非常牢、不动摇。我们作哲学的人喜欢就喜欢在：他一条道走到黑，一定不放弃，从某种意义上说就是顽固主义，你说顽固也好，也就是说在理论的深层次问题上（什么是这个问题我们以后再说），你要顽固到底，这样才能出思想。这个功夫，我们作哲学的，特别是我本人做得还很不够。以前，大家都知道，跟着各种气候跑，总体讲是两个气候，一个是政治的气候，一个是经济的气候。跟着政治的气候跑，大家知道的很多，像教条主义，有很多经验教训。这一二年呢，又跟着经济气候跑，这也很可怕。那天我们还聊到，这两个气候究竟谁危害大，有的说是政治的危害大，有的说是经济的危害大，我看危害都很大的，它让哲学不能顽固到底，所以我们读尼采的时候，也就感觉到他的那股劲儿。他为什么写得那么疯疯癫癫的？其实他不疯癫，后来他得病了，当然也是由于环境的关系，那时他病了，但他的思想一点都不疯，很清楚，在我们哲学史来讲，恰恰是处于一个要害的关头。

那么我们就讲讲，尼采在西方哲学里面，究竟处于哪一个要害关头呢？西方哲学当时碰到一个什么问题需要他这样的人物、他这样的思想家来打开另外的境界？这就是我们搞哲学史的工作，我们想把它梳理出来，那我们就得说得远一点，就是说西方哲学在尼采那个时代，我们知道尼采活得也不长，50多岁就死了，他是在1900年死的，当时是个什么情形呢？当时哲学里头的问题是什么呢？在德国，是从康德到黑格尔，作为一个主导的唯心主义学派——这个唯心主义没有褒贬的意思，就是 idealism，他这个学派自己这么说的——在各个大学还继续占着主导的地位。那个时候，19世纪，德国唯心主义是主要的，因为那个时候黑格尔影响很大，从康德到黑格尔，经过费希特、谢林，这段历史，在中国我们这代人都把它看得很简单，什么唯心主义的、绝对理念、绝对观念，其实不是这样的。今天不能详细讲了，如果大家对哲学有兴趣的话，这一段千万不要忽略掉，它是非常重要的。我多次讲过，我觉得西方哲学到了德国古典哲学时代，也就是18世纪末19世纪初，西方哲学的问题来了个大总结，是一个小结阶段。从希腊通过中古到近代——学哲学的人入手的第一步，我建议你们就从这里开始，你去学希腊哲学——有点散，专业化不强。据说，现在的年轻人都不喜欢康德、黑格尔，认为康德、黑格尔已经过时了，大家兴趣都不大，存在主义倒好一点。但这一段还是要念的，什么叫总结、什么叫小结？也就是专业化，我们这个哲学专业是从哪来的？当然哲学自古就有，但是古代的时候，很多都不是专业的哲学家，他又干这个，又干那个。比如说，培根，他当法官，他有好多好多事情，他不是以哲学为职业。到了康德、黑格尔的时候，哲学教授在大学里面已经出现了。历史和逻辑结合得非常严密，所以你念他们的书，你就知道，以后研究哲学是研究什么，什么是哲学，如果你要念柏拉图、亚理士多德的书，除非你非常聪明，非常有智慧，天赋好，但如果你不具备这些条件的话，你就会糊里糊涂的。什么叫哲学啊？你肯定说不好，但如果你念康德、黑格尔的书你就非常明白，哲学家该干什么？说得通俗一点，除了问题的深入以外，哲学专业化了，这就是它的专业性，不好嘛，任何一个专业成为一个专业以后，它都可能脱离实际，因为它太专业化了。你搞这个专业，人家需不需要，就像现在一样市场要不要你，那是另外一回事了。专业性对哲学这个学科来讲，是系统了。所以，这个时候德国的大学哲学系非常发达，他们在这样一个背景下把什么问题给深入了呢？他们把西方哲学的一个核心问题——感性和理性的关系问题搞得更深入了，感性和理性的问题是个最简单的问题。哲学从古代希腊开始，就要寻求一个真知识、真理，感性的东西从哲学开始的那一天起就觉得不可靠，理性才是可靠的，所以希腊哲学家最主要的工作就是：既然感性的东西不可靠，那么人生活在这个世界上有没有可靠的东西呢？也就是后来杜威提的要追求一种确定性，牟宗三先生提的"安身立命"，寻求知识坚实、可靠的基础，这是我们哲学从希腊开始就明确提出的一个问题，就是知识。在大千世界，变化万端的"变"的世界当中怎么停下来？这样人才不像动物一样，随着感觉世界无休止的变化，你能够意识到我是有知识的、有意识的，我能掌握真理，我有科学。不但我有、你有，大家都有。它是确定的，如果它一天到晚在变，我有的不等于你有的，我的感觉不等于你的感觉，像你说这个水不错，很好喝，我还说它难喝极了；你说这个水是白的，大家也说是白的，但是色盲觉得它不是白的，诸如此类的。所以感觉是变化的。希腊人把理性找出来，这样就固定下来了，稳定了、稳当了。这个问题（由于时间关系，我们现在不能全讲，只能把它跳着讲了）人们一直在考虑，慢慢不断地深化，到了德国 18 世纪末 19 世纪初，怎么解决这个问题呢？这个时候就很专业、很技术了。康德坚决地把感性和理性划开，感性就是感性，理性就是理性，认为感性只能提供材料，理性给你形式，理性这个形式不需要感觉，不需要感性，没有人说，这个逻辑的形式需要（逻辑的基础在于数学还是数学的基础在于逻辑，这个问题就不管它了）感性。比如说，1+1＝2，你不能一个一个去加去，一个苹果加一个苹果等于两个苹果，一个梨加一个梨等于两个梨，你不能把世界上所有的东西都加一遍，不能把世界上所有的一个一个的东西都加出来才得出 1+1＝2。事实上，这个公式、这个逻辑的形式，它不需要感觉，所以康德说，逻辑形式是先天的，先天的意思不是说人生下来就有，它的意思是不需要经验，它不是 born，只是它不依赖于经验。那么常识告诉我们，理性就常常像蜜蜂一样，去采了很多材料（花粉吧），然后酝酿出蜂蜜，知识也好像这样，有好多材料，形式来了，然后跑来加工，然后出来一个理论，一个命题，一个科学思想，一个知识、知识判断。康德说，理性的形式，不是从这里出来的，知识有两个来源，一个是经验的，给你提供材料；一个是理性的，先天的，你不可能穷尽一切的经验才有理性出来。我以前和朋友、学生说，哲学虽然是包罗万象的，但是作哲学的人，我们不可能等到穷尽一切经验以后才来作哲学，那就没有哲学。你这辈子几十年的生活，就这么点经验，你不可能把历史经验全部穷尽，把所有的感性材料都穷尽，哲学就是在你没有穷尽一切的时候，没有穷尽一切经验的时候就可以研究了。像逻辑公式 A 不等于非 A，这个证明不可能通过经验事实来论证。你们所讲的理性的东西都是一些形式的东西，你们也讲一切知识来源于感觉，你没有感觉材料哪来的科学呀？没有材料哪来的知识呀？理性被他们说得很神，但它们只是一些形式，内容是感觉材料提供的，康德就把这两个方面糅在一起了，感性提供了经验材料，理性对这些经验材料进行规整；再有就是，感性材料进入到理性范围之后，对它们进行理性的规整，它的范围是有限的，这是康德的思想。感觉材料通过人的视觉或者其他感觉获得，通过理性的规整之后，就不是事物本身了。这就是康德的不可知论，也就是说我们无法确切地知道事物的本来面目。有人就说过，理性是个王国，它的子民（感觉材料）是从哪里来的呢？是移民进来的，移民必须经过一系列的审查，你还必须要宣誓，你承认不承认我们的法律，承认不承认我们的规则。所以感觉材料进入到理性的王国，必须要承认理性的法则，承认了理性的法则之后，你就成为理性的公民了。你原来是个什么样子的呢？这就是康德所谓的不可知论。这个问题比较麻烦。现在我们跳跃到黑格尔，黑格尔就反对康德的这一观点。黑格尔认为，不是感性进入到理性的范围之内，而是理性进入到感性之中去，理性主动地介入感性，理性介入感性是一个过程，它们不是一接触就连在一起了，这里存在着一个无限的过程。这就是黑格尔的理性创世说。

理性到底怎么创世呢？我们哲学需要一个坚实的基础，那得自己主动，不是受动的，受动就麻烦了，受动就受制于人。亚里士多德就提出要纯粹的 action，黑格尔的哲学是一种绝对的，就是所谓的 pure action。机械的运动是外力的作用，"绝对"是自动的，理性是一，由一分出多来，这就是理性创世说。感觉的被动性被完全排除了，在更改一的过程中它处于一个比较低的阶段，理性把它外化了。理性是绝对自动的，大千世界都由理性来主宰，是理性的工具，是一个 way，理性要征服世界，要拥有全世界，最后回到哲学，回到理念本身。德国古典哲学到了这个时候，成了很完善的东西。精神世界闯天下，在这个层次上把理性和感性统一起来。

下面我们就转向尼采吧。尼采的一个基本意思在哪呢？尼采的思想也是有根有源的，不是从他脑子里面空想的。我们看，从康德到黑格尔他们这一套已经构建成一个体系，但是感性这个问题始终没有摆平，他们把理性的东西放在一个宝塔尖上，然后一层一层地推理出来，逻辑的推演和实践的进程，在他们的思想里面是一致的。精神、理性一层一层地经过艰苦、矛盾、斗争，最后回到自身，形成一个圆圈。但是感性的东西，自古以来就开始捣乱，自古以来就跟提倡理性作哲学基础的人捣乱。或者说，感觉主义和理性主义，始终并不是那么天衣无缝，而感性的问题从古代的怀疑论传统就开始了，怀疑论就是老给你提一些问题，你理性不也是老怀疑我吗？理性怀疑感觉的不可靠，最著名的，你们都知道的就是飞矢不动。虽然你看见它飞过去了，但是不行呀，道理上是讲不清楚的，你理论上不可能让它动起来，它经过一个一个的点，这些点都是不连续的，你怎么能动起来呢？这一直到现在还是个问题，在逻辑上是不易解的。理性怀疑感性，感性也怀疑你理性呀。古代我们就不去说它了，到康德以前的休谟，休谟说你这个理性没道理啊，太阳从东方出来，你有什么理由说它一定从东方出来，所以理性只是一个"习惯"问题。怀疑论是一个传统，怀疑论的传统从消极方面说明理性主义包括黑格尔的理性主义有问题，问题出在哪？康德那套简单，反正我理性和感性分开了。但是黑格尔说，能动性在理性创造这个世界，那么我就要问你，理性是一些形式（康德说的），这些形式是死的，形式怎么能动起来呢？亚里士多德说有四个因，你的一个形式因就能把这个世界推动了？就能创世？你理性怎么创造这个世界？怎么动起来？怎么成为 pure action？你可以说它是第一因，它没有接受性，你爱怎么说就怎么说，但是它怎么动起来的？怎么创造这个世界的呢？这就不好办了。但是感性又确确实实地是可接受的，感性的接受性不是 active 而是 passive，感性的 passive 让它不称职地去当一个创世者，因此到了德国这个时候，哲学进了课堂，僵化了成为教条了，后来马克思对他们的批判都是很对的，当年的青年黑格尔派和青年学生就烦这一套，因为它太现成了，告诉你绝对理念这么一步步外化，你只要一步步学就行了，这跟当年我们学苏联的教条主义一样，世界是物质的，物质是运动的，物质是第一性，运动是必然的，因果性和矛盾对立统一什么的。所以当时这些哲学家的问题就是能不能在感性里面找出一个 pure action，感性感觉而不被动，感觉而主动。这个问题并不是尼采一个人提出来的，是一批人，最有名的是哲学家费尔巴哈，我们都很尊敬费尔巴哈，都觉得他的哲学机智有余，文笔非常好，很有讽刺意味，话说得很犀利，但觉得理论深度不够。大家都知道不能你强调一个东我强调一个西就解决问题了，你说理性我就强调感性，感性世界怎么了，都实实在在的，干嘛要变成理性的一个阶段，成为你理性的奴隶，理性的工具？感性它自己就在，它比你理性厉害，他批判理性是有理由的。因为从康德开始，说理性是主动的、是第一因，是不需要感性的，是跟经验无关的，但是你要成为知识，你必须接受感性来充实你的内容，所以，理性就好像是中国哲学里讲的"器"，你得装东西，所以理性有被动性，我们现在批判所谓表象思维，表象是接受的，是从印象来的，所以要找出理性有被动的地方和接受的地方很容易，感觉的东西是实实在在的，是自然的东西，这是费尔巴哈讲的。在众多的反对黑格尔的思想体系的声音当中有一个人——叔本华，他和黑格尔闹事，他老想取代黑格尔，他老先生也是一条道走到黑的人，他提出一个"意志"。黑格尔讲 reason，他就提出一个非理性的 will，这个非理性的 will 不等于是蛮不讲理，不是你这个理性能管我的，我是原创者，这当然跟中世纪有一点关系，这个 will 一提，大家都耳目一新，它不是属于理性范围里的东西。康德知识论那里，理性的自由是有限的，不是绝对自由，必须要有感性的材料，但理性原本是道德的、是实践的、是意志的。所以叔本华很喜欢康德，大骂黑格尔。但是康德也有缺点，我建议大家读一下叔本华的《作为意志和表象的世界》这本书，这本书中译文比较难懂，但翻译还是可靠的。康德意义上的意志是纯理性的，所以康德意义上的意志也是形式的，没有内容的。所以康德的道德理论很有意思，我的意志是自由的，自由就是理性，动机不是感性的，不是要吃，要睡，但我要做什么事，我就有什么样的后果。当然康德的道德理论不是那么简单地说它是动机决定论，因为康德的动机是不知道的、不可知的，因为它不是你知识的对象，所以意志不是知识的对象。理性是形式，它的创造不是一下子完成的，我要修行到无限的过程里面达到完满，就是在天国里头，所以在天国里头，你的德行、你的幸福才能统一。在这个现实世界里头，往往有德的人不幸福，有幸福的人往往缺德。（笑声！）你不要害怕，你要相信经过你无限的行善，当你到达天国的时候有德的人就一定有幸福，这是个必然判断，不是个偶然判断，有德的人一定有幸福，有幸福的人一定有德。所以康德的意志给叔本华拿过来了，但是叔本华那里的意志不是理性的形式，就是一种原始的、感性的东西，那么原始的、感性的东西怎么让它动起来，而且是自己动，不是受外界的影响动，不是说我饿了，我有个意志我要去吃。费尔巴哈有句话，"胃里头没有水的人满脑子都是水"，这句话说得好。叔本华说不是这个意思，我这个意志跟欲求、欲望不同，意志怎么跟七情六欲不一样？七情六欲属于感情被动的方面，而我的意志是 pure action，是主动的。意志是主动的，不是受动的，没有逻辑的，它是实质的（material），是原始的。叔本华开了这个先河，但是真正解决这个问题的却不是他。他解决得不是很好，叔本华最后认为这个意志不是很好，要把它压下去，它不是从现实世界里面来的，而是现实世界的捣乱分子，压制它压到最后又回到了希腊的所谓理念世界。所以，叔本华到后来拐了个弯，而尼采把这个问题给接了过来。他就说这个意志既然它是感性的，是主动的，不是被动的，而是一种意愿，意愿和欲望有什么区别呢？欲望是"缺"，而意志是"不缺"，这个意思非常关键。尼采的意志还不是"完满"，它并不完满，它不是静观，这是理解尼采很重要的一点。多了就溢出来了，这和黑格尔的外化有共同之处。外化就是充溢，向外扩张。新柏拉图主义就曾提出"流射"，就与之有相似的地方。"一"是怎么生出万物来的？是流射出来的。意志是多了以后的一种充溢，溢出来以后带来一系列观念上的变化，因为它太多了，那我跟这个世界的关系是什么？那我就应该给这个世界，是给予的关系，是赠与的关系。世界不缺你，（笑声！）但我要赠与这个世界，并不是树是我栽的，这棵树就是我的了，而是说意义价值是我创造的。尼采的意志是集中在善恶上面，这个意志它是要发泄出来的，给出一个道德世界，而所有的人都要面对现实的世界回归于实际的世界。这是尼采的基本思路，他们所谓永恒的回归（轮回），我的给予并不考虑你要不要，你不要是你的事。既然我给出的是"多出来"东西，我不负任何责任，背后的道德是虚假的，绝对的道德是虚假的。赫拉特利说过"时间是掷骰子的儿童，儿童是王"，以前我搞希腊哲学时不太明白这句话，因为它是残篇，后来尼采的解释很厉害，时间就是历史生活，什么叫掷骰子？掷骰子就是偶然的，没有好坏的评判，机会是永远的，没有最终的、完满的。掷骰子这种偶然事件是不能事先计算的，要紧的是珍惜每一次的机会。这个掷骰子的儿童很有意思，儿童是无辜的，他是不需要负责任的，你们爱怎么说就怎么说。评判的权力不在神手里，不在绝对意识手里，而在绝对意志手里。是谁审判这个？生活就像掷骰子的儿童，儿童是王，权力掌握在他的手里，他又是不需要负责任的。这个思想非常深刻，总结经验是辅助性的，主要是抓紧机遇。这些思想都远远超过了叔本华。人是什么呢？人就是这个儿童。什么是超人？就是要超越过去的人，过去的人都有一个紧箍咒。过去的人是受束缚的，人是信奉上帝的。不相信上帝，你也相信理念，相信绝对、天道，还有报应。超人就是要不断地超越自己，儿童不重复做事，都是在创造。可以从各个方面来谈尼采的权力意志，但这是他思想的核心。从权力意志深化出来的思想包括轮回、悲剧。什么叫悲剧？像黑格尔所讲的，人为什么要倒霉、失败呢？是因为他太片面了，不够绝对，譬如黑格尔分析的希腊悲剧《安提戈涅》，一个是强调伦理的，一个是强调国家的，这是黑格尔的典型的悲剧。这些悲剧的上面都有一个绝对理性的紧箍咒在那里套着。尼采不这么看，他说悲剧英雄之所以成为悲剧英雄，就是因为他生不逢时。这是很有意思的，它是另外一种思路。什么叫做道德谱系？不是说要去研究具体的历史背景，意志本身就是评判的标准，没有一个最高的标准，所以没有最高的道德。什么叫谱系？谱系就是门第。意志有高下，不是全部一样的，门第高尚的意志，是有力量创造（做事）的，而门第卑贱的则"无力"的意志叫人"无所事事"；在尼采看来，大部分的人都是无所事事的意志，欧洲的很多思想，包括基督教都是教人成为无所事事的人，成为虚无意志，就是你什么也不干，对这个世界采取否定的态度，觉得这个世界什么都不好，你要去报复，报复以后就是你从奴隶成为主人了，你把这个世界颠倒了，颠倒以后还不是这个世界吗？所以就无所事事。虚无意志和权力意志是对立的，虚无意志是低劣的、卑下的、低级的，你的出身就不高，我的道德谱系就是追问你的门第。虚无意志和权力意志就是真正体现弱者和强者的不同。所有的法律、宗教都是为保护弱者而制定的，压制强者的。

还有一个问题就是我和世界的关系是给予的关系，我给出去了，不管它要不要。那么对方怎么样呢？对方也是一个独立的意志，意志是多，因为没有一个最高、无上的意志，没有一个至高无上的道德律在那里。所以意志一定是对另一个意志而言的。这样我们有必要考虑两个意志者之间的关系，就是另外一个意志者怎么接受你给出的意志、怎么对待你的意志？因此在哲学的基本的层面，我们现在可以看到感性通过意志堂而皇之进行创造，作为一个力而存在，是原创的、是能动的，这样就为从古以来的一切的感觉主义、一切的怀疑主义、一切的和理性主义对着干的哲学思想找到了一个合适的哲学位置。我们现在都讲的是感觉的原创性，但是感觉的被动性是不是也有一种主动的被动？就是说它不是像要吃要喝、感觉印象那样的一种接受性。接受和赠予是一种什么样的关系？赠与有两种情况，一种是雪里送炭，一种是锦上添花，雪里送炭是你需要，所以你接受，是经验的；还有锦上添花，赠予是一种礼品，礼品的物质属性没什么关系，千里送鹅毛送的是我的心意，送的是我的意志。所以所有的艺术欣赏，包括我们读哲学书，都是接受。但这种"接受"和"要吃、要喝"不同，哲学要创造，但我们搞创造就不要读别人的书能行吗？这些都是历史给我们的礼物，我们怎么接受这些赠与，这些遗产并不能马上管你吃、管你用、管你穿，它的意义就在于它不能管你吃、管你喝、管你穿、管你住、管你用。因此，运行到了这个时候，哲学里面的基本问题，解释学的问题，包括后现代的一些问题，在这里都能有所启发。今天就讲到这。下面大家可以提出一些问题来共同讨论。

**问：** 大家都知道尼采的哲学后来被德国纳粹所利用，请问你对这个问题有什么看法？

**答：** 尼采的哲学的确是被纳粹利用过，但他自己并不知道。至于尼采的思想和纳粹的思想究竟有没有接近的地方呢？纳粹的思想我没有研究过，但是被利用的地方都要尼采他老先生来负责就有点过分。可能他的思想中没有最高的道德观念，在经验中把它引用下来就比较可怕，好像他主张"为所欲为"似的。我刚才讲过尼采的一些思想还是可以继续讲下去的，不如说是两个自由者之间的关系问题、意志间的问题，这一点思想如果硬要跟纳粹思想联系起来也有点勉强。另外，尼采是不赞成反对犹太人的，这是他的政治态度。他还坚决反对基督教，这一点是他和纳粹很不同的地方。黑格尔的一些东西也被纳粹利用了，还有像在中国，孔子的思想不也曾经被统治阶级所利用着。

**问：** 叶老师刚才对尼采与德国古典哲学的关系理得特别清楚，可惜时间不是很够，我还想请老师利用几分钟时间谈一下尼采对现代哲学的影响。

**答**：尼采跟现代哲学的关系在学理上一个最关键的环节还是在黑格尔。20世纪哲学的主要问题是如何把感觉引入哲学里面来，当然不是一般的引入，也就是说感觉如何进入形而上，这当中包括了胡塞尔、海德格尔、雅斯贝尔斯、萨特等人。我们知道，在这方面还有一个不可忽略的，就是直觉主义。刚才我们讲到了意志，意志这个概念不是简单的感觉，直觉这个概念也不是感觉。黑格尔因为还是把感性和理性分开来了，所以它有一个间接性，他的理性要不断地去斗争呀、奋斗呀，所以是间接的。而胡塞尔的观念是直接的，和直觉性有很大的关系。另外，我们也看到海德格尔的 Sein，这个 Sein 不是个抽象的概念，也不是个具体的事物，而是个过程，是一种变的存在，变的 Sein。这个思路尼采有，海德格尔的 Sein 是一个动的概念，是一个使它存在，使存在。existence 也是一个使存在，也是一个动态的，也是一个直接的。感觉世界如何进入哲学的领域？我们知道"时间"怎么进入哲学的，空间是早就进入了，理性就是空间的位置。实际上是时间规定了空间，而不是空间位移规定了时间。这个问题是上个世纪一批人在考虑的问题。至于我们这个世纪呢，就要把两个自由者之间的关系搞清楚，把伦理的、道德的东西都弄到一个形而上的高度。像康德所说的敬畏呀、诚实呀，它们看上去是个经验的概念，但我们要给它找出一个形而上的根据来。这样古希腊说的爱呀、恨呀都出来了，原来都觉得它们怎么都那么简单，这些词原先在哲学中都没有什么地位，情感问题没有什么哲学味道，而现在却要给它们赋予哲学基础，也许这就是我们现在要完成的任务。

## 人，诗意的栖居*

**徐怀谦**：您在著作中多次引述过海德格尔"人诗意地存在着"这一命题，所谓"诗意地存在"是指一种可能生活呢？还是现时生活？

**叶秀山**："人诗意地存在着"，是指人本是"诗意地"存在着，"历史地"存在着，"实际地"存在着，而不是说每个人都是诗人、艺术家。古代希腊文的"诗"由动词变来，它最基本的意思是"做"。这个"做"与实际的"做"不同，是"自由"地"做"，是没有具体用处的"做"，所以也可以是审美意义上的"做"。从这个角度说，"人诗意地存在着"也就是自由地存在着，历史地存在着。

**徐怀谦**：您在《思·史·诗——现象学和存在哲学研究》一书中说："'诗'唱出人间悲欢离合，'思'则追思、思虑宇宙人生之意义，都源出于Dasein，源出于'史'。在现象学存在论看来，诗、思、史并不是一些不同的学科（诗学、逻辑学、历史学），而其实为一。"这三者是如何统一的呢？

**叶秀山**：胡塞尔、海德格尔等现象学哲学家认为，"历史性"、"时间性"是人类生活经验中最为基本的方面。他们用"历史"、"时间"代替了过去"逻辑"、"理性"在哲学中的核心地位。海德格尔哲学的一个核心概念是"Dasein"，即"有限的存在"，所谓"有限的存在"就是"历史地存在"，就是生活在时间、地点与具体的历史条件中的"人"。在"有限存在"的基础上，

---

\* 原载徐怀谦《智慧的星空：与思想者对话录》，昆仑出版社2005年版。

海德格尔把思、史、诗统一了起来。非概念性的、具体的、历史性的"思"，就是富有诗意的"思"。"具体的思"，就是"诗"。

**徐怀谦**：既然三者是统一的，为什么海德格尔不用"历史地存在"来取代"诗意地存在"这个提法？

**叶秀山**：海德格尔在《论人道主义的信》中有一句著名的话："语言是存在的家。"就是说，"存在"离不开本源意义上的"语言"，"存在"在"语言"中。而诗又是最原始的语言。在这种最原始的语言中，不仅保存了"事实"，而且保存了一个活的世界，保存了人的"本源"、人的"家"。而历史把人的活动当做"事实"和"事件"来描述，是一种科学的、知识性的记录，是"死东西"。所以亚里士多德早就觉察到"诗"比"历史"更真实，但他是从另一个角度作了解释。

**徐怀谦**：您上面讲，人本来是"诗意地存在着"，可是为什么现实中的诗意似乎并不多见？

**叶秀山**：人类知识的积累，科学的发展，已有几千年的历史，它们一方面为人类造福，另一方面却掩盖了一个最简单的真理：人本是 Dasein，是有时间性、历史性的，人是要死的、有限的。人在沉重的历史包袱和繁华的世界中，常常忘了这个基本真理。从十九世纪末二十世纪初，西方就有一些思想家反对科技控制欲望的过分膨胀。最深入的要数胡塞尔、海德格尔、萨特等人。他们认识到欧洲思想发生危机，人们沉湎于声色货利之中，忘掉了生活的意义。海德格尔更进一步，称之为"存在的遗忘"。他们的本意并不是反对科技本身，而是反对人的片面发展，即只求物质繁荣，不顾生存的意义。科技本身不是目的，而是保证人的生活意义的有力手段。它要为人的生存及其意义服务，不仅是用来控制自然，把自然变成人的工具，而是要人自由自在地生活在这个世界上。有人也许会说挣钱也有意义，不错，但不是我们所说的"意义"。我们是指"历史的"意义。科技的侧重点在现在、现时，但"意义"的侧重点在过去和未来。这有一定的区别，当然不是绝对的。所以"诗意地存在"就不能只顾眼前，而忘了过去，不顾未来。

**徐怀谦**：您以宗白华先生为例，说过诗人与哲人是最最普通的人，这如何理解？

**叶秀山**：诗和艺术的主要作用就是把人们已经失落和遗忘了的世界显示出来，唤醒他们的记忆，从而牢牢地铭记、守护这个世界，哲人们同样也是要把这个被蒙蔽着的世界揭示出来，所以哲人和诗人在做同一件事。宗先生的"淡泊"不是不进，"超脱"也不是出世，恰恰相反，正是为了"入世"，为了进入那最根本、最基础的世界，体察那最真实的、本源的世界，有所为而有所不为；在更多的人为各种实际事务奋斗的时候，宗先生始终如一地守护着那原始的诗的境界。诗的意境在许多人那里竟会被失落，不是因为他们太普通、太平常，恰恰是因为他们都想不普通、不平常。都要争名逐利，与众不同，结果就使那些生活在最基础层面的本极普通的诗人和哲人反倒显得特别起来。

**徐怀谦**：所以说真正意义上的学者也都是些最最普通的人了？

**叶秀山**：当然。学术工作是承前启后的工作，是历史性的工作。尤其是人文科学，它是历史科学，不能浮躁，需要一些扎扎实实的、有独立精神的人来从事这项事业。我最近看到几篇写陈寅恪的文章，都着意反映他"独立的性格"，写他怎么傲上，怎么不随和。这可以写，但更值得我们学习的应该是他独立的治学方法，是他用功念书、勤奋思考的扎实学风。现在的学界可以说有相当的自由度了（绝对的自由是没有的），就看你怎么用这份自由。学者不是明星，不能只顾眼前、出风头。学界中有些人为了出名，故做怪论；有的钻到钱眼里，下了海或成了通俗作家；有的"学而优则仕"，天天忙着开会，不做学问了。当年战乱时期，哲学界都出了冯友兰、金岳霖、贺麟、熊十力、牟宗三等专家意义上的大学问家；今天在更加宽松、自由的和平年代，为什么不能出大学问家呢？美国的苏珊·朗格，不喜交际，不参加热闹的会议，但一辈子写了很多有分量的书。当前中国的市场经济不成熟，学界也不成熟，这是非常可怕的。所以我呼吁学者一定要自重，要认识到自己的天职，要像胡塞尔说的那样，把纷繁的经验杂事括出去，排斥出去，只有这样，才能做一个简单的、普通的人，才能真正"诗意地"栖居在这个世界上。

## 哲学的意义*

今天我讲的是一个很宽泛的题目："哲学的意义"。当然我不能把全部问题都讲到，谈的范围会有一定的限制。我们讲哲学的意义，首先取决于我们怎么理解哲学。哲学到底是一门什么样的学科？也许我们可以简单地说：哲学是思考研究"终始之道"的学问。能不能这么说呢？当然有些道理，现在就讲讲我到底为什么这么想。

哲学是一门什么样的学科呢？也许我们可以从多个角度来讲。比如以前我讲过"哲学是通学"，就是说你研究什么学问研究到最后都会归结到哲学。这些都是一个理解的侧面。今天我来讲什么叫"始"？什么叫"终"？哲学是怎么考虑"终始之道"的？

按我的体会，一般地讲，中国当然也有很深的哲学基础，开始的不比西方晚，也不比西方浅，是要我们很深入地研究的。但是我的专业不是在中国哲学方面。"哲学"这个词是来源于西方，起源于西方的，哲学产生于古希腊。古代希腊人考虑什么问题呢？为什么会有哲学？古代希腊人恰恰就考虑"开始"的问题。学哲学的人都知道，希腊人有一个概念，叫"始基（arche）"，尤其在苏格拉底以前，他们的问题在"始基"。始基原来的意思是祖先，是远祖。古希腊人就把祖先思考成、定位成一个最早的开始。我们现在看到的万物都有个起源。哲学是最早的学问，某种意义上来讲可以叫做"始基学"。我们

---

\* 原载任继愈主编《文津演讲录之五》，北京图书馆出版社2005年版。

以前也说过,"始基学"是哲学意义上的"考古学(archaeology)",当然不是现代意义上的考古学,而是最原始意义上的。这样就一直往前推,推到最原始的是个什么情形呢?希腊人有很多的回答:水、气、不定等等,这都是一些很专门的学问,我们还可以继续研究。希腊人这样的推理,背后有一个什么想法呢?他们要把哲学跟一般的经验科学划出个界限。哲学是一门既不同于宗教,也不同于艺术的学问,首先它是不同于一般的经验科学、日常的科学。这个界限是怎么划的呢?日常的科学、经验的科学是研究什么的呢?一个事物产生另一个事物,一环扣一环,形成一个大的无头无尾的因果系列。有原因就有结果,这个结果又可以变成原因,原因又有结果,没有头尾。这个无头无尾的因果系列,就是科学研究。自然科学、经验科学可以不断地去研究,没有终结,因为你要研究一个事物的原因,它前面还有原因,这个事物始终是被动的,前头的原因决定了它。哲学恰恰是想超越这个层次之上,找出一个纯粹的原因。哲学后来研究了什么呢?亚里士多德讲,哲学研究的是"第一原因"。我们既然讲它是第一了,你就不能问它前面还有没有原因。所以这个"第一因",就是那个"始基",就是原始的开始,最早的开始。哲学超出因果系列的范围以上,追求"第一",追求到它再没别的原因了为止。我们想它是个什么呢?它是个纯粹的主动。它不是被动的,不是别的事物的结果,就是原因之所以成为原因的根据。哲学就考虑原因之所以成为原因的那个根据,哲学就讲超出经验之外的、纯粹的原因(pure cause)。"因(cause)",就是产生他物的东西,形成他物的东西。问题是你既然讲原因,我就要问,为什么叫它"原因(cause)",也就是原因之所以成为原因的那个根据何在?所以,哲学从某种意义上就可以叫作追根寻源的学问。它要找一个根,找一个源,这就是"原始"。

  我们讲了"始",还有个"终",也很麻烦。希腊人讲"原始"讲得很清楚,这个"终"在希腊也有。某种意义上讲,柏拉图的那个理念(idea)就是一个终结性的东西。终结性的东西就是完满的东西。这个"idea"是超越一切经验之上的纯粹的东西、完满的东西。所以这个理念实际是各种经验的概括、经验的完善。它是绝对的、纯粹的完善。比如说,我讲一朵花儿,它绝对的完善了,绝对的完美无缺,是花的理念、花的理想。按柏拉图的思路,这个终结性的东西,在现实世界、在我们经验里头没有一样是符合的。我们找不出那个最完善的花、最完美的杯子、最完美的桌子。这些都没有完美,都有缺陷。终结是个理想的境界,很完美。所以在古代希腊的时候,这个终结、这个完美恰恰又可以成为"纯粹"的原因。它成为一个最原始的东西,让现实的世界、人的经验的世界去符合它。所以哲学这个开头的路线不像经验科学那样,是从一个杯子、十个杯子、二十个杯子、无数个杯子里,概括出一个杯子的理念来。当然,经验科学要总结经验,总结出一个概念、判断、推理。但是对于哲学,希腊人的想法则不同。通过经验科学的实验,一个一个采集标本这一类的活动,是出不来哲学的。哲学不能完完全全依靠经验来做。如果你完完全全依靠经验来做,就没有哲学了,也没有一个人敢说我是哲学家,或者说我在做哲学。因为哲学是终始之道,没有到终,你就终不了。这是个无限的过程,那你怎么能做哲学?我们研究哲学的恰恰有一个想法、一个信念:你不必经历全过程,不必穷尽一切经验就可以做哲学;你要穷尽一切经验去做哲学,那就没有哲学了。没有一个人能做到,只有神能做到,但神是没有的,我们都是活生生的人,都是有限的,所以我们不可能在穷尽一切经验的条件下再去做哲学。等经验终结的时候再做哲学那就没有哲学了。不需要穷尽一切经验就可以有理念,就可以得出理念。就是说不用等它完的时候我就看到了终结,想到了终结。我们中国人讲"慎终追远",就是说你不用等它完,不需要等它完。在西方来讲,就是"超越(transcendent)",就是"先验(transcendental)"。"先验"就是验前、先于经验、经验之前的东西。所以柏拉图说,理念是你的经验要符合它,不是它来符合你,它来符合你就没有理念了。哲学不是靠推理,不是靠逻辑。所以我们说不必穷尽一切经验就可以做哲学。而且我们还大胆地说,哲学不但不是从经验里概括出来的,经验里概括出来的是科学的东西,哲学恰恰是比科学的经验、感觉的经验更原始的。这就叫做"原始返终"。

我们说有些事情看起来是很简单,但实际上并不简单,比如"因果律":一个事物产生另外一个事物。把水加温,加到100℃,就从液体变成气体了,这个过程我们当然是通过经验观察到的,我们可以做实验。但是这个实验,你说下回它还灵不灵?在西藏也许不是100℃,就不灵了。但是这并不妨碍我们相信事物是有因果的,因果是一定的。再比如说这个大楼,我们挖墙角,拿下一块一块的砖，拿到一定的数量，楼就塌了。我们是不用把所有的楼都照样做一遍，才能得出这一条重力原理的。"基础撤了以后，重量会压下来"，这是一个定律，是你在做实验之前就有的，就能确信无疑的，不用去真的挖墙角。这个公式不用经验，而是在经验之前就能知道的。不但是有，而且是你能掌握的。所以哲学就是要为科学作出一个保证：原理具有必然的可靠性。不需要穷尽一切经验，就有理念的东西。这就是现在所谓的现象学、解释学的特点。现象学就是从一个完整的东西，从一个终结的东西，重新开始，开出来一个新的世界。今天是元旦，是去年的终结、今年的开始，是个交错点，你说在今天也好，在昨天也好，这没关系，我们开始的是一个新的东西。

上面讲的是希腊人的观念。终结的问题、开始的问题到了基督教有一些深化了，当然跟希腊的哲学思想是不一样的，但是它促使了希腊的哲学思路进一步深化。我们知道基督教对哲学有很多意义，后来欧洲许多哲学家都对基督教化解得很好。当然对哲学意义更大的、跟我们题目有关的有两个：一个是创世说，一个是末世说。一个是"creation"，我创造这个世界，神创造这个世界；一个是"eschatology"，就是末世，跟救世主、再生、新生有关系。我们撇开迷信的宗教的部分，怎么来化解它的思路，把我们刚才讲的希腊人的思路更进一步推开去？希腊人没有基督教，但它的哲学已经含着一些理路，这些理路正好可以把基督教的问题化解掉。基督教给欧洲哲学提出的最尖锐的问题是个"自由"的问题。大家觉得好像这个"自由"是资产阶级提的，但我说的不是政治上的自由问题，而是哲学上的"自由"问题，从奥古斯丁和托马斯开始一直在考虑的问题。不是说希腊人没有考虑哲学上的自由，只是它没那么突出，或者说它没有作为一个特别的哲学概念、哲学想法提出来。但是，欧洲的哲学家发现，基督教这一关于自由的想法，在希腊的思路里能找到它的切入点。这个切入点就是"第一因"。

我们知道因果关系是因果系列，自由是自由系列。自由的观念就是在因果系列之外，由它自己产生的东西。所以，自由是绝对不受不同于自己的"另外"一个世界的影响，自由是"由""自己"出来的。"第一因"的意思就是指它的前面没有原因，"第一因"就是自己，就是自由，是"由"它"自己"出来。所以哲学家想到这个自由的问题可以用"第一因"来说。这就是我们以前批评的"上帝的一击"——一下子世界就开出来了，这是基督教的说法，但是自由却是我们不能否认的。当然自由从某些哲学家的思路里可以推出上帝来，我们先不说这个。比如说今天是2003年的开始，开出来以后的2003年是一个新的局面。就实际生活来说，我们可能受昨天的影响、前天的影响。但是这可是一个新的起点、自由的起点。为什么敢这么说？既然你呆的地方还是昨天的地方、前天的地方，你还受昨天的影响，哲学凭什么理由说你有个新的起点？大家通常说的，新开始、创造新成绩、日日新，话是这么说，但凭什么这么说，我们难道不都是继承前头来的吗？哲学有个理路，这个理路有点绕，但是也很简单。我说今天是元旦，是新年的第一天，去年过去了，不存在了。哲学因此就有了一个存在论的问题。时间不能倒流，时间流逝了。但是时间是一个绵延，时间分为现在、过去、未来。我们站在今天看，去年过去了，未来还没到。过去了是什么意思？它不存在了。我们讲因果系列、讲经验科学，是什么意思？我们哲学为什么要超越它，跟它不同呢？过去不存在了，但所有的因果系列都是存在的系列。哲学告诉你，过去既然不存在了、回不来了，那么没有任何"不存在"的东西可以支配你，支配"存在"的东西。所以"不存在"不能进入因果系列。不光是元旦，任何一天，任何一个时刻的现在、当前、眼下，全是自由的。你无时无刻不在创造你的生活。从我们哲学的眼光看，你只要在，你无时无刻都是自由的。现在时间里你永远是自由的。你就是第一因，你就是第一。从这个意义上来讲，有的哲学家就说了，这个自由的定义很好，太美了。你以前管不了我，你不在；未来还没在呢，未来是要我去做的，所以我是绝对自由的。从哲学上讲，这个自由是绝对。但是这个自由是让你负责任的，让你进入一个你要去创造的世界，你要干活，你要做事。你是第一因，始作俑者，是肇事者，所以一切的后果由你负责。我们常讲，你去干活好了，一切后果由你负责。你做的选择，你干的就要负责。所以这个自由也不好玩。但是从哲学讲，自由是一定的，是注定的，注定要自由。现在、无时无刻，都是自由的。

这里头又涉及"存在"跟"不存在"的关系。这样一来，我们理解的第一因、这个自由就好像一个点，一个瞬间。任何瞬间你都是自由的。但是时间可不是一个瞬间，时间是一条绵延的河，不能切断的。怎么能说这是一个点呢？

一个个点连不成一条线，它是断裂的，没法连成一条线。希腊人对于时间的观念，在理论上建立不起来。不是说希腊人没有时间观念，但他们觉得时间在哲学里不好讲，它没法论证运动。然而，实际上每个人都背着一个历史的包袱，每个人都有故事。故事就是以前的事，不存在了的事。所以某种意义上，从历史的角度来讲，人恰恰是由过去支配着的。你从心态上讲，从哲学理路上讲，是有道理的。但是现实上，就是从你真实的存在上来说，你不是一个点，你是一条线连成的，不断的。而点怎么连都是断的。希腊人也有"割不断"的观念。原子论就说原子因为没有缝隙，不能分割。他们想象原子没有缝隙，就没有力量能打开它。如果说我们有现代的工业，能不能把这个原子打开？我们哲学讲理，我们宣布它不可分就不可分，说没有一个不可分的东西就没有一个不可分的东西，之所以不能分割，不是说你经验上不能分。经验上我们分了，今天是今天，昨天是昨天，明天是明天。1月1日、1月2日、1月3日，都分得很清楚的，经验上是可分的。哲学上之所以说不能分，恰恰不是"宣布"出来的，而是实实在在地就有不可分割的关系，有不可分割的连续。什么叫不可分割？不可分割是错综复杂，就像一团乱麻。你可以分，"快刀斩乱麻"，但分了就不是它了，分开了它就不是这个东西了。你中有我，我中有你。我把它切断了、分割了，就不是它了。如果把时间真的分成了日、月、分、刻、秒，就不是时间了。时间不可分，也就是说，今天有昨天，也有明天。我们现在讲的现在，包括了过去，包括了未来。现在是一个不可分的时间的环节也好，称呼也好，称号也好，但不是一个点。这些都是欧洲哲学家考虑了很久的问题。如果现在是一个点，那非常好，它是自由的，它是生发一切的第一因。但它不是点，它是一条长河，是割不断的。割不断的意思是错综复杂，纠缠在一起了。你中有我，我中有你。那意思就是说，现在也有过去，也有未来。这个是实实在在的时间。

  实际情况就是如此。什么叫"存在"？存在不是那一点、那一瞬间，那一瞬间并不存在。点是一个符号，它没有现实性，不是实实在在的。实实在在的"在"，是一个生命、一个流、一个生存。所以我们哲学里有专门的词，英文叫"being"，德文叫"Sein"。"being"是生存，exist，存在。

  这里就涉及了非常有意思的现代哲学的一些想法，离希腊已经很远了。我们刚才讲的自由就是近代哲学里头的一个非常重要的环节。现代哲学家海德格尔把时间引到"存在"里来，存在不是点，也不是一个抽象概念，但它还是实实在在的"在"那儿。存在就是这段时间。我刚才说了，过去的不存在，未来也不存在，这似乎与海德格尔的理论相矛盾。海德格尔的存在是指一个时间。他说了"存在保存了不存在"，什么意思呢？用中国话来说，是"有无之变"。过去已经过去了，终结了，成了"无"了，但是我们不能说 2002 年白过了。从这个思路下来，我们可以说，世间有一个"无"，"无"也存在，"nothing exists"，无也是，无也在。现在保存着它，"存在"掩盖了"不存在"，"有"覆盖了"无"，"有"保护着"无"，保存着"无"，保护着它，守护着它。如果你不是把"存在"作为一个点、一个瞬间、一个 moment 去理解，而是理解为生命、生活的话。海德格尔并不赞成这么说，为了简单从存在主义者来说，可以这么理解，老先生最早也这么理解的，后来他更进一步了。这一段时间是"有无相生"，说它有，当然有，实实在在的存在；说它无，世间有一个"无"在。怎么说有一个"无"在？现在还蕴涵了一个"不存在"的"未来"。未来也在"存在"里。所以，"有"保存了、覆盖了、保护了"无"。看似很难懂，实际不难懂。"有"保护了"无"，还开显着"无"。什么叫开显着"无"？开显着"有"很简单；开显着"无"就是把过去和未来全都开显出来。现在就是把过去跟未来都在我的现实中开显出来。开显的出来的是个"无"，它不存在。但是我们可以这样讲，它曾经存在过，将来会存在。有的还没"在"，有的"在"过去了，不在了，就是"存在"蕴涵着开显的"不存在"。

存在论的问题在 20 世纪的欧洲由海德格尔揭示出来，他讲得非常深刻、非常有道理。当然后来的人也批评他，但是他的这个思路对于存在的理解，比过去的存在论，作为概念的或作为实体的存在论，要清楚，要富有现实性。实实在在的东西就是这样的。话好像难懂，实际上用我们哲学的语言来说是一个基本的经验，所以叫它"基本本体论（fundamental ontology）"。当然他后来不大用了，他什么"论"也不要了。但是在他建立这套思想的时候用的是这个概念。什么叫"基本的"？就是基本的"经验（experience）"。这个"经验"不是我们最早介绍的经验科学的经验，不是理论性的。经验科学都是理论性的，都是"theoretical"。它也不是我们后来讲的这点，这个点是"carry out",实践性的。它这两者都不是,而是实实在在的、我们经验的。我们讲的存在论,恰恰是覆盖了"无"。这个问题哲学史上讲,历史上也讲,过去德国哲学家也讲。譬如说海德格尔就用了一个莱布尼茨的命题,哲学一直在思考的一个问题:为什么是存在而不是不存在?这是哲学中令人困惑的一个问题。为什么是"有"而不是"无"?这问题很有挑战性。海德格尔很有危机感。如果一切都"无",一切皆"空",西方人追求的生活的意义和价值就全没了。为什么是"有"而不是"无"?这对哲学是一个很重要的体会。我们不能说"无"是不合理的。我们讲的一切点、概念、理念在实实在在的经验世界里都不存在。哲学就是要解决这个问题。

我现在开始讲"不存在"。我们讲"终始之道",讲终结了、做完了这件事。做完了有两个意思:我这杯子做完了、完成了,杯子存在了。但时间的概念不同,时间有个特点:完了就是不存在了,终结了。希腊人说"idea"不存在,因为终结了就不存在了。时间也不像一棵树上长的果子,果子结出来,果子存在了。时间一到头了、完善了、完美了,就过去了。过去走完了就完了,过去不存在了。只有我们现在的人,我们站在今天,才能去理解过去终结了的东西,不存在的东西。如果说你还在去年,12月29日、30日、31日,你还没到现在这个时间呢,但我们在很早就定了这个谈话、这个会、这个揭幕,都定了。在没完的时候,没有终结的时候,就设计到、就想到、就思考到"终结"了,这是一个基本的生活经验,也是我们哲学的一个基本的理路。哲学就问,为什么没有完的时候你就想到了完?为什么实际上不是"idea"你却要提出个"idea"?生活在这个时间段里的人等不到终结,一年之中有很多人故去了,他们没有等到这终结。虽然没等到终结,他们也思考到今年的事,所以我们哲学没有等到终结的时候就想终结,那就包括了未来。哲学就是站在未来的角度考虑到终结,考虑到全过程,考虑到一个大全。

不是研究绝对吗?研究大全吗?可大全没完呢,你怎么可以考虑呢?你怎么可以研究它?作为经验科学去研究它是不行的。经验科学只有大概的设计。这种大概的设计之所以合理,是因为哲学给它提供了理路。也就是说,你作为人,有根据、有权力超前、提前进入终结。提前进入终结就是超越,就是纯粹。过去我们学了什么叫"验前",我们刚才举的例子也是那样的,"验前"是理论的，是理论上的条件，它不是实际的。实际都是要经过经验的。我们都有一个观念，这是逻辑在先，不是实际在先。

哲学本来就在时间的前头，所以就是提前进入了这个终结，在未来的角度来看这个大全，看这个绝对。我们不是说德国古典哲学研究绝对，研究经验之全、真理之全。实际上没有全，大全都是些理念，不存在，可我们要在存在论上，让它存在，提前进入。进入的根据就是人生活的这一段。因为大全还没有存在呢，过去的不存在了，将来的还没存在。我作为一个人，作为一个想问题的人，可以召唤它们出来。哲学是干什么的？哲学就是思想，就是想问题。不学哲学的人，也会有这种情形：他会突然想起来一个什么问题来，他也有思想。哲学就是思想的学问，就是讲"思"。什么叫"思"？"思"不仅是那些逻辑公式，不仅是逻辑推理。——当然这些都很重要，都是必须遵守的。但光是遵守这些还不叫哲学，逻辑不等于哲学。逻辑从上个世纪开始就一直被哲学家不断丰富、改造，要它成为哲学。我们的思想当然要符合逻辑，这是最基本的、形式的。哲学讲思想，那什么叫"思想"？思想就是思前想后，思那个不存在的东西，想那个不存在的东西。思想者、思者，不是思想家，虽然两者在外文中是同一个字，thinker，在中文翻译中就不太一样了。思想家是社会封的，如大思想家、哲学家等。思想者、思者干什么呢？就是把不存在的东西呼唤出来。思想的内容就是"无"。世间有个"无"，现在不存在，但是我想它，我思考它，我让它出来。让这个"无"出来，就是让"不存在"的东西出来，让历史出来。这是历史性的思。历史不存在了，但我们恰恰非常重视它，大家做了很多很多工作，来讲历史，讲它就是叫它出来。叫它出来就是思，就是考虑历史。历史是实实在在的，我们现在守护着它，我们的存在守护着它。按这个意思，我们也守护着还没有来的东西，我们在设计、筹划着它。我们在历史当中，在世界当中，在有无相生当中，在时间当中。如此，我们的思想就不是空洞的，不是像经验科学里的思考，把自然当成一个客观对象去研究、去分析，考虑它的前因后果，考虑它的物质的特性。我们是把历史呼唤出来，把未来呼唤出来，把过去、未来都召唤出来。什么叫思？思就是召唤，对过去来讲，是一种思念；对未来来讲，是一种谋划、策划。当然这个策划不是小计谋，它很远，慎终追远。过去看得远，未来也看得远，这是一个"大全"。它不在思想里。但是这个大全,这个全过程,是实实在在地在那儿。我们有一个"无","无"在那儿。为什么作为有理性的动物,会有这些奇奇怪怪的想法呢?人在万物当中是很特殊的,不仅仅有思维,也不仅仅会说话。人之所以是人,是因为人能够思考我刚才讲的一些问题。或者说,正是因为这个世界上有了这样一些人,这些问题才出来了。如果我们作为日常经验来看,大家都处于现实的社会关系当中,忙于生活,忙于升官发财,世间为什么会有个"无"?为什么是"有"而不是"无"?这些问题就出不来,就不会有人去想它们。所以,这样的人不是思者。我们讲的思者,就是想这些问题的人。人一旦作为一个思者来想这些问题了,这个世界上就不太平了,就出了大事了。这些问题是什么呢?从传统来说,就是形而上的问题,不是在形而下的层次上,不是在器物的层次上,而是在道的层次上了。这样一来就出了问题了。这个问题不好解决,它永远是个问题。问题之所以是问题在于什么?别的问题都是有答案的,今天没有明天会有。哥德巴赫猜想不知有没有答案,设定一定有答案,现在人家一步一步在解决,早晚有一天也许能解决的。现在这个问题就没有答案。没有答案是什么意思?没有答案就是问题之所以成为问题,有答案就不是问题了。它没有答案,它就是问题。没有一个现成的、固定的答案,你只有去想它,只有不断地思考它。这是一个问题性的科学:都是问题,问题之所以是问题,问题之所以存在,问题不会变成不是问题。人有这么一个思者的特点,因为他生活在这个世界上,只能生活一段时间,是有限的。人是要死的。20 世纪以来,这个"死"的问题进入了思的领域,也就是人的"无"的问题进入了思的领域。以前希腊人光是说,"人"是"有死的",而"诸神"是"不朽的"。人是一个"mortal",是要死的。神呢?古人说也不是永恒的,"eternal"。"eternal"是基督教或者后来的想法。他就是活得长,就跟我们的长存久视差不多。长多少也没说,反正比人长,比人有劲儿,能力强。某种意义上跟人差不多,但就是强点,活的长点。人是"mortal",很可怜的。这个问题,当然基督教有它的想法。到了上个世纪,它成为现代哲学的一个大问题。其实这就是我们为什么会有一个大全的问题,根子里面也就是人是有限的。什么叫有限?人都是要死的。但是,人怎么对待死呢?有一个积极的态度。

仔细分析起来这个死的问题,还是挺麻烦的。我刚才讲了,有些东西完了就不存在了，死就是提示这个观念的一个最典型的例子。人终结了他的一生，完成了他自己，成为一个大全了。无论好坏，他全了。但是，死了，就是这个人完成了自己以后就不存在了。当你不存在的时候你就不可能去思考。那么我们只有借助于科学。比如说有一天，全世界有很多人都故去了，我们在医学上去研究，我们对于死亡的知识只有当人死了以后解剖了才能获得。那么，在存在论上怎么知道它？你不在了你怎么思？这个理路就是我们刚才讲的，对于完善，哲学是超前的，"慎终追远"，我们是在未来的角度看"终"的。我们可以超前，超前的根据就在于，我们哲学里的存在论是保护着那个"无"的。因此，提出这个意思的哲学家，过去被批评为"死亡哲学家"。他说那个"being"，就是趋向死亡的。他很著名的说法就是"只有人有能力去死"，动物不能。在他的哲学里，earthborn 就是会死的。这个"会"，就是你"会不会唱歌"、"会不会演戏"、"会不会写字"这个意义上的"会"——"be able to"，你有能力去死。人有"跳跃——leap 的能力"，超到前头去看，看自己的完成，只有人能这样。所以，他的一些话都很怪，他说动物可以死，它在死的一刻前不知道，在死的一刻之后也不知道。人则在死之前就想到死后，只有人有这个能力，当然也不是每个人都这样。这就是说你作为人要有这个觉悟：你是一个思者，"thinker"，你进入到形而上层面，思考形而上的问题，你就得考虑终结的问题。你提前考虑终结，就是你走在前面了。我在一切大全的前面，这才能思。哲学是永远走在前面的。

所以这个意义上的"思"是超前的，思前想后。我把历史呼唤出来了，我把未来也呼唤出来了。这些都不是知识对象，因而你不可能把它们变成一个经验的对象来研究。当然你可以去研究，但是你不可能把全部的历史都叫出来，因为时间叫不回来、退不回去的。我们只有在存在论上，通过思者（thinker）把它召唤出来。

"思"还有一个层面，人还有一个特点，他要"说"。这个"说"就叫"诗"，"poetry"。一个能提形而上问题的人，是思者也是诗人。这个"诗"，不是我们平常写诗那个意思，当然跟那个意思有关。用这个词也是受到"思"的影响。只有诗人吟诵历史，吟诵那个在"有"覆盖下、保护着的"无"。我们一般的常人，也只是注意那个"有"，而没有注意那个"无"。没想到这个

"无"的力量比"有"还大。思者与诗人在思索着、说着（吟诵着）过去、未来。

这就涉及一位20世纪大哲学家的两句话，非常熟悉的：一句是"不是我说话，而是语言说话"；另一句是"语言是存在的家"。这两句话似乎都很费解，但是从我们刚才讲的"有""无"关系，"有"保存了"无"这些意思讲，也不是不可理解的。而且这是我们的一个最深入的、最深层的、最基本的经验。

什么叫"语言说话"？我是一个代言者，我是一个传达者。我以前把它解释叫做"我有话要说"。这是个心理状态，也还可以。这句话不是说我想"说"话。当然也是我想说话，我在说话。我在传达一个意思，我是有"话"要说，但这个"话"不是在我脑子里头想说什么就说什么，是"话"在"让我说"。这个意思是很深的。那么，我们做所有的事都可以这么说，是事情让我做，而不是我想做什么就做什么。比如前些日子，我买到了谭鑫培最早的录音带，是1907年录的。现在经过先进的技术把噪音去掉了，还挺好。我一听，就突然想起一个意思来，套用"语言说话"的意思，我发现老先生唱戏，不是他在演戏，而是戏在"让他演"，完全演活了。所以当时听了几遍以后，特别激动，写了一篇文章讲老先生怎么体会戏让他演，而不是他在演戏。我想现在很少演员能到这个水平、这个境界了。所以"话"让我说，我就是一个传达者，你们上网都知道"messenger"，我就是一个传达的"messenger"，就是希腊语"传令官"的意思。传达什么，传达历史的意义，传达有无相生的问题，传达这个形而上的也就是最基本的历史。

还有一句话是特别好懂的，现在都用作广告词，叫"人诗意地栖息在大地上"。一般人听了这话都觉得特别美。现在房地产公司都这么说：诗意地住在我的小区里、花园里。当然是很美。但是，这可不是说好像大家悠哉悠哉非常有诗意，不是那个意思。它的意思恰恰是非常有紧迫感的，恰恰是我作为一个诗人，作为一个思者，在这个大地上思考着历史的问题、时间的问题、形而上的问题和有无的问题。有无的问题是非常紧迫的。这句话的意思是说，你住在这个大地上，你从"有"里头要看到"无"，看到历史，看到不存在，要从存在者看到不存在。你要看到还没有存在的未来，要召唤，要让大家思考未来，让它存在。所以什么叫存在？什么叫真理？真理就是把覆盖的东西揭开，"aletheia"，这是一个希腊词，"去蔽"、"揭蔽"的意思，就是把覆盖的东西揭开，把它召唤出来，然后我们面向未来。所以我们今天这个讲演，就是讲终始之学，慎终追远。我们在顺利的时候要想到困难，要居安思危；在困难的时候要有信心。整个时间就是有无相生，始终在一起的。

**问**：听叶老师讲，感到很有收获。元旦起了个早，不虚此行。对我晚年思考问题更趋于理性，有达到心理平衡的好处。我有两个概念想请教，一是您刚才说的"存在"，过去是不存在的，没有了，那么现在这个存在是自行的说话方式，不是那种构造的。您刚才说了一句，拿的出来的存在是构造的方式，flowers 是构造的。但有很多存在是不能构造的，不是说现实的就是能够拿得出来的。比如说数学里有很多定理，刚才您举到，它们就是存在性的，其中的 idea，不是实实在在的存在。这也是关于存在的一个理解。是不是说有两种存在，一种就是这种现实的。这种现实存在就符合您刚才说的，既包含未来，也有过去的意思。第二个问题，我对您说的"无"这个概念没有搞清楚。我上学时曾经背过季老当时翻译的《老子今译》，那本书在"文化大革命"中给我很大的帮助，我没事就背它。那里有一句话叫"常有欲以观其徼，常无欲以观其妙"，那个"无"和您说的"无"是不是同一范畴、同一概念？谢谢！

**答**：我觉得他的问题很有意思。应该说这个"being"，这个"存在"不是构造式的，不应该是构造式的。我们哲学里也讲构造式的，康德讲存在都是构造式的、经验式的。这个意义上的存在就是我们今天讲的存在者。存在者就是一个具体的杯子、桌椅板凳、日月山川。我现在的问题是说它们为什么存在，也就是各种存在者的存在。所以它不是构造式的。是什么呢？是开显式的。所以，这个存在、这个"being"作动词去理解。它本来是动词"存在"、"在"或者"是"。现在有人坚决主张一切都翻译成"是"，也有道理。我早年也用"是"，但"是"不能完全概括这个意思。这个"是什么"，很容易理解。但这个"是""是什么"呢？我们把"什么"先抽掉，先括起来，把经验的东西括起来以后，留下一个"是"，我们就考虑这个"是"。当然这个"是"又不是外语里面讲的那个系动词，例如说是红的、是黄的、是白的等等。它是一个存在，跟"existence"一样的。所以，"being"我们当作动词来讲，就是"使存在"，是一个动态。对于这套思想，现代的存在哲学、现象学都作动态来讲。比如这个"事"、"事物"、这个"thing"、这个世界，我们都不看作是一个静止的对象。

"无"也是这样，它不是一个点。我们讲一个人从生到死，它是一个过程，同一个过程。你提到的老子的"无"也是一个过程，"使之无"，"让它无"。怎么认识呢？你从有、从出生，到完、到死这一段时间可以说是生的过程，也可以说是死的过程，终结了。这是同一个过程。这同一过程是用两个过程来说的：一个生的过程，一个"有"的过程；一个死的过程，一个"无"的过程。所以，这个"无"同样是一个过程。对于这个过程的问题，希腊人最头疼了。这个问题也就是时间的问题。在经验科学里，我们从理论上讲，时间是一种把握的方式，而不是一个实际的存在。经验科学也讲时间，那就是历史的时间。我以前觉得历史就是把一个一个的事实（fact）攒起来。所以历史是编纂的，不是虚构的，不是"fiction"。把一个一个的事情连贯起来，作为因果联系，这是科学的对象和依据。真正的历史，我们讲的时间的历史或者自由的历史，这个历史是不能穷尽的，不能成为对象的，你只能召唤它出来。这就是我们哲学里要讲的历史。

**问**：我想问一下，哲学是不是受到自然科学的制约和促进？比如说现在自然科学中对人脑的研究，天文学的一些研究，心理学中关于肉体和灵魂的一些研究，这些会不会促进哲学的发展？另外，从目前来看，人类对世界和人自身的一些研究还是很初步的，那么能不能说现在的哲学也有它幼稚的一面？

**答**：自然科学对哲学有很大的帮助。为什么呢？从两个方面来看：一方面是我们长期搞哲学的人都很想学自然科学。它对哲学的影响，某些方面是好处，或者说主要是好处。另一方面，也有障碍的一面。这就是为什么哲学跟别的科学不一样。别的科学可以不用退回去，比如说学几何学的从不退回去学欧几里得的原本。但是学哲学的就很惨，必须退回到柏拉图、亚里士多德和苏格拉底的哲学。为什么呢？有一个原因，因为当时的科学没有现在这么发达。没有这么发达是什么情况呢？就是覆盖面没有那么宽，所以对当时的哲学家需要进行穿透的眼光要求得不像现在这么高。现在你要穿透各种学科，我不是说总结了，总结是没有资格的，因为覆盖面太大了。我们日常的生活覆盖也很大，你要穿透它，到那个原始去，到那个源头去，你要让它超前也好，退后也好，这个难度都要比古代大得多。古代的人一下子就能比较容易地穿透他的日常经验。所以有的哲学家就讲了，要把自然科学全部括出去。不是不要了，而是先把它加上括号。但你要把它括出去你就得知道它在哪儿。它越来越多，你的括号也就越来越难加。括出去剩下的东西，那就是哲学，难度就大了。所以某种意义上，我们应该了解科学的历程，这是绝对应该的。因为从科学中也学到我们的表达方式，古人有古人的表达方式，难就难在是同样的问题。中国人有中国人的方式，中国的语言。问题是同样的，都是形而上的，但是现代人和古代人表达又不一样。之所以不一样，原因就是科学，它提供你说话的语言不能说是完全没有用的。远古的语言有时候很含糊，现在当然说得透了。刚才我讲的"being"，过去亚里士多德叫 on。现在讲"being"就比亚里士多德讲得透，问题是一个，他没想这么多。科学和哲学的关系就是这样的，我们搞哲学的学得不够，所以应该多多地学。

## 作为精神家园的哲学[*]

哲学好像什么用也没有,既不管吃又不管穿,为什么从古到今有这么多人费脑子去研究这门学问呢?我今天主要就是结合着哲学的历史发展,特别是哲学在近现代的发展,向大家介绍一下哲学怎么会成为一门学问,我们研究哲学的都做了些什么工作,实际上也是为我们哲学鼓吹鼓吹。有一点要说明,我本人主要是研究欧洲大陆哲学的。在西方哲学史上,近代早期就有所谓英国经验派跟大陆理性派的区别,前者属于分析哲学的系统,曾大力反对形而上学,后者虽然也批判传统形而上学,但角度不同,我们觉得更加形而上一点。

中国传统上没有哲学这门学问,哲学是从西方传来的,最早的根源在希腊。欧洲作为一个整体来说,它的智慧的摇篮在希腊。希腊给哲学奠定了什么基础?有哪些问题值得我们讨论、思考呢?一直到现在也没有现成的答案。按我的体会,古希腊人给我们提出了一个有意思的问题,跟我们生活有关系的,就是给我们树立了一个想法:你不仅要过这个生活,而且要理解、要懂得这个生活。它的意思就是:不可理解的生活是没有意义的。希腊人也觉得眼前的这些生活,当然都得应付。人总得去谋生吧,比如苏格拉底就是敲石头、凿石像的。但是生活的意义不在此,只有理解了的生活才是有意义的生活。什么叫"理解了的生活"?古希腊人作了一大篇文章。他们的问题是:对于你看到的、你感觉出来的这个世界,你天天过的这个生活,怎么去理解呢?你得证明它!

---

[*] 原载陆挺、徐宏主编《人文通识讲演录·哲学卷(一)》,文化艺术出版社2007年版。

Demonstration! 能够证明的生活是有意义的，否则，你光是感觉到了，这还不行。

　　古希腊人这个思路还挺有意思的，也有人批评他们是有闲阶级，吃饱喝足了，闲着没事儿，"悠闲出智慧"。我向你们介绍，这个思路最典型的表现即芝诺的悖论，而最有名的例子就是神话里的大力士阿克力斯跟乌龟赛跑，他永远追不上那乌龟。最简单的例子是"飞矢不动"，一根飞着的箭，它实际没动。运动本来是最简单、最平常的现象，天天在动，但是芝诺提出这个悖论之后，许多聪明人为此大伤脑筋。（笑声）芝诺这个悖论隐含着一个什么问题呢？就是说，运动、变化，你只是感觉到了，还不行，你得证明它动。可是要证明它在动，还真不容易。芝诺指出来它在"理论"上，动不起来。就是说，证明不了。那根矢从 A 到 B，这段距离可以无限地分割，这箭怎么能在有限的时间里，走完无限的点呢？学科学的同学很容易理解，无论多小的距离你都可以无限分割，点是无限的。那么矢要从 A 到 B，必须得 $A_1$、$A_2$、$A_3$、$A_4$、$A_5$、$A_6$，一直到 $A_n$，这个 $A_n$ 是无限，它怎么从 A 到 B 呢？证明不了。这是一个永恒的问题，到现在都不敢说已经解决了。

　　什么叫证明？证明的模式就是推理的模式，是根据当年在希腊最流行的（欧几里得）几何，就是平面几何来的。譬如说，几何学中最简单的"两条平行直线永不相交"，这一眼就看得出，但即使是这样简单的道理，或者你日常见惯了的现象，你也需要证明，不证明就没有意义。哲学提出这样一个问题给我们的启示就是：你感觉到了的东西未必是真理，真理需要证明。因此在古希腊哲学里最严格的思想就是证明论，就是推论。这个推论是一种必然性，它是一定的，不是随随便便想出来的。所以在古希腊，感觉的世界跟理性的世界是划分开来的，古希腊人就有句名言："不可见的世界要高于可见的世界。"就是说，理性的世界高于感性的世界，我们必须得生活，但是我们感觉到的世界必须用理性来证明。这样一个思路一直贯穿到现在，也还没有跳出这怪圈，因此我们就说，人的生活要有意义，只有在理性世界里得到证明以后，才能够安身立命。感觉世界、大千世界，说得严重点都是过眼云烟，只有理性才是永恒的。我们在理性的世界里得到证明了，才真正心安理得。我讲的哲学作为精神家园，其实就是这个意思。古希腊人还有个非常严格的思想，非常明确，别的民族不那么明确，就是：人都是要死的。人死了就感觉不到了，所以有意义的只能是那个理性的、推论的世界，因为那在人死了之后还有用，你只有把精神寄托在那里才能得到安逸，才觉得可靠。这是他们的一个哲学性的追求，一直延续到近现代。哲学是靠这个思路发展起来的。

　　哲学研究什么？研究绝对，研究无限。好多年前有位科学家批评我们搞哲学的研究无限，说那是想象出来的。"至大无外，至小无内"，从1、2、3……一直想到没头，就叫无限。很多学问都离不开想象，没有想象力就没有科学的发展，但是哲学中研究的"无限"，恰恰不是想象出来的，这个"无限"是论证出来的，它不可能光靠想象。古希腊人就做这个论证的工作，中古的人也在论证，当然他们是论证上帝是存在的、上帝是无限的。基督教本身是一种宗教，希伯来宗教文化中原本不需要理论概念的推论证明，它是一种信仰。但是希伯来文化要占领欧洲，打得不亦乐乎，除了实际的政权上、政治上的争斗以外，思想上也在打，最后希伯来文化跟希腊文化磨合，也接受了古希腊的这套思路，觉得要使我这上帝有意义、对人的生活起作用，只有把他证明了，推论出来必须要有这么个上帝存在，才算踏实了。"神"至善、至美、至真，是全能的、无限的。当然上帝也有人格性的形象，还有基督耶稣，但是这个上帝的存在不是想象出来的，而是推论出来的。因此中古时期的大哲学家像奥古斯丁、阿奎那，几代人的聪明才智，都在证明、论证上帝的存在。一直到近代，斯宾诺莎还在做。他的《伦理学》，写的跟几何课本一样，第一条是公理，然后一步一步推论，推到最后是证毕。后来的康德、黑格尔，上帝为理性，也是要论证，最后也用这种方式证毕。这个方式就是古希腊传下来的。斯宾诺莎还给人一个启示：可以证明的东西未必是可以明证的东西。什么叫明证？就是证据（evidence）。比如说昨天出了车祸，咱们实在没法推论出昨天一定要出车祸，所以只好拿出证据来。有目击者（witness）作为证人，说有这么一件事，这是明证。但是上帝不能这么明证，《圣经》里说上帝在那个山上，摩西看到一道白光，那还不行的，别人没看见，你也拿不出上帝来。经过众多哲学家们的思考，到斯宾诺莎就跟你讲，只有神、上帝是可以证明的，但是不能证实。这个很厉害啊！

　　这个思路一直下来，我们就讲到最有意思的一个人，我们研究哲学史特别感兴趣的，而且我们劝做哲学的人要好好念他的书的，就是康德。康德是承前启后的大哲学家，他的哲学也是要证明，有推论、论证，同时他对哲学有一个很大的冲击，引进了哲学中非常重要的一个新的概念——自由（freedom）。在古希腊，自由这个观念不突出。这个自由，也是推论出来的，不是凭想象或者感觉出来的，也不是随心所欲的那种自由。康德开拓了另外一个世界。古希腊以来的思路是：一切有意义的生活都是要证明的。大家都是有感觉的、活生生的人，为了让我们的生活有意义，我们要替这个生活找到它的根据来，证明它，使生活合理，能够证明的唯一的工具就是逻辑（logic）。逻辑在理性里头是唯一最纯粹的推理式的，不掺任何的想象和感觉的东西，是纯粹的形式。为什么古希腊重视逻辑的研究，跟重视几何学研究同等重要呢？就是因为它是证明的工具。没有这个逻辑，生活不会规律，不就没有意义了吗？所以逻辑在古希腊很发达。但逻辑经过了一千多年，居然还是就这么几条，没有进步——当然，这是康德那一代人的误解，现代的学者都认为逻辑自亚里士多德以后，是有进步的。为什么？因为逻辑到了纯而又纯的形式的时候，它没有内容了，它无关乎知识，这中间没有知识的积累。

古希腊人制造了感觉的世界和逻辑的理性的世界这两个世界，但是哲学决不可能光研究形式的东西，而置感觉的生活的世界不顾，否则哲学就很空洞，变成一种工具、技术。我们一般人都会提这样一个问题：哲学有什么用？这个问题就麻烦了。（笑声）你要问逻辑有什么用，我可以清清楚楚地告诉你，逻辑用途大得很。人说话要逻辑，当然，你不学逻辑也可以说话，但是学了逻辑，你说话说得更好，更有理、更有力量。古希腊人演说，他首先要学逻辑学、辩论术。但是哲学，它可不是一个工具。哲学不是研究无限吗？无限怎么能拿来当工具用呢？无限，就是包括了大千世界种种，包括了你的生活。如果把生活都撇出去了，专门研究形式的一面，那没有意义，跟生活脱离了。古希腊人立了规矩，必须使这个感觉世界理性化，使我们的生活合理化，但是并没有把感觉世界全都抛出去。不能说生活的合理性都在那个逻辑了，我们不还有感性的一面吗？康德也面临这样一个问题。

什么叫知识？知识离不开感觉，科学研究的都是可感的世界。古希腊的物理学就是自然科学。感觉都是习惯，都是主体的，从感觉经验得来的东西怎会变成科学？科学怎么变成可靠？康德以前，英国人休谟说，你每天看见太阳出来，很合规律，但是你不能保证太阳明天一定出来。你有什么理由推论它一定出来？康德就说，这样一来科学不就完了？科学就成了习惯了。水到100℃准开，现在开了，下回开不开，还得等着瞧。科学就没有可靠性了。所以，康德想出一套办法来论证科学是必然的、是一定的、是有意义的。

他怎么论证呢？他的理论越琢磨越觉得有意思。以前我们讲得很简单，感性的材料拿理性的形式一综合，就出来科学知识了。当然我们也讲他书里写的什么空间、时间、十二个范畴，这些都是细节。细节很重要，但你要有一个取向。康德说，科学是理性的，而这个理性，就是科学，在原则上不受感性干扰，它自己立法。理性好像是一个王国（kingdom），有诸多的法律条文，感性的分子要进到我这个理性的王国，必须遵从我的法律。我这法律是不根据你来定的，我定好了在那儿，感觉材料通过我的眼睛、耳朵什么的，进来以后还要经过我的思想，你得合乎我的规则，否则你就不是我的臣民，你进不来，我也管不了你。所以，科学是管能够移民到我的科学王国来的那一批感觉材料的，进入了时间、空间，也就是进得了海关、移民局。这是当时康德自己用的这些词，并不是我们强加给他的，因为当时欧洲的法律很发达，大家都在考虑法律的问题，他也借用来。

过去我们的知识论以感觉为基础，我这个人好像是一块白板，感觉来了，印在上面；理性就来料加工，整理整理弄出一些条理来。哲学史上有名的，从培根开始，他说科学家好像蜜蜂采蜜、酝酿，从感觉材料里采集，然后通过脑子思考，想出一套科学规律来。后来大家都觉得这不解决问题。我的脑袋是白板，感觉材料进来以后怎么就有规则了，就必然了？康德就说，过去的哲学都是主体围着客体转，客体是中心，主体得跟客体符合才是真理，而我的理论就好像哥白尼的革命似的，我的哲学以理性为核心，这些自由的材料、自然的感觉都得围着我这个主体转，要符合我的规则。我在制定法律的时候，并不考虑你的情况，而只根据我的情况来制定移民法，并不考虑你有什么特殊的情况，我只根据自己立法。是我制定的法律，任何移民都得符合我的法律。是人民围着法律转，不是法律围着人民转。这就把理性的能动、规范作用突出来了。这就基本上把古希腊人的那个意思说清楚了，就是说在科学世界里，我们都得科学地生活，不能乱来。水不开有细菌，我喝了得病，这就不好了。我们的生活得有科学性，科学是经过论证的，是可以论证的，而且是我们可以掌握的。这么一来，大家放心了，科学还是可信的，科学规则里没有运气这一条，因此大家继续学科学。这是康德对古希腊思想的一个很大的推进，但是康德另外还有个大功劳，就是指出除了这个科学以外，我们还有另外的世界。这个世界的意义，跟科学的王国不一样，科学管不了这个地方。

我们可以这么想，譬如说你要移民，移民局核查了你的身份、你的各种状况、有没有犯罪记录，等等，你的条件都符合，你也宣誓遵从这个王国的法律，但是移民局只是看你有没有条件移民过来，至于你到底是个什么人，他们不问。同样，凡是愿意遵守我的规则的感觉材料，你都进来吧，你都可以变成理性、科学王国的一分子，但是你这事物本身到底什么样，我并不问你。你有什么技能、你长得什么样，科学王国就看这些现象，人的本质、人本身、物本身，科学王国管不了。科学就认识到现象为止，后边的本身、本质不是经验科学所能管的。谁来管？还有另外的领域，譬如自由。自由开辟了一个道德的世界。科学王国的感觉材料全都是原来有的、客观的，它们不以人的意志为转移，科学不是宗教，不能创造出一个感觉材料来，所以感觉材料是给定了的。我们理性还是要把感觉材料接收进来，这个自由不了。理性是个形式，内容要靠感觉材料补充的。然而，自由完全从自己出发，自由排除任何的感觉的东西。

为什么会有自由呢？就是因为科学的世界并不能够涵盖社会生活的一切方面，我们有道德。为什么会有道德呢？如果说我们都在科学世界，这个世界就是科学性的，没有道德问题，一切都是必然的，干一件事一定有某一种后果，那么谁也无法追究是谁的责任。这就是一定如此。我烧了水了，它一定开。我饿了，看谁有饭我就抢。干吗我要付钱？我不付钱，这是我的自然需要。饿了我要吃饭还能管我？还能问我要钱？这就没有道德的约束力。道德之所以存在，是因为我们注定是自由的。因为你可以不去抢，中国人讲宁可饿死，也不肯失去气节，是有一个道德法则在规范你。那么这个道德法则是什么呢？它没有具体内容，因为一旦有具体内容，就成了经验的东西，就成了科学性的了，所以这个自由是一个纯形式的、没有任何内容的东西，并且你还逃脱不了，人人都能管住。你的一举一动，无论是做好事、做坏事，你必须承担你的行为的后果。你既然做了，你就承担这个责任，因为有一条，你是自由的，你是可以不做的。

在科学王国里，这行不通。房子塌下来，咱们跑不跑？房子塌下来就得跑！但是道德上，你可以面不改色。这是道德律比自然律更高的地方，道德律就是一条绝对命令，就是命令你无条件地承担你所做的任何事情的后果。这一条保证了道德世界的必然性，保证了有这么个道德世界。大家无法推卸责任，因为无论你有千条理、万条理，最根本的一条：你自己做了这件事，你就得承担责任。哲学上讲，你本来可以不做，没有任何事情是你非做不可的；在道德上、在自由上讲，你是有保障的，没有任何人能够剥夺你的这个自由。康德就此开出一条路，他所讲的德行可不是知识范围里的事，不是只看结果怎么样。因为社会生活太复杂了，有好心办坏事的，有坏心办好事的。德行只看动机，但这个动机又不是可以用科学的办法推知的，动机是不可知的，它是自由的。所以这种情形下，康德这个德行就是在科学范围以外的另一领域，在这一领域里动机和结果不能互相推论，不能证明。

科学领域，因果律可以推论，水开了一定100℃，但是道德领域里这个因果律是不能推论的。这人神态庄严，他一定做好事？他这事做得真好，这人德行一定很高？不见得，推不出来。德行跟幸福之间也一样，没有可以相互推论的关系。有德行的人未必很幸福，所有的生活经验都告诉我们，往往那些缺德的人倒是过得很幸福很幸福，往往如此。又有德行又有幸福，在我们这个现实世界是偶然的。古代讲"福将"，程咬金有这么点本事，他人蛮好，打仗也挺顺利，但这里没有必然的推理关系，是很偶然的。你不能由德行推出幸福来，也不能由幸福推到德行去。不是有人说我们这个生活是荒诞的吗？这种不合理、荒诞的根据在哪儿？就是因为幸福和德行不能够互相推论。它是自由的，不能推论。不能推论，这世界不就荒谬了吗？不就没有意义了吗？是。我们不是说哲学作为精神家园吗？大家在科学领域搞得挺和谐的，好像是在家里，一出门到了道德世界，到这个社会上来，这个世界变得荒诞、不合理了。很多事情推不出来就不可知。功业挺辉煌的一个人，忽然变成了阶下囚，这不是很荒谬吗？古代说万世基业、子子孙孙永保基业，没有这种理，理路推不出来，延续多长，那是偶然的。偶然，就是很怪了，很荒诞了，甚至于神秘了。所以现代的存在主义哲学思潮，从克尔恺郭尔到萨特，这些人就说人在这个世界漂泊，真是无家可归的（homeless），哲学没有家园了。这个根子其实早在康德那儿种下了。

康德也感觉出来了，他说这么一来这个世界就变成荒诞了，怎么让它合理起来，怎么让它有意义，让人有家可归呢？道理推到这儿不通了，但它还有路，所以从这里引出了宗教，引出一个无限，引出神、灵魂不灭。这些东西都不是迷信，而是推论出来必须得有的，康德称之为"实践理性的必定的悬设"。"悬设"，就是说我一定要有这个前提，否则生活就没有意义，大家都无家可归了。果然后来有人把这个前提放掉了，反宗教、反对基督教，被认为弄得无家可归了。康德这个理路中，宗教不是想象的产品，不仅如此，它是理路推出来的，同样是论证出来必须要有这东西。我们现在讲的道德全是形式的，没有内容，内容跟它的结合是偶然的，但是有一个地方两者是必然联系的。在这个地方，你看到一个有德行的人，你一定可以逻辑地、必然地推断他一定幸福，你看到有个很幸福的人，你也同样可以逻辑地推断他一定德行很好，而且分毫不差。这个地方就是天国。

科学是必然的王国，原则上是可知的，然后是道德的王国，最后是宗教的王国，就是天国。这个天国是实践理性，道德哲学里必定要假设的、推出来的一个地方，没有这个地方，人无家可归，而这个天国不可能在现实世界上就有，不可能在科学世界里。咱们都叹苦经，我干了好事也没人知道，领导不欣赏，群众也不买账，多惨啊！但你放心，只要你真的做好事，哪怕所有的人都不承认，有一个人肯定承认你。这就必定要推出个神、上帝来作这个道德评判的最后的根据，你因此心安理得、安身立命了。在某种意义上说，神不是想象出来的，哲学家有这么个严格的理路，就好像科学世界一样，必然地推出来的。宗教里的这些问题，譬如灵魂不死，人当然是要死的，有限理性都要死的，但是理性一定要设定灵魂是不朽的。如果没有这条假设，天国就没有了，人也不会做好事了。我反正要死的，一死就完了，我当然是尽量为我的利益服务。幸福论就这点可怕，它是无神论，一切都是为了谋取最大限度的幸福。大家都谋最大限度的幸福，那不就打起来了？现在假定灵魂是不朽的，这就有理路上的根据，人在这一生中要做好事，在绵绵不断的积德修善里达到天国的要求，这是一个无限的修养、修善。表面上看，这是一个道德说教，其实它的意思不一样，这是哲学在化解宗教。总算，我们有宗教这么一个皈依、寄托，在绵绵人生当中做好事，我们有坚强的信心，因为在天国的大家庭里有这么一个家长，他了解我们所做的一切，他既是有道德的，又是有知识的，又是有能力的。

从康德到黑格尔同样坚持这个道理。黑格尔就最强调哲学就是把大千世界都囊括在内、回到了精神自己的家园。一个自由精神，它是空洞的，它不是像知识界那些感觉经验，它是一个生命力、活力。从这个自由的活力，我们生命开出去，去征服世界，也就是创造我自己的世界，经历了千辛万苦，又回到了我的精神家园，也就是回到我的哲学，这就功德圆满了。这一个历程，从自己出发，经过了异己，在哲学里回到了自己，因此说哲学是我们精神的家园。精神本来是从家里出去，浩浩荡荡地去闯天下，又浩浩荡荡地回来了，衣锦荣归，这个时候精神还是精神，但是已经不是像当年出去的只是一个形式的自由了。康德讲自由是纯形式的，不能有任何经验。哲学就是要主动，要有种活力，精神就是生命嘛！开出去的时候，他没什么内容，年轻人没经验，一不是官、二没有学问；征服世界了，回到家园，还是这个精神，可是内容是很充分的。所以你看，康德那个天国回来了，回到我们的现实世界。

从康德到黑格尔，我们这代人受的哲学训练是以这个为基础的，里头的细节也很有意思，但除了这套思路以外还有没有另外的路？有。康德不还认为有天国吗？这就有点麻烦，虽然是理论上推出来的，毕竟讨论的是宗教问题，而我们这是哲学，不是宗教。黑格尔呢，整个就是一个大宗教，从精神开发出去又回到自己家园，他这哲学就变成宗教，是理性的宗教，就是理性的创世说，征服世界变成创造世界。这个意义的世界（meaningful world）是我出去创造的。本来这个世界没有什么价值，跟我的关系不深，但是我去劳作了，艰苦奋斗，跟你打跟他打，最后都变成了我的臣民，这对于我来说就是充满意义的世界，这个世界是我创造的。当然不是说你个人创造的，而是人作为一个精神的存在者创造出来的，是理性创造出来的，这跟上帝创造世界一样。所以，黑格尔被批判为是"精神创世说"，是另一种形式的基督教。这引起了一个怪才的

强烈反对，就是尼采。尼采是具有现代精神的一个大哲学家，他也不疯，他疯那是因为真有病，他的哲学倒是不太疯。（笑声）

从叔本华到尼采不是意志主义吗？尼采这个意志很有意思的，这个意志本来是自由的，谁也管不了我。康德也说了，不受任何经验世界的控制，是完全自主的。那凭什么要弄出一个比我还厉害的道德律，天命也好、神也好，来控制我，让我成为奴隶？成为奴隶的意志，就是无力的意志，就是软弱的。假设有一个天国，我这个现实的人就是天国的子民，我就得服从天国的意志，服从神的意志，在这个活的世界上忍辱负重、修德。道德本来是各个统治阶级、各种社会规范定下来的东西，你现在把它抽象化了，变成了一个统治我的精神枷锁。我本来的生命是鲜活的，我凭什么要被束缚？这一点很多人批评康德了，康德这个意志是形式的，内容要等到天国去补充，形式的意志是软弱无力的，没什么创造性。所以尼采批评，马克思也批评。马克思批评康德的自由意志是善良意志，是软弱无力的。尼采自认他这个意志是实实在在的，我不听那一套虚假的、骗人的东西，那是让我当奴隶，让我忍辱负重，在这个世界上赎罪。说我是不完善的，是有原罪的，我必须赎我的罪，进入天国得到公平的待遇，这不是基督教的意思吗？这是假的，谁见过天国啊？（笑声）

尼采的一套思想不是一种义愤，他有非常深的理路，他对康德、黑格尔的思想并不是不掌握，他是掌握的。他这个意志，不是我们普通说的欲望。欲望实际是科学范围的事，我饿了要吃饭，渴了要喝水，这个"要"就是我们的欲望，是自然性的。而尼采的意志，既不像康德那样的是纯理性的形式，也不是欲望。他这个意志不是一种"缺"，不是我被动地接受这个物质世界给我提供的东西，缺吃的我就去拿吃的，这是一种需要（need）。他这个意志是多出来了、满出来了，是充溢的、外射的，就像水在锅里开了又溢出来了。这么个东西，是一种生命，界限不大好分，但是说起来还蛮清楚。一种是缺什么补什么，这是科学领域的事，经验里的事，尼采并不反对这个，但是尼采说的意志不是这样，它是一种向外发生的、太多而涌溢出来的东西。在这种意志的理论的支配下，尼采就不要天国了，意志是我自己评判我的一切，我是可能的、全能的，我就是上帝。人怎么能全能呢？凭什么说说这个话？你是不是发疯了？但是你这么想，如果它是多出来的东西，它就一定要出来，你控制不住它，而且并不是你需要它、想用各种手段去谋取它。是索取还是给予？给出来的东西，我并不一定要问你需不需要，那是后来的事，我也不管这个客观、感性的世界需要什么，我就是给予，我想给什么就给什么，所以我是万能的，凡是我愿意的我就能。凡是我愿意给的，都是我能够给的。在这个意义上，尼采的哲学是非常彻底的，专门跟理性唱对台戏的。

　　反对理性主义的，往往容易停留于经验的、想象的一种反驳，譬如费尔巴哈反对黑格尔，他就强调物质、强调感觉。我们哲学其实还不能这样，你说理性我就来强调感性，那没有用。我说感觉，要把你那理性也包括进去。尼采就把黑格尔那套东西全部容纳在他那个所谓快乐主义中，所以尼采不是虚无主义，恰恰是他认为所有这些哲学家，古希腊以来的柏拉图、亚里士多德，包括康德、黑格尔在内，全是虚无主义者，理性主义传统全是虚无主义的传统。什么叫虚无主义？就是否定现在的生活的意义。理想主义者老觉得现实不合适，老对现实说"不"，不肯定现实。否定现实，才有创造，才要改变这个现实，这也有道理。尼采说，你看你们永远对现实采取否定的态度，你们才是虚无主义，我就实实在在地肯定这个现实，我不幻想另外一个世界，就这个世界，永恒轮回。永恒轮回，不是希腊人那种轮回观，也不是佛教的轮回观，而是说你就在这个世界里，轮回来轮回去都在这里头，你就得肯定这个世界，肯定这个世界并没有一个超越的道德，也没有超越的目的。你说这世界是荒诞的、没有意义，没关系，因为偶然的世界给你机遇。永恒轮回，实际上就是机遇的永恒轮回。给你机遇，你一直是自由的。抓住这个机遇，我来创造我的价值，意志就是创造价值。

　　意义就在创造当中，我的家园是由我自己创造的，黑格尔不也说了吗？但是尼采思想的不同在于：通过自己征服世界，但是我没有一个预定的目的，我这个精神出来了，自由了以后，我要抓住这时机，这里并没有预定的东西，并没有命运、天国让我去修炼，我只要抓住这时机。这里就带出我们哲学里最重要的，也是影响现代哲学的最重要的一个观念——时间。尼采为什么重视时间观念呢？因为时间不能空间化，时间就是时间，永恒的轮回给你的是机遇的延续，你永远有机会去做你的事，去开创你的世界。这个时间的观念，古希腊人是害怕的，他们觉得这个时间不可理解。运动不可理解、不可证明，时间也不好证明。在他们的观念里，时间也是一段段的，一年分成十二个月，一个月又分成三十天，三十天又分成几个礼拜，一个礼拜分七天，一天分二十四小时，再往下分，无限分割。生命是延续的，怎么分割啊？怎么分你也不能说我今天活着，明天也许就是另外一个我，而前天、昨天、后天都不是我，或者我睡觉了，没干活，我就不是我，我就不存在。不是的！时间是延续性的，不能切断。我现在讲课，一个小时以前在吃饭。这个当中我干什么了？没干什么。但你不能说没干什么我就不在。我没干什么，但我还活着，我还延续。飞矢不动，确实距离可以无限切割，那就不动了？但现实里它在动啊！它在动，这样一个时间性的东西，连续的不可分割的东西，你把它割成一段一段就不合理。所以你把时间变成空间不合理，"这个不合理"，这样一个觉悟、意识，西方人为此付出了很大的代价。我觉得到了尼采算是有一点清楚了。

　　古希腊有一句话："时间是掷色子的儿童。"后边接一句"儿童是王"。这话什么意思？好像一个谜语，又好像给时间下个定义，但这个定义很蹩脚，等于没下，我一直闹不清楚，以为也许是残篇，大概根本就不可能闹清楚。就这么一句话，孤零零的怎么讲？其实这个话是有意思的，而且自从尼采解释以后，一直到后来，包括爱因斯坦这些搞科学的都用这句话。什么意思呢？掷色子既是偶然的，也是必然的，它转转转以后出来是什么结果，你不知道，也不可预测、不可推算，不是以你的意志为转移，也不是概率论的问题。这个掷色子就是个机遇，是个机会，同时这个机会不是一次的，而是多次的。咱们要干件什么重要的事，总会思前想后、三思后行，怎么有利怎么做。但是这掷色子，你研究三年来掷一把就能掷得好？跟你不研究是一样的，这是一次机遇。但是你这次失败了，下次还有机会。我只能不去计算失败的机遇，因为对怎么失败你是总结不出什么结论来的。所以时间就是这样，过去就过去了，时间是个流，不可能再重复了。你说不行，咱们赖皮，咱们再来一次，但这是不可能的。科学实验可以，知识性的范围可以，经验科学最大的特点是可重复性，但是时间流中不能这么做，因为时间不可重复，不允许你回头。时间不可能倒流，譬如像掷色子一样，这是个机遇。这次输了你就不用再去多考虑了，因为原则上来说，也总结不出什么经验来，但是你要抓紧下次的机会，所以你的着眼点在未来。时间的度在未来，不在过去。对于过去感到懊悔是没用的，你也报复不了。怎么报复？向谁报复去？你只有重视下一次的机会。

这掷色子的比喻是厉害得很呢！它还有个特点，我们刚才讲了，道德律很严肃，无论你做什么事，后果你都要负责，唯独这个掷色子不负责。谁说我掷了一二三，就让我负责？就说我德行不好？不对，我不负责任。"时间是掷色子的儿童"，儿童是无辜的，不负责任。这个意思很深刻，掷色子的是个儿童，你怎么叫他负责啊？儿童干什么都可以不负责，人间的法律都管不上他，所以又说"儿童是王"，他主宰着掷色子的过程，主宰着这个时间，是时间的创造者。这个意思，过去的哲学家都绕过去，我们也不懂，尼采是着重地解释这个。而这个思想给他这么一闹腾，后来的科学家、哲学家都注意了。很好，爱因斯坦说了，"上帝不掷色子"。在上帝那里一切都是必然的，前知五百年，后知五百年，他能算定。一切都在他的关照之下，他掷什么色子？他不掷色子。人不行，人算不定、测不准。

过去哲学里没有时间。康德、黑格尔也有时间延续的观念，没有时间的观念他也不用修善、不用出去征服世界，这些都是有过程的。但是这只是对时间的一些窥测。时间观念是由尼采引到哲学里头的，而且成了他理论的核心。时间的观念再进一步成为哲学的核心的思想，这是我们上个世纪影响最大的哲学家海德格尔，他把存在论从几何学的方位观念变成了时间观念，所以他的书名叫《存在与时间》。这是在哲学理论上很大的突破，他把时间问题又向前推了一大步，成了哲学的非常重要的问题、核心的问题。时间的问题一进来，空间的同一性、逻辑的同一的问题突显出来。黑格尔的精神是从自由回到家园，这是自身同一。但现在这个时间是不可逆转的，你回哪儿去？回不去了，这就成了"不归之路"。也就是说，一个问题有几个侧面，你多少年思考的结果竟是不对的，因为你只说了一面，这里还有一个时间的观念你没考虑进去。你那个时间实际上是循环的，因此也是非时间的，是时间的空间化，你是把空间的、几何学的观念引到时间里来了。所以大家可以看，西方哲学在19世纪以前占统治地位的思想方法是几何学的、空间的思想方法，而到20世纪，时间观念出来了。

法国的柏格森是专门讲时间的，比海德格尔还早，他对时间琢磨得跟海德格尔不太一样，但我想或许海德格尔受他影响。希腊传统是空间的、几何学的思想，柏格森却把时间跟空间完全对立起来，他提出时间是绵延的、切不断。切不断，就是不可分割的关系。过去希腊的原子论，就认为那个东西本身不可分，起个名字叫"原子"。为什么不可分呢？他们想了半天，说凡是可以切开的都有缝，原子本身就没有缝隙，所以切不开。这是他们想象的，我们要问：什么叫没缝？什么叫不可分？不是说它真没缝，无缝钢管也有缝，也可以切开。不可分者有一个理由，就是"你中有我，我中有你"。互相纠缠，一团乱麻，怎么分？时间就是这样，所以时间不可分。你也不能把我这个人分成几段，人为地分了，那就不是我。康德提出很有名的几大问题，最后一个是：人是什么？你说我是老师，你说我是父亲，你说我是丈夫，这都是我的分开来的一个部分，但不是我。我是谁？道德的人、科学的人都不能涵盖人的意思。完整的人的概念是什么？康德没说出来。后来胡塞尔用反证法，说你不仅是父亲，也不仅是儿子，把你所有的身份都搁在一边括起来，剩下来的就是一个完整的、纯粹的人，所以说是"现象学的剩余者"，剩下一个真的世界、真的人。这是试图解决这个问题。康德的第一个问题是：我们能够知道什么？康德的《纯粹理性批判》给我们作出解答，作为有限理智者，我们能知道的是科学知识，这是可知的部分。第二个问题是：我们该做什么？就是道德问题。他告诉你有个绝对命令，你做的事情都要负责，在道德上你是战战兢兢的。第三个问题：人能希望什么？这是宗教信仰问题，亦即人的"归宿"，人的"家园"问题。

时间进入了空间，不是空间把时间吃掉了。时间不可分，是一个流，不是说一个个分子跟着跑，而是整个地纠缠在一起。可以切，但切了就不是真正的时间了。我们一天到晚都在切割时间，但是谁能穷尽历史？不要说全部的事情，连一分钟里发生的事情你都说不全。这一分钟里你干了什么，我干了什么，全世界多少人干了什么，自然界在发展变化着，这都不可能穷尽啊！谁能把真正的时间恢复出来？无非就是把那一段一段的事情，大概说一说。然后我们用科学的办法把这些事情连续起来，就是用因果律把它们联系起来。举个例子说，曹操有野心，带着八十万大军下江南，想把孙、刘给灭了，结果失败。失败的原因是什么呢？第一，他是不正义的，是侵略者；第二，因为孙、刘联盟，胜过曹操了。这都是我们用科学性的因果律把它理解出来的，但是实际上它不是这样串起来的。我们现在记录下来的都是一段一段的，组合方式有不同，所以历史就有很多版本。真正的历史，你去经验它，克罗齐说，一切真历史都是当代史。当代史不是说现在的历史，而是说你真要体会历史，你是回不去那时间了，但是可以利用材料去经历它，就是 experience，身临其境。艺术品也是这样，艺术品不像教科书，不像历史科学，艺术品就是用想象、模拟的方式，让现在的人再看一遍这个历史。真正的世界，那当然是不可能回去的，但是可以模仿着让你再经历一遍。比如说舞台上的曹操、拿破仑，他们也有七情六欲、喜怒哀乐，很具体的人物，不是说我是一军事家，我要打仗，没那么简单。也不是我们现代人拿过来古为今用，那不是克罗齐的意思。他的意思是你要设想退回去经历一下当时的历史。

时间的不可分割性，不是硬性规定它不可分割，而是说分了就不是它了。这样一个完整的时间观念是法国柏格森提出来的。这样一个观念出来，时间就不可逆，因此它就不像科学、空间那样可以重复，它是一次性的。个体的东西（individuality）就突出了，而不像过去讲同一（identity）。从古希腊柏拉图一直到康德、黑格尔，整个是同一思想的一个系统。同一毕竟是归诸概念（concept），而时间是不可概念化，所以柏格森讲要靠直觉，不要靠概念、逻辑。这条思路一提出，欧洲普遍响应了。你看，这么多年来的历史，不可论证啊！思路到这里已经要走这一步，individuality、直觉，跟 being、existence 联系起来，这就是海德格尔和克尔恺郭尔的想法。

自从哲学里出现了时间，随之又如何呢？其实跟科学里一样，同的问题退位，异的问题出来了。所以柏格森说时间是质的，是 quality，不是 quantity，不能量化。海德格尔也是这意思。我们讲的年、月、日、分、秒，这些都是空间化了的时间，但实际上时间不能量化的，它不能变成量的科学，不能变成几何学。时间是质的，那就是异的，每个都是异质的。过去是同质考虑，我们考虑规律性、必然性、逻辑性，那是同一的事物，不考虑质的问题；现在是异质的思维，除了艺术里讲个体性，哲学里也必须讲。现在的哲学强调 quality 的问题比 quantity 的问题更强调得多。而这个 quality 怎么在哲学里头生根？quality 还是在非经验的本体界，quality 还不是属性，每一个体的 quality 都不一样，它在自由里生根，而不能在自然里生根。在自然里生根，那是科学的事；在自由里生根，这就涉及从康德那里引出的另外的问题。就是说，自由给你保证异，保证不同。我是自由的，你也是自由的，他也是自由的，这个自由不是大家商量好了的。商量好的，那不叫自由，自由没有商量，所以自由者之间的关系就是时间的关系，是个体的关系，是质的关系。这是上个世纪末法国的所谓后现代派一些人很新的想法。

康德不是讲自由吗？但他的"自由"，也还是"理性"的"同一"；然则自由不是"一"，自由是"多"，因为自由，所以才多。所有的工人、农民都可以归类，老师也可以归类，但是这个自由，你怎么归类？每个人不一样。自由者有没有家？有没有王国？没有王国就疯了。自由者如何协调关系，这是个问题。尼采缺这个。你要想到，意志之间的关系，不只是奴隶与主人之间的关系，不是谁当主人谁当奴隶的问题。问题是：大家都是主人怎么办？古希腊就有经验，除了奴隶没自由外，城邦里大家都是主人，都是自由民，所以就运用辩论术互相说服。不是强迫别人服从，我得说得有理，大家就服从这个理，于是争啊、吵啊，最后就垮台了、乱套了。自由者之间怎么协调关系，这是个大问题。要使得自由者也有家园，也能相处，也能成邻居，像海德格尔说的"人是守护着存在"，"人是存在的邻居"。这话说得怪怪的，不好懂，实际上就是各个自由者如何相处、如何为邻。因为如果大家都是自由者，这个世界就纷争，就乱。卢梭讲的原始的社会，谁也不服谁，人吃人，是狼的世界。人显然不是这样的，所以康德也悟出来了，他问：人能希望什么？而这个希望的问题是随着意志自由，随着时间、未来的问题出来的。

从康德到黑格尔被掩盖着的问题，这个希望的问题，没有人回答。而现在，20世纪开始有很多人在研究它。布洛赫有一本书就叫《希望的哲学》，这书有点旧，但思想还是很有价值的。希望什么？人有什么权力希望？人有什么权力说我能回到家园？权力，不是说法律的权力，是说合理的权力。人有什么理由说我有希望？我觉得回答这个问题是比较重要的，因为现在的自由度越来越大，全世界如此，回答这个问题的纷争也越来越多。大矛盾没有，小战不断。过去发生大战是因为权力集中，大家都听命于领导，现在不大容易了。反而小的矛盾多了，因为大家都自由了。一百人、二百人，一两千人也拉起一支队伍来。

人能希望什么？我觉得在哲学上回答得比较好的，有个叫列维纳斯的，跟康德是老乡，他是犹太人，深受犹太教的影响。他把康德的道德学作了很好的分析，在各个自由者之间也分出你、我、他，提出一个"以他人为家"的思路。当然他也是通向一种宗教的情怀，但这个宗教他也是用理路来化掉的，不是提倡迷信。他在这个意义上解决了"同"和"异"的比较深入的关系。不是一个相同的东西回来了，"我"在"异己"当中为家。恰恰是"异己"，不同于"我"的自由的一个自由者，保存了"我"的自由，保存了"我"。这样一来就把道德里康德涉及但是没有讲得特别清楚的关系理清了。譬如说，哲学里不讲服从，既然自由，必然不能服从，甚至于死也不服从，不自由，毋宁死；但是另一个自由者就可以让你服从。我们的伦理关系中很正常的经验，比如我们为祖国、家庭，为我们的亲人、朋友而牺牲自己的利益，这比比皆是啊！这个情形找到了哲学的根据，而且你还必须这样。理路上，你既然是自由者，你就有这问题，你逃脱不了这问题。因此，诸自由者在一起结成的社会，就有列维纳斯讲的这些问题。这些问题过去哲学里很少涉及的，过去哲学不讲感情。这些情感、意志的问题现在都在这里找到了哲学的根据，而不是一般的社会交往这种层次上的关系。这个区别在哪儿呢？就是你注定一定要这么做，你不想做也不行，这就是哲学的根据。

哲学本身有这么些个比较特别的问题，我今天就讲到这里，谢谢大家。（热烈掌声）

**现场提问选摘**

**问**：哲学的基本问题到底是不是唯物、唯心主义？

**答**：我讲哲学作为精神家园，倒不是说哲学的基本问题就是精神家园的问题。我无非就是想作一个描述，引起大家的兴趣。在教科书里讲哲学的基本问题是唯物、唯心的问题，但是哲学不像自然科学，不好说对错。唯心、唯物作为一个分界线也不是我们这个阶段提出来的，从康德到黑格尔期间，尤其是费希特提出来，它也涉及哲学的家园问题。什么叫主义呢？这个家园就是我们要回去的，我是把它定在一个物质性的东西上还是精神性的东西上呢？因为哲学是最后的根据，它的出发点是这个，归宿也是这个，因此你到最后只有两个选择，不是归到物质上，就是归到精神上，并且这两个是不能辩论的，因为它都是最后的。什么叫最后呢？就是你再也找不出理由来了。费希特说过一句话，说你归于唯心还是唯物，这是你的选择、你的自由。这个意思从古典哲学，一直传到我们现在学的，譬如说马克思主义也这么说。所以唯物、唯心并不是我们这个阶段才用的词，而是很古老的词。唯心论那个词原来就是 idealism，柏拉图的理念论实际上就是讲 idea；唯物论是 materialism，讲 matter，是个材料。这是两个不同选择，材料对应于感觉，理念对应于理性。所以，哲学始终要把感觉的东西跟理性的东西糅合起来。从历史角度看，从西方哲学原原本本的角度来说，希望有一天能够把两者打通了。我也觉得慢慢会有沟通的。

**问**：宗教作为精神家园的一种，它有可能消亡吗？

**答**：这当然也是有争论的，但是宗教的消亡现在还谈不到，因为我们有一个比较坚定、确凿的想法，就是自然科学是不能代替宗教的。宗教和自然科学可以在某些细节上、在历史进程中斗争，科学和宗教本身都有很大的变化，在精神上有不少变化。现在宗教讲宽容。我们也可以这么说，哲学代替不了宗教，但是哲学的理路可以化解宗教。宗教为什么有那么多人相信？它拿什么理路来"说服"人？理性跟信仰，到底是先信仰后理解呢，还是先理解了再信仰？这是不同的方式。从哲学来讲，如果你要通通都理解了再信仰，那么神的定义是无限，他的智慧是不能限制，无限的东西你不能全都理解，所以信仰先于理解也还有它一定的理路。我们平常做事也是这样，不能全研究清楚了再做事，总是先做了再说。当然要有个大体的了解，越重大的事，越要了解得多些，但也总是相对的，总是先做起来看，先相信。譬如我们念书，我没念这个书，但你告诉我这本书非常好，我先相信它好，就念吧！当然很多人采取另一种态度，你说了我不信，我要看看，那也很好。但你不能所有的书都这样。老师就是用来告诉你，这本书还是值得读的，或者有些书是必须读的。

这里涉及大家学习哲学原理的问题。我劝大家学哲学原理，也应该念几本原著。教材是给你引路的，等于地图、门牌，你真要了解这个地方的风土人情，还是要真正去走一走。我建议你们不妨试一试。

**问**：能否这样理解，实际上我们并不是回到我们的精神家园，而是按照生命所提供的时间、给予的机会和生命的意志去建设我们的精神家园？

**答**：尼采就有这个问题，他就回不去了，他本人倒不一定因为这个原因疯的，但是后来人就这么说了。在西方相当长的一段时期，恐怕一直到19世纪，如果说你是无神论者，就是说你肆无忌惮，无异于说你是酒色之徒。这个词那时是不好的词，因为那时候的人认为，那种没有信仰的人的眼前现实就是他的家园，不需要另外的精神家园，完全没有什么拘束和顾忌。所以尼采并没有封死哲学，哲学还要指引人到一个精神的家园里去。光是物质的家园是不够的，这个精神的家园就是我们希望什么。虽然它还没有实现，但是你得有个希望，不能是 hopeless。所以哲学在这意义上是有用的，有大用处的，在精神上有一种慰藉、寄托的作用。哲学没有小用处，拿哲学来谋生是很惨的，人家说不要你就不要你了。学科学、技术，还是非常实在的，希望大家好好学，学完了以后在现实社会有个安身立命的地方。但是，哲学在人文修养方面会对大家有帮助。像爱因斯坦那样，在工作之余想起来天地人神怎么来理解。艺术也是很好的，爱因斯坦还拉小提琴。这些都给你精神上一种归宿。功利的世界非常有用，但是到一定的时候你就得淡化了。你年纪大了、功成名就了，你就淡化了，你在科学领域的成绩不是无限的，它到了顶峰，就往后退，因为后人已经走在你前面了，按顺序的时间，这是一种时间的"错乱"，如果你具有时间本质的意识，就不会有这种"错乱"感；而时间的本质意识，在"人文"里愈是有人文修养的，就少些失落感。

**问**：您对完美怎么看？

**答**：希腊哲学传统里一直追求的完善性。譬如康德那个天国，它也是完美的。完美性曾经是哲学的理想，但实际上一切都尽善尽美了，就不动了。动，就是因为它不完善。哲学是讲动的，从古代希腊开始就要讲纯粹的动，讲怎么让这世界动起来，合理地动、纯粹地动。纯粹的动，可以理解为完满以后的状态。所以这个完美性的问题，只是个理想，完美有一个理想性。实际上一切都不完美，这是一种否定的态度，但是悬设这个完美性才可以让那些不完美的东西动起来。所以完美只能在哲学里设定它是个物体，不是知识的对象，是设在那里的一个理念。不要这个理念，我们照样动，因为这个理念说不清楚。所以现代的观念并不追求完美。

**问：** 您自己的精神家园在哪里呢？

**答：** 应该说，我个人的精神家园就在哲学。我一直不觉得研究哲学是一种谋生的手段。我觉得拿它当工具来谋生是不可靠的，所以我也很懊悔没有学一门技术。我有位在美国市政府里搞水利的朋友，他写过很多哲学性的书，非常有趣。我给他的书写过一个前言，叫"灵魂的归宿"，他高兴得不得了，激动得眼泪都流出来。可是我说，我很羡慕他，因为有个水利专家的谋生手段保着，他就可以自由地作哲学思考，爱说什么说什么。我说我就不像他，没有一技之长。哪怕我能修路、修水管子，这都挺好，然后我再来搞哲学。哲学做成一个专业了，它就有很多麻烦。我这位朋友在精神上他就很自由，他在美国的学界并没有教席，所有的人他都骂，所有的人都瞧不上，他写文章一点不客气。可惜我做了一辈子哲学，从毕业以后就一直在哲学所，四十多年没变。所幸因为年纪大了，现在管我的人少一点，整个社会也比较宽松点，所以精神家园还可以，不那么辉煌吧，还很安逸，还能做下去。大家做学问、搞科学也一样，不要把它单纯当做一个工作、当成谋生的手段，要对它本身有兴趣，就是离不开它，这样我想什么事情都能做好。

## 哲学中的贯通精神*

从哲学作为一门学问诞生起，它就有一个精神，就是要在理路上求得贯通。古希腊人强调证明精神。看到在动的物体，我要提出疑问，我就有理由说它不可能动。如果你说它动，你就要证明它。所以希腊的哲学好像是在没有问题的地方提出问题。这个哲学的精神，就是在一切被常识认可的地方提出问题。恰恰在我们常见的、常说的、说顺了嘴的地方提出问题。对于最基本、最常识的东西提出质询、疑问，然后你得找到一个理路，证明了它，他就不能再问。

例如，哲学中讲本原、本质，你就不能再提问题。因果系列中，一环扣一环，可以互相推，果可能变成因，因可能变成果，无穷推下去，就没完了，可以一直追问下去；但那时候的哲学家就说，我要结束这个问题，我讲"第一因"。什么是"第一因"？它既然是"第一"，你就不能再问它还有什么因。它是第一个原因，它不是另外一个原因的结果。所以，哲学曾经被思考、被认为是寻求"第一因"的一门学问。就好像父子，父亲是儿子的原因，推到最后，推到第一个老祖宗，就叫"始基"。"始基"这个汉译大概采自《左传》，意思是刚刚创始的那种因。这是哲学最原始、最古老的形式。可是这个形式大家不满意，因果系列本来是无限的，是无头无尾的，你忽然说出来一个"第一"，这就变成独断了。这样就显得不讲理了。

---

\* 此为2002年4月在东南大学人文大讲座上的演讲，原载陆挺、徐宏主编《人文通识讲演录·哲学卷(一)》，文化艺术出版社2007年版；又载《解放日报》2010年8月8日第8版。

好，我也讲理。总得有一个确定性吧！这个确定性的东西是什么？我们追求什么？亚里士多德就把追求真理确定为哲学的最高目的。这个世界是变化的，但真理不变。也就是说，这个始基不可能从别处变来，它是这个世界的第一个原因。这第一原因就是古代希腊人讲的"神"。这个"神"不是基督教的神，应该是强调"神圣性"的意思。基督教的神不是第一因。但是，说哲学作为一门研究第一因的学问、研究始基的学问，研究原始的、老祖宗的学问，都好像不是很确切。杜威有一本书叫《确定性的寻求》，他从实用主义研究下去，认为没有确定性的东西，因此他认为一切随着"实用与否"这个轴心在转，所以经验是第一。你无非是积累各种各样的经验，来处理、应变事件，来处理世界对你提出的挑战。这也是很彻底的一套思想，是从经验主义传下来的。

那么从欧洲大陆思路下来，这个"第一因"超越了因果系列，好像是跳出三界之外，所以这个问题是超越的。哲学这个超越性也是从古以来就定下来的，超越我们日常经验的世界，是超越自然科学的。所以哲学有时候被称为"超越的学问"，或者"科学之科学"，它是一切科学之母，是一切自然科学的基础。这个思想一直到19世纪到近现代都还是这样。我们现在还在用"人文科学"这个词，这就属于超越部分。人文的知识是人的最基本的知识，是先验的知识。人文科学就好像一片土地，是树的根，是一颗种子。不仅物理、数学、化学、生物等自然科学，而且社会学、人口学、经济学等社会科学，全都是从人文科学中开出来的。社会科学跟自然科学一样，也可以用经验科学的方法，来统计、研究这个学科里所面临的因果关系。

哲学是自然科学和社会科学的综合，这并不意味着把自然科学和社会科学的所有问题简单地加在一起。并不是说综合所有自然科学、社会科学的成果，从中概括出来并上升到哲学的高度。这是我们平常讲惯了的，其实不是这样。当然有这个过程，自然科学有新的研究成果，哲学家也学习。但哲学讲的是最基本的，是要寻根追源，打破沙锅问到"底"。其实这个"底"并非远在天边，也不是在地球的深层，而是近在眼前的，是我们"眼前"的世界。我们一眼看到的世界，并不经过科学分析。并不是我们先学了光学，我们的眼睛才亮。每个人都会"看"。这个"看"是人文的看。我们看到这个世界，才会去研究、分析这个世界，去做实验，才有光谱、仪器、视觉眼球的结构等技术和知识，从而了解我们如何接收光线。同样道理，我们每个人并不是都学了语言学才会说话。语言学是在"说"的基础上发展而来的。这个"说"是最基本的，而语言学是一门经验科学。语言学跟光学一样，也是一门很深、很专业的学问，它的规则很有趣。但是没有人得先达到语言学家赵元任先生的水平，再来说话。大家都会说。哲学所研究的"说"，跟赵先生研究的就不太一样。

哲学还有一个名字，叫"metaphysics"，译为"形而上学"。过去我们的哲学教科书把凡是僵死的、形式的，以静止的眼光看问题，称为"形而上学"，把以发展的、变化的、运动的、联系的眼光看问题，叫做"辩证法"。这一讲法有历史依据，西方近代哲学家常常反对、批判过去旧的形而上学传统。西方人一直到现在还在反对过去旧的传统。但是这一讲法把问题简单化了。metaphysics 是从亚里士多德著作来的。亚里士多德很勤奋，他是百科全书式的学者，研究领域包括物理学、天文学、动物学等等，有许多著作。他的书是由后来的学者编的，其中讲"第一哲学"的部分编在物理的后面，就是"physics"的后面，所以就用了一个希腊词"meta"，意思是"……之后"。这样编按现代眼光看好像不太对，但是"meta"不仅仅包括"后"的意思，还有"超过"、"超越"的意思。"metaphysics"这本书是在"physics"的后面，同时又有超越的意思。超越"physics"后就有"metaphysics"，这就是哲学。

"metaphysics"译为"形而上学"，这个翻译很好。"形而上者谓之道"，是中国传统的，一直到现在还在用。"形而上"的这一部分的人文科学，探讨的是"原始的看"、"原始的说"，所以形而上学也讲理路。这一部分理路是"逻各斯"（logos），在理路上逻各斯比形式逻辑（logic）更基础、更为根本。它不是工具，是人文科学精神，是生活的理路、基本的理路。生活逻辑（艺术逻辑、情感逻辑）都属于逻各斯，不属于抽象思维的逻辑。"逻各斯"最初有"采集"、"综合"的意思。逻辑是分析的，而逻各斯是综合的。自然科学、社会科学的基础是数学、物理学，它的基本骨架是几何学，是逻辑推理。几条公理、几条原理，就把经验世界变成概念系统。物理学、化学都有这样的特点。当然不止于此。这好比是植物学里的分类学，把不同植物分类、归并，然后提炼出来，酿成一个概念，组成一个理论体系。某种意义上讲，这是一个概念的、抽象的体系。这个抽象体系，它跟客观世界有一一对应关系。你说的，它都有。但"逻各斯"理路有其特点，它的理路能贯通一切。

自然科学有各种特殊领域，各种领域之间有的是可通的，有的不大好通。如果用物理学概念来管理这个社会，那就麻烦了。用人种学来管理社会也一样。黄皮肤、白皮肤都是人，同是白种人也分很多等。你不能用人种来分这个社会，也不能用性别来分社会。社会学还有更多复杂的管理办法和研究成果，不能用物理学、人种学来代替社会学，它们各有界限。哲学则没有界限，哲学给人这样一个信心。你要问我"什么是哲学"，简单地回答：哲学是一门通学，它的理路无往而不通。不通是我们没作好研究，还不懂。当我们懂了以后，哲学都能通过去。对哲学有兴趣的同学可以看看哲学史上的大家们的思想，他们的书都是能通的、能懂的。有时候显得怪怪的，好像很难懂，其实都是能懂的，都是最基本的道理。在学习自然科学的时候，大家可以学习爱因斯坦的方法，到一定的时候去看看康德的书。同时，现代的一些科学思想对我们哲学帮助也非常大，像相对论对哲学就很有影响，思路是能够沟通的。

有时候你觉得不通，那么你要琢磨琢磨，也许到某一个时候就通了。举个例子，我们当初当学生的时候，张世英先生是我们的老师。学德国古典哲学，从康德、黑格尔一路死记硬背下来。黑格尔讲"绝对"，还有"同一"。不懂啊！多少年我们不懂，不懂也说。弄不懂，你也得说啊！所以在60年代一场思想大辩论中，有人就提出来他反对思维存在同一性，他认为这是主观主义的根子，主观主义就是脑子里想的就能变成现实。这不就是反对大跃进、反对三面红旗吗？结果把他整得够呛。其实，这是一个很深入的哲学问题。黑格尔不也说同一性吗？物质变精神、精神变物质，这个"同一"是怎么来的呢？这不是很好懂。我也不敢说完全懂了。但我们有进步。这怎么理解？为什么会出这个问题？它是有来历的。哲学是通的。

康德说得很有意思。比如说，我们的知识靠外头提供感觉材料。你不得不接受，你得有印象，有外界刺激你。这些材料来了，是外来货，跟你的理性、逻辑没关系。理性、逻辑，这是内在的，是我们人的特点。我们有理性，感觉材料进来，理性就加工。所以康德还是保留了这样一个东西在外头，就是大千世界。要不我们怎么来的知识？不就变成纯形式逻辑了吗？哲学是知识，知识靠经验、靠积累、靠材料。形式逻辑不是知识，它不能给你增加任何材料。形式逻辑最根本的是同一反复，就是逻辑。这能算是知识吗？知识从严格意义上讲是经验。你的工具很好，你天天擦枪，但是又不打仗，不跟外界接触。你这枪擦得锃亮，没有用啊！（笑声）它不能增加材料，知识王国里没有增加财富。必须有东西进来，才能增加财富。好比古人说的，我的国家疆域辽阔，但是没人，那算什么？你得有民，得让子孙后代占领这个地方。民从哪儿来？移民。

好！但是这样的思路有一个麻烦。在我们的移民法中，移民进来了，他是居民，享有居住权，但他不是公民，没有选举权和被选举权。他始终是不能归顺于你，他随时拍拍屁股，说走就走了。同样，感觉材料中合我规则的就进来，不合规则的、不是我感觉接受的部分，我不知道、我不可感的东西，我知道不能成为知识，我不能认识，它就不能增加财富。哲学当然不能空。那么，这个同一哲学怎么出来呢？你不能强来，说这就是同一。那就独断了。你必须有理路，要有逻各斯。我这里介绍一下费希特提的同一哲学。费希特不像康德、黑格尔那样辉煌，但他的哲学也不仅仅是从康德到黑格尔的一个过渡环节。我暂且不说他自身的特点，先说他在过渡中的功劳。费希特提的"同一"很有劲。不是说有超越知识的、自由的部分吗？他就说我这哲学讲的不是经验科学。自然科学得有对象：研究声学，得有声音；研究光学，得有光；植物学得有树、有花、有草。这些对象都是给定的，我是被动，我要接待，我就老老实实地去研究它，然后根据我的思路构成理论体系，也就是概念体系。我这是reception，接待台。哲学则不是。从希腊开始，哲学就是自由的东西，我的理性是纯粹主动。康德不是讲自由吗？我坐这里等你来移民，移民局给你批准了，你就移民过来。是你主动，还是我主动？都不太主动。法律完全不根据你们来定的，而是按照我的理性自己定的，你们爱来不来。美国就是这样，你要移民，得按照我的法律，我看你合适就合适。但是，它也有个法在那儿，得按照法律办事，该移民还是得移。如果投资多少万美元就可以获得移民，我在这里投资，我就可以移民了。所以，也不主动。费希特就觉得在康德那儿没有自由的知识。自由就是道德，哪儿来的知识？

费希特说哲学从希腊开始就是自由的知识。我们讲的第一因，只有自己是自由的原因，没有外来的因，不是他因，而是自由、理性的。那就是有一个问题：你自己产生自己，那还不是你自己？你不产生新的东西，你在里头躲着，你没世界。康德讲知识不是纯形式逻辑，要有财富。那你怎么增加呢？费希特想出很有意思的说法，康德看了以后非常恼火，申明不是他的意思。然而，好不好是另外一回事，反正费希特比他更进了一步。费希特最早的一部著作《全部知识学的基础》，出版时没有注明作者，到底是谁写的？人们都说里面的东西像康德的那样绕来绕去，都怀疑是康德写的。康德刚开始跟费希特通信，还觉得这年轻人很有意思，但一看书名就火了。费希特把康德的意思包涵进去，更推进一步。这跟科学上的进步一样，必须涵盖前人的成果，比如相对论包括牛顿力学在内。否则，你另起炉灶，别人说东，你说西，那是不会得到承认的。科学都是一样。所以费希特把所有康德的合理的前提都吸收，然后在这个基础上往前推。

如何推？也许有人很早就琢磨了，很早就懂了，我这几年才琢磨出来。他推得很有意思，竟然从逻辑最基本的命题开出全部知识的基础。他把 A 当做自我理性，那么非 A 自然就是非自我，就是感觉世界、现实世界。费希特说这是颠扑不破的，不管 A 有没有，不管 A 存在不存在，这个公式永远对。非 A 就是 A 的否定。正也是 A，负也是 A，A 的正反，反正都是个 A。我们可以推出这样一个公式：A 是自我理性，非 A 是大千世界，两者都是 A，无非大千世界是 A 的否定，这个"不同一"的"同一"就出来了。原来所谓的大千世界就是非 A 的，就是非我。这个世界当然是客观的非我的。同样是我这儿生出来，是我这儿推出来，是理性这儿推出来的。这个理路在当时不管康德怎样反对，很快得到认同，一直到黑格尔，就讲"绝对"。什么叫"绝对"？A 跟非 A 对，自我理性跟大千世界对。闹了半天，大千世界是非 A，是 A 的否定，我实际上是跟自己在对着。理性自己对自己，所以是"绝对"，"绝对"就没对。费希特的意思就是说，不是外界给我提供的感觉材料，那些感觉材料是我自己设定出去的，也就是说理性设定非理性，"我"设定"非我"。"我"怎么能设定"非我"，这不是空想吗？不是的，费希特就讲这是逻辑推出来的。

还有一个词叫"精神的外化"，我们可以想象生命要扩张。精神的外化是逻辑的过程，就是非 A 的设定。这个过程是自由的，是自己设定的，统统是有理路的。跟自然科学的概念不一样，哲学中逻各斯面对大千世界，实际是我们理性设定、外化的一个逻辑过程。所以黑格尔讲逻辑和历史统一。这在经验和常识上也可以理解，但深入一步的意思就是这个。其实，康德也有这意思了，在伦理学部分，但不明显。哲学推出来的是什么样的世界？不是我们研究自然科学中面对的感觉材料世界，在哲学中面对的是意义世界、价值世界。在这个意义上说，精神创造世界在费希特已经有了，到黑格尔这里就明显是精神创世。

这个意义的世界，就是最早的知识、最初的知识、最基本的知识。人文知识是一种创造性的知识，是自由的知识，是一种创始的知识。这个知识是理性自己认识自己，是 A 经过非 A 的外化又回到 A。又回到 A，不是原来那个 A 了。理性自己设定一个对立面，这个对立面即非理性的东西。用黑格尔思路讲，理性经过艰苦奋斗、努力劳动，外化以后又回到自己的家园，即理性自己认识自己。刚开始只是形式，是 A，还没有非 A，是个空洞的逻辑概念。等外化成为非 A，好像是非理性的，异己的，但经过很多磨难，最后又回到自己，你还是你自己，只不过更丰富。这样，知识就有财富、有材料了。这些材料又都是非 A 提供的，但这些材料都不是被动接受的，是你自己创造的。

最早的存在是最空洞的概念，它是抽象的，没有内容、没有财富。好比才一个月的小孩，好玩得很，他有反应，也不太闹。你说这个小孩存在不存在？存在！他在那儿，确确实实是个人啊！但他是个抽象的存在，他叫小宝也好，叫阿根也好，他是抽象的，没内容没财富。（笑声）你不能问他的妈妈这个小孩是什么人，只能问这个小孩叫什么姓名、多大了。因为他还没有什么，他还什么也不是。他是没有什么的"是"。几十年后，他长大了，他还是他自己，但是这个小宝就不是抽象的了。他有一生的经历，有他的事业，有他的社会地位。这不就是自己认识、丰富自己吗？理性自己认识自己，也同时开创自己，开创这个世界，再回到自己。这个理路其实是从简单的道理中出来，而这个简单的道理往往被人忽视。所以，哲学想的就是在最基础层次上的道理。

希腊人梦寐以求的就是自由的知识，自己认识自己。他要论证，首先要脱离实用的干扰。我们常想，一个民族最基本的是为了生存，这是大家都必须有的。你得谋生存，解决温饱的问题，就要用到技术。但是科学和技术是有区别的，科学是暂时脱离了实用、实际的效果，它是一种最初级的自由的知识。不是为了要吃、要喝，才去研究植物；也没有明确目标说为了要提高产量去研究粮食作物，为了要改善环境去研究花草树木。我是自由的，我要摆脱实用的干扰，才能把这些感觉材料作为一个对象来作客观的、静观的研究。而技术则是永远受到功利、实用左右的。科学这门学问是希腊人给人类提供出来的，把这个世界作为客观的、静观的、非功利的对象去研究，这个巨大的贡献为我们的哲学敞开了道路。哲学是更进一步的自由，我们发现哲学问题比这种脱离实用、功利的科学性的知识还要进一步。它是最基本的，它不把这个世界当成客观的对象，当做与理性对立的对象，而是理性自我认识的过程。从康德到黑格尔，非常清楚地描述出来的是理性自己认识自己，理性征服世界，最终回到自己家园的过程。这个思路发展到现代，我们就有一个很著名的说法，叫"在世（界）中"。科学知识超脱对象世界来看这个世界；宗教也是这样，神看世界也是超脱于世外的；而人看世界是"在世中"，即人在世界中，人认识自己。海德格尔说"人诗意地栖居在大地上"，这话讲得非常美，好像人和世界亲密无间，其实还有毒蛇猛兽。

我们看得出：哲学自身的历史都是通的，不是自己瞎想出来的。创造也是在创造的传统上，并不是每个人想一个世界，每人一部哲学，不是这样的。哲学有深浅，在创造的传统上，你创造，他也创造。如何创造？你得学人家创造。如果不是在这条路上，那就不是创造，可能是模仿。意义世界、价值世界是"我"创造出来的，但并不是我个人，是"人"创造出来的。理路还是通的。法国很多激进、前卫的哲学家有怪怪的想法，但是深究下去都不奇怪，都是有来历的。海德格尔好像前无古人，有很多创造性，但他的哲学离不开康德、黑格尔这个传统。严肃的哲学家都是很谦虚的。尼采如此，海德格尔也如此。他们要批判传统，不是故意犯狂，而是他们的理路驱使他们这样做。同样，叔本华也是，他要争教席，他就把自己说成老子天下无双，这样学校才聘他。他老打不过黑格尔，他就烦，烦了就骂人。这是偶然的。真正他在讲自己道理的时候，他没有那个狂劲。所以海德格尔从表面上看目空一切，把形而上学一通批，说尼采是最后一个形而上学者，我这才是新的哲学。其实不是的！海德格尔开了很多课，专门讲希腊的思想。他说他到六十岁才开始懂一点亚里士多德。他在讲课中有两本很重要的书，《康德与形而上学问题》是他自己出版的，对康德评价很高；他还开了一门课专门讲黑格尔，很谦虚的，很能发挥黑格尔。

从康德到黑格尔，一直到胡塞尔、海德格尔，都是哲学史上的创造性范例，他们的理路是通的。简单地说，哲学就是通学，就算是铜墙铁壁也能通，但是得讲理。哲学，你没打通的时候，别乱下结论。多年前流行一种看法，认为黑格尔著作中许多读不懂的地方，连他自己本人也不懂，跳过去就是了。这样的态度过于轻率了。对这样的书不能随便讲话，这是我们学哲学的基本态度。要不就学不进去，不要有先入为主的成见。这些哲学家在亲自订正出版著作时，都很慎重，他们不随便乱说话。当然，不能说他们每句都是真理，但或许我们宁可相信每句都是有根据的，不是信口说的。对错是另外一回事，但都不是随便说的。哲学好比一座建筑，它的砖都是活的。哲学的概念系统，不像科学的系统完全是一环扣一环，这些砖可以重新组合。但是这种组合是铜墙铁壁，环节不能乱。你想从其中抠出一块砖，这太难了，要么你把它整个炸了。这就是哲学大家的一大特点。我们做学问、写文章，应以此为标准，当然这比较难做到。搞基础理论，低水平重复十本书，不如高水平写一本书。以质求胜，这是人文科学的特点。（热烈掌声）

**现场提问选摘**

问：费希特讲从理性开启大千世界，我们能不能理解为非理性的知识来源于理性的知识？

答：在哲学层次上讲，就他们的意思，非理性的就是感性的世界，非理性就是由理性创造出来的。这个思想实际跟基督教创世说一样，很多人批判黑格尔的哲学不过是个理性神学。在远古时代，哲学和神学是一回事，但是到了亚里士多德时代，哲学就是第一因的问题。基督教的上帝全知、全能、全善，那么大千世界，如何解释呢？只能是创世说，大千世界是上帝创造的，你们都是上帝的子民，从无中生有。这跟希腊人的想法完全不同，但这个"无中生有"很厉害。感性世界是从"无"中由"神"创造出来的，而就哲学来说，价值、意义是理性赋予这个世界的，而不是世界本身就有的。胡塞尔说过，世界有很多层意义，作为感觉意义向一切物质（包括人和动物）开放，但是人文精神意义的价值只向人开放。在感觉意义上,我们看到的世界和猴子看到的世界是一样的。猴子有感觉,烫了,它会躲开,甚至有的感觉它们比我们人类更灵敏。但是这不是知识水平的问题,人文意义不向它们开放。比如我们在这里讲课,我知道这是大楼,这里是教室。从动物园跑出的一个猴子,它就会到处乱闯,它知道这里有墙,这里出不去,但它不觉得这是教室。这个大楼、教室的意义对猴子不开放。因此有理性、有精神的人和动物呈现出不同的面貌。

**问:**"无中生有"的观念在宗教中才有,古希腊没有这种观念,这反映传统的理性和我们现在的理性是不一样的,理性能自己认识自己,如果理性自己出了问题,那该怎么办?

**答:**对于"理性"的理解,哲学上有很多思考。理性也不是纯粹只有一种意思。希腊人的"理性"是静观的,就像一面有结构的镜子。理性是根据逻辑规律、按经验千万次重复以后得出的规律,因此理性来自于经验。这是一种理解。理性作为一种静观,它是理解力。在科学里就认为理性是准确地理解世界的工具。但哲学强调一个"动",哲学不能静观,理性要作为纯粹能动的东西。康德说,人先天能动,就是把感觉材料加以规范,有时空、有范畴。理性怎么让它动起来?到黑格尔就把理性和精神相结合,在精神意义上来理解理性。从希腊开始,理性带有被动性,不那么具有纯粹主动性。希腊对此有两个概念,一个叫"灵魂",一个叫"理智"。现在哲学传统永远排斥被动性,被动是接受的,我接受就是不自由。哲学是自由的东西,不是被动,是主动的。精神是一种生命,是一种冲动。黑格尔讲绝对精神,他也不是随便讲。自由理念、自由理性是绝对精神,它不需要外界给它什么条件,它完全是主动的、自由的,对外扩张。哲学要从一个纯主动、自由的东西出发,这是颠扑不破的。

但是哲学家始终觉得理性有镜像的嫌疑,所以黑格尔到最后也有麻烦。他要创造一个世界,要是可感的、可直观的。这 idea 是理性的,既有概念,又有直观,它还是一种反射反应。但是哲学光讲这个不够。黑格尔以后,在尼采那里,由理智的重心变成意志的重心。意志就能避免理性的问题。意志就是为了活动。康德把人类精神结构分成知、情、意,尼采则从意志方面开出这个世界,他讲道德价值都是"我"创造的,都是自由。自由意味着创造。这被认为是顺理成章的,比亚里士多德确实更进一步。这个"意志"是非理性,不是理性。它虽是非理性，但又不是感觉材料里的欲望、欲求。它不是理性，是非 A，但它又是这个 A，它本来就占有 A 位置，只是它是非 A。尼采从叔本华的意志出发。意志是最基本，它不是第一因，你讲因果，意志不是第一因，不是充足理由，它没有，它是偶然的，不是充足理由，整个逻辑从这里受到威胁，它是另外一种意思，逻辑从尼采演化到后现代派光讲形式逻辑还是够的，不仅是形式，而且也有内容。这是哲学的一个思路，这个思想同样讲理，同样是通，但它的形态已经不一样。从费希特到黑格尔，到叔本华到尼采又经过一个长期过程，西方哲学家又开辟 20 世纪后期的一批。20 世纪前期是海德格尔，以后还有一批，他们的问题又有一个层面，很有意思；卢卡契讲反理性主义。说是反理性主义也对，但它不反对自然科学的理性，它不反像黑格尔说的悟性、质性、理解力。谁反对科学理性，那就是疯子，哲学家不是疯子。反理性不等于反悟性、反知性，自然科学在哲学体系的呵护之下。就是海德格尔、胡塞尔觉得技术观念过于膨胀，他们的着眼点也不在反对自然科学。胡塞尔说要把自然科学括出去，要注意那剩下的东西；而不是说要反对或消灭括出去的东西，只是把它"悬搁"起来。海德格尔也不是要我们现在都不搞发电站，而去搞风车来作动力，不是这个意思。人文同样是科学。这个话题很有意思，现在有些人以为现代的哲学思潮是反科学的，这可能有误解；现代哲学只是提醒在科技大发展的同时，不要忘了基础性的学问。与其说它反科学，不如说它反对技术的过度膨胀。科学不能反对，哲学没有也不应反对科学。但哲学不同于科学，这是自古以来探索的路。哲学一定是为科学留有余地，不能说你把科学都反掉。或许尼采、叔本华是反理性的最大代表，但他们也不是一味反科学理性，它反对的是黑格尔讲的思辨理性，认为这是虚构，不对的。尼采写了一篇文章叫《愉快的科学》，从某种意义上讲，尼采居然可以是科学主义者。这话给人感觉怪怪的。它不反对科学，叔本华就更不反对科学；柏格森也是反理性主义者，反对得很彻底，反得干干净净，然而他对科学特感兴趣，尤其是新科学。他对相对论有兴趣，也发表意见，但被爱因斯坦批评了一通。他错了，因为相对论很专业，他没有弄懂。但爱因斯坦谈康德哲学，也不大行。学有所专。无非是说哲学不是科学家做的事。哲学家有哲学家的工作。哲学提醒世人不要忘了最基础的东西。用海德格尔的话来说是不要把"存在"遗忘了而不是说科学不对。海德格尔区分存在和存在者。如果存在者都不要了，那他也疯了。这不可能。我常说，人文同样是科学。好像人文科学和自然科学是对立的，不是这样，它是更基础的，人文是科学，这是胡塞尔定的。他甚至说人文科学是最严格的科学。为什么？因为人文科学在最基础层面，因而在这个意义上也最严格。我还应该说，哲学与科学的关系，黑格尔思考得很深入。不过这些问题谈起来要有很多的准备和时间。我很希望能学一点科学，新的老的都想学。五十年前我在北大学习时，我们哲学系什么都学，第一学期我们学数学，第二学期我们学物理，然后学化学生物。数学我学得还好，以后物理、化学、生物，就一年不如一年，现在想起来很懊悔。现代在某种程度上说哲学和科学接近了。这个理由很简单，大家都走到一块儿来，并不是互相商量好的，是运思走到一块儿来了，古代也是在一起，古代哲学受几何学的影响。

**问**：按照希腊哲学定义，哲学是自由的知识，而中国传统的儒家和道家都十分讲究礼仪，能否说中国的古典哲学是属于形而下的？

**答**：这是两回事。不能这么说。中国没有一个西方形态的哲学，但是中国有形而上的问题。儒家、道家学说没有像西方哲学那样形成一个体系，逻辑不那么严密，但理路也是用推理的方式。有的人认为用感悟的方式、直观的方式，这都不是很确切。中国古典哲学有形而上的问题，这就是"自由"的问题，不受制于功利的世界。当然这个自由度没康德的高，道德上纯形式、不受任何经验限制的"自由"这个观念我们没有。但是也许希腊的水平我们有，这就很好，因为时代差不多。我们的哲学相当于他们的苏格拉底、柏拉图。希腊哲学固然伟大，但是我们绝对不可想象，说一句"万物的始基是水"就可以比得上我们老子的五千言。这不可能，我们的话还比他讲得多得多。关键是我们后代没做好。这是我常说的话题，就是我们后代没有产生大哲学家，没有西方后来阐述得好。中国哲学在世界上是另外一个思路，是很深入的另外一个逻辑，这条路要好好地开发。现在是杂草丛生，我们要把它清理出来，把它标识出来，标识出整个中国哲学的思路。这是我们努力的，但做得不够，还需继续做下去。

过去很多大学问家认为中国没哲学、没有形而上学，这可以商榷。中国有形而上的问题，但是哲学这门学问没有形成的原因是中国没有"什么都不是"

的"是"的概念。希腊人比较容易。"是",这个系动词,他们有。把这个系动词拿出来,单独考虑,不就形成一门学问吗?当然这个话太简单了。咱们古代没这个系动词,俄文也没有,所以就省事了,没有严格意义上的"形而上学"这门学问。"是"在中国古代是指示词,没有存在动词的意思。而在希腊文、印欧语系中,它有存在动词的意思。到拉丁文就更进一步分出来了,联系动词和存在动词就分开来了,就是 being 和 existence 分开了,"是"和"存在"两个用法,把存在动词意思强调出来。being 可以是联系动词、存在动词,还有亚里士多德用做等号,这样汉语在语言方面就有自己的特点。我们有我们的长处,没有严格意义上"形而上学"这门学问,也避开了欧洲这门学问的许多缺点。我们自己这条思路,这条哲学的思路要好好地研究、阐发。

## 学无止境*

**王齐（以下简称王）**：叶先生，从学生时代我就开始读您的著作了，现在更因为同在一间办公室的缘故而有幸成为最早阅读您的新作的人之一。对于很多人而言，哲学是一门艰深的学问，里面充满了晦涩难解的概念和纷繁复杂的论证，因而有了"智慧的痛苦"的说法，哲学成了"痛苦灵魂的收容所"。可是我们都观察到了，您对哲学问题的思考从来都不是"痛苦的"，而是"愉快的思考"。"philosophy"在希腊语里的意思是"爱智慧"。您是怎样热爱起哲学的？

**叶秀山（以下简称叶）**：我上学时从来都不是用功的学生，不过倒也并不调皮，之所以不用功，可能是因为老不"开窍"。现在回想起来，中学时代可能有两件事与我后来的发展有关。一是我一度对平面几何有些兴趣，很爱学，常设想些问题去问老师，老师也曾在班上表扬过我。今天看来这对训练推理有相当的帮助，而且这个思想途径与古希腊人是相契合的。第二件事是我高中时受班里几个年纪大一点、爱写作并发表过文章的同学的影响，我也想写点什么，但却不知到哪里去找好词汇、好句子。恰好那时有吕叔湘、朱德熙先生的《语法修辞讲话》的单行本出版，于是就认认真真地学了起来，读的时候每个例句都要跟前后讲的道理联系起来想，直到弄懂为止。这本书不但使我学会了遣词造句，而且培养了我对语言、对逻辑的兴趣，开始学着动脑筋了。也许就

---

\* 原载中国社会科学院青年人文社会科学研究中心编《学问有道：学问委员访谈录》上册，方志出版社2007年版。

是这个原因，那时教我们解析几何的刘檀贵老师注意到了我。刘先生是从德国留学回来的哲学博士，但时运不佳，只落得在中学里教授数学。当时学校老师组织起来学习《矛盾论》，刘先生让我旁听，这大概算是我最初正式接触哲学。

1952年，我考大学时就报了北大哲学系。当时正赶上院系调整，国内著名的哲学家几乎全集中在北大，我虽算不得好学生，课堂讨论很少发言，但总算是打了些基础吧。写毕业论文时我在毫无思想准备的情况下选了一个"批判康德的不可知论"，由郑昕先生指导。这个题目显然做得一般，郑先生不大满意，毕业时我没有留在北大，被贺麟先生选到了刚成立的中国科学院哲学研究所工作，一待就是五十年。刚到哲学所的时候，我对哲学也谈不上什么兴趣。那时我喜欢艺术，一心想搞美学，曾经闹着要转组。贺先生知道了很生气，他说研究美学要有哲学基础。于是在相当长的一个时期内，我一直跟着贺先生学德国古典哲学。当时正值美学大讨论，我受了贺先生的影响，尝试着把古典哲学的学习与对艺术问题的思考结合起来，写了点东西。可能是这个原因吧，1961年我被抽调去编写高校教材《美学概论》。当时以为多年的夙愿终于可以实现了，心里高兴得不得了。但是四年编书工作不仅没有使我按原先预想的那样改换行当，相反却把我牢牢地钉在哲学这个基地上来了。我深深地感到，美学离不开哲学，离开哲学的美学深入不下去。许多具体的问题如果要追根寻源，都能追到哲学那里，哲学就是人类追根寻源精神的理论体系，哲学是从世界观的高度来看待包括艺术在内的各种现象。悟到这个道理后，我比以前更加认真地读西方古典哲学，开始对哲学问题产生了兴趣。思考哲学问题是"愉快的"，如果你真正深入到哲学当中，就会觉得打通一个理路、想明白一个道理本身就是有意思的，而且这种兴趣是发自内心的。哲学本身就可以构成一个目的，而不是达到另一个目的的手段。哲学有着深厚的历史基础，无数有大智慧的人对它做过研究、思考，它很值得我们对它发生兴趣，去追求它、爱它，哲学本身就可以有吸引力，这是我一直持有的一个信念。

**王：** 哲学可不可以、要不要成为一个人的"存在方式"呢？

**叶：** 哲学并不是像很多人认为的那样是一门"死学问"，哲学问题都是"活"的，它们不是封闭的，是可以长久问下去的，所以哲学不仅可以进入人的工作，成为我们的专业，它还可以进入人的生命，成为一个人的存在方式。

当然，哲学作为一门学科既有活的一面、创造性的一面，也有死的一面、即技术性的一面，但从根本上讲，哲学所要研究的是一个活的源头，对此只能自己亲身体验，他人是代替不了的。从某种意义上说，哲学不能由别人现成地教给你，要真正知道哲学是什么，必须自己去思考。哲学不能仅仅成为一个人谋生的手段，在现在的状况下，要是想着谋生，做点经济类的工作可能效果会更好。做哲学就是为了追求真理，这是哲学工作者的使命。从传统上看，哲学研究的是"无限"，"无限"就是"不受限制"，就是"自由"。哲学正是以"自由"的态度来对待万事万物，在有限的事物中保持着"无限"，在功利的世界中保持着理性的、清醒的态度。用《庄子》的寓言中的比喻来说，哲学不要执著于万物的"小用"，而要着眼于事物的"大用"。哲学总是向你提出问题，迫使你去思考，在那永无止境的思考中，哲学散发着一种无穷的魅力，有点像艺术带给人的无穷余韵一样，当然这得靠个人去悉心体会。

**王**：让我们首先回到西方哲学的发源地希腊吧。古代希腊哲学研究是您的学术历程的第一站。您曾经在 80 年代写作出版了两本专著《前苏格拉底哲学研究》和《苏格拉底及其哲学思想》。您自己好像并不满意这两本书，但是时至今日，这两本书中显示出的专业性和思想性都是不容轻视的。希腊哲学研究专业性非常强，语言和资料的障碍很难克服，您怎么想到去啃这块硬骨头？

**叶**：钻进古代希腊跟"文化大革命"有着直接的关系。那是个极其疯狂的非理性的时期，我经受不起那种急剧的旋转，甘当"逍遥派"，只想偷偷做点自己的事。从这个角度上说，"文化大革命"为我提供了一个相当长的"空白时间"，使我可以充分地自修。首先是写毛笔字，再者就是学外语。这两本关于希腊哲学的书写于 70 年代我从干校回北京之后。我们 1970 年去河南干校，先是在息县劳动，后是在明港搞运动。在明港的那年，不搞劳动，天天集中搞运动，对于我们一般群众而言，我们甚至还有了点时间偷偷看点专业方面的书。我就在夹缝之中学起了外语，除了英语、德语、法语这些现代语言，后来还有拉丁语、希腊语这些古代语言。在干校的时候，我白天名正言顺地读英文和德文的毛主席语录，晚上在蚊帐里打着手电看《简·爱》、《傲慢与偏见》这一类的英文小说。拉丁语我没有学下去，希腊语是碰巧买到一本最简单的语法书，因其简单，我居然学完了。后来得到那时住在同一个院子里的希腊文学大家罗念生先生的帮助,对于柏拉图的对话,对照着其他文种,也能阅读下来了。于是我就产生了研究古代希腊哲学的动机。当然,下这个决心还有专业上的考虑。古代希腊哲学专业性太强,不容易变成政治运动,做这方面的工作可以避开政治锋芒。而从更深的学理上讲,"冤有头,债有主",哲学研究的是本源性的问题,而它自己也是有本、有源的,在人类文明初开的阶段,这些问题会暴露得更清楚些。

王:但是您常常告诉我们,进入西方哲学最好从德国古典哲学入门,因为哲学在那个阶段已经"成熟"了,有助于我们更有效地把握古希腊先贤们提出的问题。我想您能够成功地成为古代希腊哲学研究的"专家",归根到底还是因为您那时已经在德国古典哲学方面下了很多工夫,打下了坚实的基础。您原来是要接着柏拉图、亚里士多德一直写下去的,但后来显然受到了现代哲学的吸引而离开了这个计划,现在也还没有"回到"古希腊。

叶:1980年我去美国进修两年。那时出国有种"两眼一抹黑"的感觉,要花很多时间适应环境,专业方面的进步并不很理想。刚去美国时,还想继续做希腊哲学,后来发现他们的做法相当专,注重的是"学",而要从"思"上去做,则不仅要从专门问题、专家那里去学,而且要从真正的哲学家那里去学;不仅要学"学",而且要学"思"。这样,我暂时就"离开"一阵子希腊哲学,利用在外面的机会,先学一点我们脱节了的新的哲学学说。美国主流的是分析哲学,我就从学习维特根斯坦开始,很受他的吸引,但也觉得顺着这个路子较困难,于是就改从大陆哲学入手,顺着新康德主义至现象学的书来读,结果一发不可收拾。

王:于是就有了您对现象学和存在哲学的研究专著《思·史·诗》。对于您个人来说,这本书是标志性的,因为它是一部理论性的、思想性的著作。这本书的题目就很有思想性,它不仅是对从胡塞尔以来的现象学传统的总结,而且它与后来的"解释学"和"后现代派哲学"也是相关联的。

叶:这本书之所以取名为《思·史·诗》,是因为我觉得西方哲学自胡塞尔之后,特别是经过海德格尔,"思想"、"历史"、"诗"比以前都明显地被置于同一个层次来理解。现象学的思路其实在黑格尔那里就很明显了,但他的绝对理念论是有等级的,"诗"处于最低的层次,而海德格尔才真正将这三者统一起来,并将三者统一的基础置于"历史"。西方哲学传统理解的"存在"是抽象出来的"概念",而海德格尔的"Dasein"仍然还是"Sein",但却不是抽象的,而是具体的、历史的。这个思想是海德格尔在胡塞尔现象学的基础上创造性地开发出来的思想。但是,海德格尔的"历史性"思想本身就有两面性,一方面它是摧毁性的,它强调思想的具体性、有限性;另一方面它也有继承性,有限的思想逃不出历史的"命运"。前者发展出了法国的"后现代哲学",后者则有伽达默尔的"解释学"。以德里达为代表的"后现代哲学"的态度比"解释学"要激进得多,他们批评海德格尔自己对传统形而上学的否定是不彻底的,海德格尔认为"思想"和"艺术"仍可有自己的独立的系统,即"意义"的系统。但在"后现代哲学"看来,"意义"本身就是断裂的,"意义"之间只有横向的关系,纵向的关系只是一种人为的假象,而哲学的任务正是要"解"掉这种人为的"结构",还其本来面目。从思想渊源上看,即使是如此激进的法国哲学,也是在发展德国古典哲学、介绍和研究胡塞尔现象学、批判海德格尔的基础上开发出的,只是思路不同、结出的果实不同。可以说这些"后现代哲学家"的任务是要超越"思·史·诗",或者说站在"思·史·诗"之外。

**王**:从此之后,您跨越了哲学领域中人为的专业划分,自由地驰骋在哲学这片原本"自由"的天地之中。应该说从《思·史·诗》之后,您超越了希腊哲学"专家"这一身份,开始更多地"讲述"自己的意思了,并向着"读书明理"、"融会贯通"的境界靠拢。

**叶**:就专业性工作来说,我一直没有回到希腊哲学上来。但是哲学问题原本是不好分"古"、"今"的,所以就"思"而言,我的工作一直也没有"离开"过希腊哲学的问题,我在做胡塞尔研究的时候如此,做海德格尔研究的时候也是如此,做法国后现代诸公研究时更是如此;只是在专业性方面没有那么细致,重点放在了"思"的方面。其实归根到底,我只是对哲学、对哲学问题本身感兴趣,倒无论古今、中外。我从德国古典哲学、到古代希腊哲学、再到现代哲学以及"后现代哲学"所开显出的思想的"断裂层"这么转悠了一圈之后,近两年来对德国古典哲学又有了新的兴趣和发现。我渐渐感到,整个西方哲学本身存在着一种"问题"的"延续性",也就是说,观点、理论可以是对立的、相互否定的，但讨论的"问题"却是相当"同一"的。整个西方哲学，只要是认真的、有水平的、不是胡说的，都是可以贯通的。不仅西方哲学可以贯通，中西哲学、文化也是可以贯通的。在这个意义上，哲学就是"通学"，这当然只是对"哲学是什么"的一个简单回答。但是，只要不是胡来的，哲学的道理到哪里都能走得通，都不会"碰壁"。

**王**：这就涉及了我们中国学者做西方哲学时所应采取的立场这个问题了。您早在写《苏格拉底及其哲学思想》的时候，就已经开始尝试着用我们东方人自己的眼光和视角来理解西方哲学和文明中的问题了。在学术版《西方哲学史》多卷本的前言中，您更是明确提出要做"中国学术视野中的西方哲学"。这一点在您看来是十分自然的。顺着这个路子，您还写了不少解读中国哲学和文化的文章，在学界受到了广泛关注，但是您却讳言"比较哲学"的说法。

**叶**：哲学是一门活的学问，它追问"生活"、"生命"中最深层的问题，而并不给出现成的、一劳永逸的答案。而要"生活"就得"生活"在"大地"上，不是"生活"在"天上"，除非真的有一天我们人类也能在太空成家立业，那么太空也就成了我们的"大地"。作为中国学者，我们生活在中国这块土地上，在这块土地上做西方哲学研究，要想离开中国的传统，一来不可能，二来也不明智。我们的生活塑造了我们，我们有几千年的历史文明传承，在哲学问题上，我们有自己独特的思考方式，只是作为学问的形态与西方不尽相同。不管自觉与否，我们都是在这种文明的熏陶中成长起来的。因此，用创造性的精神来对待我们自身的哲学传统、对待西方哲学传统是哲学学者的使命，我们应该有信心与西方哲学展开真正意义上的"对话"，做到中西哲学在智慧层面上的"沟通"。我个人在中国哲学、中国文化方面所做的工作重点在一个"通"字，而不是侧重"比较"。"比较"当然很重要，只是"比较"要在"通"的过程或基础上自己开显出来，才不至于流于那种在"范畴"之间做抽象类比的生搬硬套，才能避免简单化。哲学在基础的层面上有许多道理原本就是相通的，但是"相通"不等于"同一"，如果都一样了，也就没有"通"与"不通"的问题了，这个问题的出现只有在"不同"的前提下才是可能的。学术的任务就是要深入了解"不同"，在"不同"中探究出"相通"的道路来。正所谓异中之同，同中之异，"通"自在其中。我正走在中西哲学"交往"的路上。

**王**：您在一些场合谈学习哲学的方法问题的时候，曾提出学哲学的人"不妨兴趣广一点、甚至杂一点"，因为哲学不是一门技术，它要探讨一些本源性问题，而这些问题都是渗透于万物之中的，所以研究哲学需要广阔的知识面。您在京剧和书法两个领域中有着相当的造诣，对西洋古典音乐的喜爱也差不多达到了"发烧友"的地步。顺着这个方向，您很自然地在美学领域作出了有目共睹的成就。美学对喜爱艺术的人很有吸引力，但是美学究竟应该朝着哪个方向发展却很令人困惑。做深了，美学研究就是哲学研究；做浅了，反而不如做艺术理论和批评来得实际。您在艺术、美学、哲学这三个领域中畅游的体会是什么呢？

**叶**：受家父影响，我从小就学京戏、练书法。在北大读书的时候，还当过一任京剧社社长，后来一直参加该社的活动。练字主要是在"文化大革命"期间。那时我用毛笔书写毛主席诗词，工、军宣队是不能反对的。于是我明里抄写大字报和毛主席诗词及语录，暗里就找旧字帖来练书法，比以前有所进步。但我对京剧和书法艺术，都只是"业余"水平，对此我很满意，不是不思进取，而是因为我的兴趣在理论方面，这是我的专业。我总想把艺术和哲学结合起来，所以有一个时期我对美学很着迷。美学和哲学、艺术都有很密切的关系，这是没有疑问的，但是大家做美学的时候侧重点各不相同。我开始的时候侧重点全在艺术方面，认为必先成为艺术的内行才有资格谈美学，不大赞成"身无一技之长"而奢谈艺术。所以二十世纪五六十年代，我在美学方面的工作主要是想通过对一个或几个艺术部类的内部的探索和把握，总结出一套"规律"来，将它们上升到哲学的高度，那当然也就是美学的理论了。像《论话剧的哲理性》就是我开始自觉地把一个具体艺术部类和哲学问题结合起来思考的初步尝试。我以康德、黑格尔的哲学美学和席勒美学作为参考系，将艺术分为象征的、古典的和浪漫的三大风格，然后再按照我理解的中国戏曲的特点对号入座，做一些阐述。这样的做法在当时还是很新鲜的，所以有人重视，《文汇报》以整版的篇幅发表了此文。或许由于我是学哲学的，我总结出来的那些"规律"有些居然也有一得之见，看着很"内行"。但我又毕竟不是做艺术的，这些成果在真正的艺术家或艺术理论家看来，仍然是"外行"。后来，随着对哲学本身的钻研，我渐渐感到，要想把"经验积累"上升到"哲学"的高度，这条道路对于一般人来说过于长了，也就是说，从单纯总结经验来提高"经验"、"高度"往往不够，勉强"拔高"就容易出现"乱扣帽子"、"套用""哲学范畴"之类的毛病。这个意思并不是说总结经验要不得，总结经验对于指导实际的工作，包括艺术的工作在内都是不可或缺的，对实践的帮助也是非常宝贵的；只是说，哲学的工作不止于此，哲学理论不同于一般的经验的理论。于是我根据自己从事美学研究的经验体会出一点，就是真要做哲学性的美学研究，还得从哲学的源头抓起。哲学家是把艺术放在了他的总体的哲学理路中来思考的，在有体系的哲学家那里，他把艺术在他的"体系"中安顿好一个"位置"，如黑格尔；更晚近的一些哲学家，或许没有或自称没有"体系"，但对于艺术的思考，也和他自己的哲学思考紧密相连，像海德格尔、德里达、列维纳斯等。这并不是说美学没有自身独立的意义，或者只是哲学的附庸；恰恰相反，哲学在实际经验上来源于"非哲学"。从经验眼光来看种种事情，往往只看出万物相关，一物总是另一物的"陪衬"，"艺术"也还是一种"工具"，只有在一个哲学的视角下，万物才都有"自身"的独立意义，"艺术"也才有"独立"的"存在"，而不仅是一个在诸多关系网中的"存在者"之一。这就是说，"艺术"此时才"自由"，因为"人"此时才"自由"；而此时"万物"也才"自由"。"万物静观皆自得"嘛。以前我想走从艺术到哲学的路，在最近几十年却想走从哲学到艺术的路。这两条路，虽说可能有异途同归的结果，目标可能都是美学，但是走起来却有很大的不同，或许各有利弊吧。

**王**：读书、写作已经成了您的生存方式。除了写专业论文之外，您还写过一些随笔散文。像《沈有鼎先生和他的大蒲扇》就是一篇出色的散文，结尾一句有点神来之笔的味道，不是硬想就能想得出来的。您曾说过喜欢自己写的这些散文、小品文，但是您对学者"文人化"的道路是持保留态度的。

**叶**：按照中国传统，我们都是"读书人"，"读书"是我们的"专业"，"读书的方式"就是我们的"生存方式"。我的读书方式可以分为三种：坐在书桌边读书，写出来的是专业学术论文；坐在休闲椅上读书，写的是关于中国传统哲学和文化的论文和心得；以卧姿阅读，结果就是那些随笔散文。我喜欢我的一些短文章，原因很多。从我的写作经验来看，我觉得写论文比写书难，写短文章比写长文章难。说这话并不是故意贬低鸿篇巨制，大部头有大部头的难处。我只想说，短小的文章不易掺水分，不容易用一些生冷术语或曲里拐弯的句子来吓唬人、迷惑人。在这个意义上，写短小的文章是一个基本训练，不仅是文字的，而且更是思想的训练。小文章还是长期思考、研究的结晶，是多层丰富思想的浓缩。有些问题可以写一篇学术论文，却写不出短小有趣的文章，这只能说明自己对这个问题下的功夫还不够。我喜欢小文章的另一个原因是，这些小品文是和我自己的"性情"、"个别性"分不开的，它是我"自己的"，别人可以批评它甚至抛弃它，但却无法"替代"它。问题是，我是"学术工作者"，学术研究是我的工作。中国传统中向来崇尚"文人学士"，而轻视"专家学者"，甚至认为那是"百工之徒"。近代以来，这种风气虽有所转变，但是直到目前仍然还很有些市场。"文人"当然有其自身的价值和意义。"文人"就常"领一代之风骚"，"文人"对于"思潮"的鼓动宣传之功盖莫大焉。但是，学术的工作是要进行深入探讨，使一切思潮在学理和资料上精益求精，成为一个学问系统，传之久远。我说这话的主要意思是想强调"专家学者"的分量，以加强我们文化传统中的薄弱环节。坐冷板凳是学术研究的座右铭。凡甘愿坐冷板凳者都是因为看到了学术之恒久的价值，并且从中得到了追求真理有所得的乐趣，哪怕只是短暂的"豁然贯通"的乐趣。

**王**：近年来您对哲学理论有过很多精到的见解，写了《哲学作为创造性的智慧》、《哲学作为哲学》、《哲学要义》等著作，其中讨论的具体问题限于时间的关系也就不涉及了，相信对哲学有兴趣的读者一定不会放过阅读它们的机会。这里我只想呼应一下我们的第一个问题，从个人角度来说，哲学在您心目中占据着怎样的位置？

**叶**：在哲学研究方面，贺麟先生是我最重要的老师，他为我树立了一个学人的榜样，他对我的影响是永久性的。贺先生曾说过："可以和妻子离婚，不能和黑格尔离婚。"我似乎自然地倾向于贺先生的态度，但我也一直都很注意把专业和生活分开，有意地拉开一点距离，避免再说出贺先生那样的话来。在从事哲学研究五十年后，我愈加深切地体会到，哲学不是宗教，但有神圣性。治哲学要有虔诚态度，但这种态度是源于理性的。所有的科学都以"有"为对象，只有哲学可以以"无"为对象，从"无"看到"有"，从"有"看到"无"，从"现在"看到"未来"，从"现在"看到"过去"，也从"过去"和

"未来"的角度审视"现在"。哲学是一门站在未来的立场、希望的立场去看"过去"和"现在"的学科。因此,我一般不大愿意去"回忆或回顾过去",我相信"未来"才是真实的存在,"未来"包括了"过去"和"现在"。而哲学能够教人在"经验学问"中如何保持"创造与活力",所以谈这些经验性的体会,不是为了缅怀"过去",而是为了面对"未来"。

## 抓住中国哲学发展的机遇*
——访中国社会科学院研究员叶秀山

胡欣

**哲学无论中西，都是最普遍的学问，就是那个最根本的道理**

**记者：**叶先生，就我们今天谈话的主题——关于中国哲学的发展机遇，您想向读者传递什么信息？

**叶秀山：**哲学期待着发展。在中国，哲学有可能发展。

20世纪末期，欧洲哲学发展比较缓慢。德、法哲学，现象学包括解释学，在胡塞尔、海德格尔、伽达默尔之后，哈贝马斯有不少贡献，法国还有一些创造性的哲学家，此后就少有突出的人物了。语言哲学有些新东西，但少有大思路的突破。英美方面，哈佛学派在蒯因之后也不太景气。专业学问的深浅是一回事，但纯粹的眼光没有了，开一代风气的哲学家后继乏人。

中国哲学有着很深的根源，上下五千年，起码有老子、孔子，之后有宋明理学。然而，中国传统哲学也需要发展。这里，我们谈的是纯哲学，即用纯粹的眼光看问题。纯粹不是单一，是复杂中的纯粹。"和而不同"很好，但还没有超出感性，常识就能理解。海德格尔讲，哲学必须有一种意识——觉悟到存在问题。存在的问题、形而上的问题一提，哲学才出来。形而上的问题中国

---

\* 原载《人民日报》2007年11月9日第15版。

有,但还不够清楚。"是"在希腊也是含糊的,但已经有"存在"的意思在里面了。这个"是"要跟"存在"联系起来思考,就是形而上的问题了。这才是哲学问题。中国传统哲学一般想到的都是那个"什么",而不是蕴涵着"什么"的"是",单独的"什么"还是一些经验的东西,因而中国传统哲学要设法摆脱"诸存在者"的束缚。尽管中国的辩证法思想很丰富,其中也有发人深思的超出感觉之上的东西,但是提升得还不够。辩证法不是"冷热"、"左右"、"上下"这种简单对比式的,而是理性的。现在,中国哲学发展的客观条件已经很好,我们应该趁着这个大好时机,好好学习人家的东西,接受人家的挑战,提高我们自己。

**记者:** 这些年来,"比较哲学"盛行,一些人热衷于"原汁原味"。

**叶秀山:** "原汁原味"当然很重要,但简单的比较还不够。实际上,对比是一种方法,是很初级的阶段。比较不是目的。哲学不分中西,哲学是最普遍的学问,就是那个最根本的道理。中国哲学,西方哲学,不好说谁超过谁。从我们的角度说,还是应当学习人家的东西,把它们揉进来。像和面那样,水和面不分,中和西不分,那你说是谁的?我们把博物馆的东西拿出来展示给世人,当然值得以此为荣,但这还不够。就是"国宝",也要让它活起来。康德哲学就是浑然一体的,你说哪些是希腊的,哪些是罗马的?德国人以康德为荣,但他的哲学不仅仅是德国的,而是全世界的。

## 哲学不在于死学问,关键在于得哲学的"气儿"

**记者:** 您说当代哲学发展的契机在中国,是讲中国哲学家负有这样的使命,还是说中国哲学富含一些内在的优势呢?

**叶秀山:** 我是讲中国哲学家的历史使命,也是说我们有这样的优势,当然并不能说中国哲学现在已经拥有引领世界哲学的优势。我想说的是,希腊哲学在非希腊,西方哲学在非西方;反过来说,中国哲学也在非中国——要向德国的、法国的、英国的哲学学习,通过融会贯通来发展我们的哲学,这就是辩证法。历史上,希腊人并没有把希腊哲学发扬出来,而真正使希腊哲学发扬光大的是非希腊的英国、法国、德国。中国的问题在于后人没做好。古人对得起我们——老子五千言。巴门尼德才多少？残篇就一点点，泰勒斯就一句话，后人却有能力从它开创出那么大的局面来。哲学从古希腊、古罗马到意大利文艺复兴，然后是英国、法国再到德国，作为一门专业学科，发展成熟了。今后往哪里走？哲学发展应该有专业的人员认真来做。做起来是难，但也未必都要"皓首穷经"。谢林25岁写的书，我们现在还念。哲学不在于死学问，关键在于得哲学的"气儿"。有的人能得这个"气儿"，有的人搞了一辈子也未必能得这个"气儿"。

现在纪念中国社科院建院30周年，这30年确实出成果。也许可以说，干早了不如干巧了，我个人的体会是这样的。以我们中国人的背景，接触京戏容易，而走进西洋音乐就难，读西方的书也一样。我一直主张年轻人读经典，我在北京大学给本科生上课时要求他们读康德读黑格尔。18岁读，20岁读，30岁、40岁读，我70岁了，还在读。开头难一点，念不懂，但会有个印象。我们要相信那些大哲学家，黑格尔真要是那么肤浅，他能有那么大的影响？几次被打成"死狗"都没有死掉？真正做学问的人不会大言欺人。不要一上来就评论，而首先是理解，理解到最后你可能还是批评他是唯心论，但你这个评论就跟以前先入为主的印象不同了。我说过一个听戏的例子，有的段子听过无数次，但再听那些大师的录音，有时还会突然注意到某个细节我怎么从来没注意到？读书也一样。杠杠都画满了，怎么每句都画了？因为这时候看的是这一点，那个时候看的是那一点。都画满了，意味着人家的话不是随便说的。这样的念书态度慢慢形成之后，可能便于"揉起来"。

## 哲学不是小聪明，而是大智慧

**记者**：从哲学专业工作者的角度，"爱智慧"是他们情愿的选择；而现在的年轻人，他们也"爱智慧"，愿意变得聪明而豁达，但总是苦于不得其门而入。那么，青年们应当怎样走进哲学呢？

**叶秀山**：哲学不是小聪明，哲学是大智慧。小计谋小聪明也重要，但高雅的东西缺乏了也是个问题。什么是大，什么是小？大，就是"至大无外"，生死存亡。对于生死存亡问题、存在与非存在问题，要从理论上、思想上去把握它，人人都要面对，不能醉生梦死。忧患意识等等都是从哲学的根基里萌发出来的问题。哲学就是敲警钟，就是苏格拉底说的"牛虻"，"叮"你一下，刺激你一下。哲学小用处没有，但它有大用途。其实，哲学跟钱也没仇，也不是越穷越出哲学，但是哲学不把金钱放在第一位。世事纷繁，各业相殊，更多的人在为技术为财富而奋斗，但只要人类存在，宇宙、人生的最普遍、最根本的意义就不会完全失落。

**记者：**我有个曾在国外学习生活了多年的朋友，现在生活和工作条件都很不错，却总感到困惑，生活的意义是什么，找不到。

**叶秀山：**提出这样的"大问题"，有时小孩子可以提——好奇心，老人可以提——一辈子下来了。若是年轻人提这个问题，问题就大了。这时哲学就该发挥作用了，能当老师了。但现在还是不多，只是少数聪明的人或敏感的人提这些问题。可以说，哲学是在没事的时候要有事，没问题的地方要有问题。经济建设要抓住机遇，哲学发展也有个机遇问题。思想的机遇、学问的机遇失掉了，也挺可惜。当然我们不想称霸，但我们在思想上为什么不可以更明确地做这件事——努力成为一个哲学上过得硬的思想大国呢？我们本来就是一个思想大国，无非是在与异己思想接触之后，还要积蓄自己的力量，更下功夫做这个"揉"的工作，揉到中西不分，你中有我、我中有你，这样哲学思想才能有大的突破。

**记者：**您一直主张中西文化包括中西哲学应当会通和合。您说中国古代圣贤与西方古代哲人的精神有许多暗合之处，但前者虽不乏体会深刻却少了后者的思维缜密。

**叶秀山：**是的。咱们的毛病是小得可爱，大得不够。"大"、"小"并无褒贬之意，只是比喻一种特点。我们讲"大智若愚"，得有个"傻劲儿"——打破沙锅问到底。眼见为实还不行，必须证明。希腊人不就是那么"傻"吗？我看见你在跑步、飞矢在动，看见了还不行，还得证明。不好证明呵，琢磨去吧，一琢磨就是几千年。到了柏格森，又考虑电影镜头、连续性和非连续性，这后来成了大问题了。这就是"傻"呀，科学就是"傻"出来的。一位逻辑学家跟我说过：在上大学的时候，他是学数学的，也喜欢哲学。他用逻辑的方法解数学，用"同一律"解数学题，做了好多张纸。搞数学的同学看到了说，你发疯了，用两个公式一代不就完了吗？他不理会，就这么做——"正-负-正-负"——计算机原理用上了，"傻"出来的。

我们现在有这么好的现实环境，这么好的历史思想积累，没有理由不抓住当前的大好机遇，加倍努力工作，以期不负古人和今人。衷心希望我们中国出一批哲学家，希望能看到中国哲学"群星灿烂"。

# 叶秀山：仁者寿，仁者无忧*

陈洁采访手记：

叶秀山符合传统学人的全部特征：清癯、消瘦，做事一板一眼、说话慢条斯理，普通话不标准、外语却流利，生活简单、嗜书如命。他说到自己对不起别人，都点名，说到别人对不起他，都不道姓……

这是一个有趣的现象，真学人多自抑之词，所谓"愚钝"云云，而说到生计和际遇，却每多自满之言，所谓"不错"云云。这些或许都不是虚词。叶秀山虽然也是三停匀称，但算不上天庭饱满、地阁方圆，也没有厚唇肥耳、印堂发亮，面相并不特别，但他却实实在在是多福之人，七十多年来，"好事都沾边，坏事都擦边"，不是因缘、不是天佑，只是他冲淡平和，"不招人恨"。

从一件小事可见叶先生的性情和处世。稿子给他看完，他要求说，文中提到的人名要尽量删去，以免误会。我知道老一辈人有他的经历，各人有他的性情，但疏狂马虎如我，与这一份谨小慎微的人生态度到底隔膜，回信争取，叶先生很快回复道："你说的也是，你看着办。其实指名道姓没有恶意，我有点过虑了。"轻松就映衬出我"据理力争"的过虑和过分来。

叶先生自幼体格不强，性亦偏柔弱，连写的字都天然近赵体。古稀之

---

* 原载陈洁《山河判断笔尖头》，生活·读书·新知三联书店 2009 年版。

年却能动静自如、无忧无虑、安然于中，而且隐隐有精进勇猛之志。可见福寿在心，不在面。儒家说，仁者寿，仁者无忧。信矣。

## 何必读书，然后为学

中国人要介绍自己是哪里人，是一件很麻烦的事情，我出生在扬中，祖籍是镇江，再往上追是安徽，当年太平天国时逃难到的江苏。我在外婆家出生，那时爸爸在上海做生意，在老家镇江待了很短的时间后就去了上海。我算哪里人？

我属于智力开发比较晚的，小时候就稀里糊涂、稀里糊涂过来的，不爱看书，记忆力也不好。不知为什么，别人提起来总好像我很爱看书，我自己也是很喜欢看书，可小时候并不这样，很不喜欢念书，刚来所里时好像还不是那么喜欢看书，后来怎么就喜欢了，不知道，人是怎么一点点就变了的？

我的小学读了两个，因为读书早，具体的情形都不记得。据说在镇江还读过小学，只上了一天，哭着回来的，怎么都不肯读了。后来到了上海才正式读书。

学习成绩一直不好，都不知道怎么过来的。就记得跟着爸爸看戏，很喜欢，后来就索性每月交10块钱，票房学唱戏，有老师教，都是角儿，名演员。当时戏园子没有戏唱，飞机轰炸，防空嘛，晚上不准点灯，用煤气灯还要罩个黑罩子，就在票房玩。

后来又学武术，因为身体太差。我小时候不爱吃饭，其实我妈做菜很好，方圆多远都很有名的——我读大学后，妈妈在家寂寞，又领养了一个孩子，就是我妹妹，我妹妹做菜也是很好的——但我小时候有一阵就是不爱吃饭，见到饭就哭，别人给我爸妈出主意，说送到精武体育馆去。和我一起去的大孩子都学洋的，单双杠、跳马、哑铃什么的，我进了"国术班"，十八般武艺很多都学过，刀、枪、匕首、对打，剑没学。当时我年纪小，老师们都叫我"小弟弟"，说："小弟弟架子不错，就是没力气。"练了一阵，身体好起来了，爸妈都高兴极了，说这下肯吃饭了，见了饭还吃得香，好好好。很多年以后我才知道霍元甲，介绍他的鹰爪拳，我说这个我学过呀，才知道我学的还是霍家正宗的功夫，很得意。我到现在那些架势还记得，但打得不连贯了。

中学读的是一个私立中学，正中中学，学校校长好像有点"背景"，解放后被抓起来了。我们的老师是很好的，但不知道怎么回事，学校不是很好，我成绩也不好，不好好念书，都解放了，还念什么书啊？尤其是英语课，下午第一节，我总是困得不行，老想睡觉，根本不好好学，其实英语老师很好，后来调到哈尔滨外语学院当教授去了。

中学最光荣的历史是考了班上的第六名。当时我们分甲班、乙班，甲班好一些，我只能读乙班。平面几何是我学得最好的功课，学的是三S几何，到了解析几何就不行了。当时教我们解析几何的老师是留德学哲学的。

到了高中，才好像有那么一点开窍，有点想法了。我开始看武侠小说和侦探小说，很喜欢，想当作家。我们有的同学写了小说，还印了出来，我很眼红。那时我对所有铅印的东西都很喜欢，喜欢铅字，就连油墨的气味都有兴趣。我还到新闻日报社去实习，这张报纸以前是美国人办的，原来叫《美商新闻报》，现在并到《解放日报》了。我觉得挺美的，其实没有采访、写过稿子，就是处理读者来信，写"你的来信收到了"什么的。还到工厂看印报纸，闻油墨的气味，觉得很香。

其实我不愿意学哲学，想搞文艺、写作，还有美学。那时我想当记者，觉得记者是无冕之王，可以申张正义，后来发现不那么简单。

后来进了北大才知道中文系还有一个编辑专业，后悔得要死，可按那时规定是不能转系的，而且中文系毕业可能要当中学教员，我不喜欢当教员，就想当记者、作家，可中文系也不培养作家的。

学哲学开始是中学老师们有个读书班，我跟一个老师的关系不错，他让我去旁听他们的讨论和学习，读《矛盾论》、《实践论》等书，我还买了《列宁文选》，两大本这么厚的（比划一个指节的宽度），当时很得意，一个中学生看这么厚的书。

高考时我和一个同学一起去报考。负责报考的老师说："干吗学哲学？"哲学听起来怪怪的，神神道道、玄玄乎乎，而且学哲学的人都清高、很讨厌。不如报新闻，考新闻在本区还有照顾的。我们当时逆反心理重，一听这么说，偏不考新闻，报了哲学。我们考取后，同学家长请我们吃饭，也说学哲学很怪。

## 为学者，必有初

你是不是以为能考上北大哲学系就是很厉害？根本不是的。我高考那年1952年，高校院系调整后扩大招生，而且第一次全国统一考试、统一招生。以前北大哲学系只招几个，那年二十几个，因为国家建设需要新干部，哲学方面，马克思主义也要普及宣传。解放前大学学生人数很少，院系调整后人也不太多，就到处动员大家考，给了很多优惠条件，不要学费，吃饭也免费。那时高中毕业能找到很好的工作，大家都不愿意考，所以是报的都取了，基本上报什么录取什么。成绩一般不好，我的一个同学，当年的外语考了3分，百分制的3分，我的外语肯定也好不了，有一道翻译题我是答出来了，为什么呢？开始也不知道啊，后来看到里面有个拼音Liu Hu Lan，刘胡兰啊，就答出来了。我中学同学，打架斗殴、专打抱不平的，去了南京大学中文系，最不济的，班上成绩最一塌糊涂的一个，也去了上海俄专，倒是成绩好的去的学校没那么好，为了国家搞建设，我们班理科成绩最好的去了矿业学院。

进了北大也是稀里糊涂的，北大哲学系当时力量是很强的，全国就这么一个系，人都集中了，但是能开课的是少数，大部分是年轻的教员，有些是外校请来的，如艾思奇、萧前等，冯友兰、贺麟好像都不能开课，只作过一些讲座。

大学四年，我也念了书，但不知道怎么念，搞不清楚，教西哲的是位苏联专家，据说并不是专做哲学的，上课就是念讲稿，王太庆先生翻译。课堂讨论我也不爱说话，因为普通话不行，到三四年级才好一些。我念书在大学班上不是好的，没哪个老师喜欢我，也没一门课好的。

作毕业论文时，我想搞美学，当时的系秘书是汪子嵩先生，说，美学没人指导你，而且只有一个题目"艺术作为社会意识形态"，我也不想做了，就糊里糊涂选了康德，郑（昕）先生指导我。郑先生不喜欢我，当时我在论文里提到，康德的先验性多少有点道理，他不同意，不过当时还好，可以提不同的意见。论文答辩的时候，郑先生批评了我，任（华）先生也批了，但贺（麟）先生比较喜欢，说我还不错，不看讲稿能把意思讲出来，就把我要到社科院来了。

## 学不可以已

我也不算勤奋的人。贺麟说过我,"你家不是很有钱,但比较娇气,不刻苦"。我觉得也对。虽然没觉得小时候生活多优裕,我爸爸做生意也不是很成功,战乱不好做生意,但家里就我一个孩子,那点钱用来养一个孩子,当然就很安逸啦。

工作刚一年,反右开始了。我也批判过别人,大气氛中影响的,我心情不平静啊,也年轻,为了表现,为了积极呗。朱光潜、周谷城,我都写文章批过的,金岳霖看了觉得我写得还不错,是讲道理的,不是扣帽子。还有徐懋庸,我写过杂文批过他,后来我们很好。批斗文章我都是认真写的,也还是想辩论些哲学问题,但其实没有意义,而且付出的代价太大了!

到"文革"就不一样了,自己不挨整就不错了,心情也不一样,也老了,没劲头了。"文革"开始的时候我很紧张,可紧张了一两年,也就疲了。我出身不好,开始是"资本家",到"文革"后期才成了"小业主",所以派系斗争哪边都不要我,我也不积极,成了逍遥派,但也混过来了。先是工宣队进驻,大家都集中住在学部大院,我就自己学外语,学写字,这两点毛主席都肯定了的,可以学的。

后来下干校了。我们比文学所去得晚,当然去得越晚越沾光。去的是河南息县和信阳明港,整天就是劳动、开会,我们那里各种问题特别多,总关在兵营里开会。

我在干校能看英文的《简爱》了,很好,书是偷偷带下去的,当时每个人都有这样的猫腻,偷偷带书去,晚上在被子里看,谁回城探亲也请他捎东西,捎书。

1972年回城后就更松了,我们在工厂劳动,汽车厂。四点半就下班,没人管了,我很高兴,回家就自学希腊文。我在东城南小街干面胡同学部宿舍住了几十年,那是一个名人荟萃的地方,藏龙卧虎的,大大的有名的罗念生主动跑来找我,说:"你学希腊文怎么不找我啊?"我给他看我用的希腊文教材,他说这个不行,太简单了,就给了我一本带习题的教材和他为习题做的答案,要我对照答案自己做题自己改，有问题再找他。这本练习册我现在还留着。我后来希腊文学得比拉丁文好，就是因为拉丁文没做过练习，所以学外语，做习题还是很重要的。后来我还学了西班牙语、意大利语，我自学的外语多了，他们管我叫"八国联军"，刚到社科院的时候，曾联系了一个德国人，是北大历史系的讲师，中国通，教我们德语，后来主要是自学了，但现在除了英、德、法语还能看书外，别的都不行。上世纪80年代，所里想让我开希腊文的课，我说我讲不了。

## 学而时习之

1980年，王浩联系了美国纽约州立大学的学习机会，有五个名额，一听说要考试，三个人放弃了。只有我和另一位同事去考了，那一位是学外语出身，英语比我好。当时负责考试的是个台湾留美回大陆的语言学家，拿的美国博士，在社科院工作。他拿个录音机要我们听写，考试卷子很长，也是考得一塌糊涂，考完出来，我说我当张铁生了。成绩出来还可以，五十多分。我英语不好，大家都不好，矮子里拔高子呗。

去美国之前，我跟金岳霖告别，说起想搞古希腊哲学，金先生说，那太难太专门了，不如搞美学。

去了除了学点古代哲学外，还对当代哲学有兴趣，做点维特根斯坦，而希腊文的课是早上七点，我住校外，六点就要走，我起不来，就没有学。也要交paper，要上课，但没有学位。

当时也有人暗示过我可以留下，帮人做一些文字工作，可我感到那里的学术趋向不很融洽，美国太功利，我们学的文科在那里进不了主流的。想让美国把你养起来，让你安心做研究？不可能的。我还是更注重欧洲传统。

另外，也有人建议我就搞当代如维特根斯坦哲学，我也有兴趣，但当时想，大陆哲学似乎更熟悉些，我做完了大陆哲学再搞分析哲学。我微积分学得还可以的。我以前的读书间里，外面一层的书都是分析哲学、数理化丛书的，就是为了提醒自己以后要做这个，可是做着做着，就回不来了。

我的学习基本上都是自学的，在北大学得不够，在美国的两年影响也不大。第一次出国,语言就有问题,两眼一抹黑,衣食住行、应付生活都很难,幸好那边的华人帮忙。那时去的人少,去个人大家都很新鲜,给你帮忙,现在不行了,你去了也许一时没人理你。我没学什么,只是了解一点美国的表面的情形,我去的学校在美国也数不上,但当时那位系主任跟我不错,他是犹太人。1982年下半年回国。

回来后有十来年的时间,那段时间最幸福了,每天早上坐24路车到北京站口下车,走到社科院,总是早上第一趟电梯上到九层,有时候也爬楼,在我的读书间看书。很规律,有人说我是哲学所的康德。现在我的读书间也没了,24路公共汽车也改了,年纪也大了。

**学者当栖心元默,以宁吾真体**

有人说我"什么好事都沾点边,什么坏事都擦点边",我后来也总结,觉得自己运气不错,有的人在任何环境都能成功、能成才,我不是,环境好了我就成了,坏了就不成。很多事情过去了,我恰恰每次都在夹缝里留存下来了:高考赶上扩招;毕业,1956年是分配最好的一年,后来一年比一年差,我被贺先生带到社科院;反右时我没成右派;"文革"也没被斗;也赶上机会出国学习……

我们这一代是最懂得珍惜时间的。我现在很深刻地体会到,时间是别人给的。现在的年轻人觉得时间都是自己的,生命也是自己的,柏克森说,时间就是自由,我们的自由是别人给的,有很多人在帮你维护这个时间,学部60年代"文革"前实行过"六分之五",一个星期一天政治学习,其他时间自己支配,当然后来实行不了。据说戚本禹、姚文元都曾经想解散学部,改革开放初期也有人提出解散学部,养这么一帮子人做什么?但最后也没有解散。现在所里的会,杂事琐事,尽量不找你,这些时间都为你保证了,你就要好好干。出得来出不来成果,是你自己的事。

现在的我一个人生活在中国,家人都在美国定居了。妻子张钊是北大西语系1958年毕业,学英文的,先在化学试剂研究所当翻译,后来教中学。两个女儿,大的北大物理系毕业,小的北京财贸学院毕业,现在大女儿和爱人在麻省，小女儿在芝加哥，她们经常回来，我也去探亲。我在干校当过炊事员，独立生活一点问题都没有，上午念书、打字，下午比较乱，晚上上网，跟家人聊天什么的，所以我的电脑还可以。

说到成果，没有真正得意的作品，有句广告词说的挺好，没有最好，只有更好。最新的就是最好的，正在做的就是我最喜欢的，《哲学导论》是我喜欢的，刚刚给年鉴写的一篇文章我也很喜欢。至于对自己一生的评价，还是很平稳。我这个人也不招人恨，也没什么发愁的事，就像别人说的，我在所里没占便宜也没吃亏。我想，没吃亏就是占了便宜。

你写何（兆武）先生的文章，我看了一头一尾，如按何先生的计算法，二十多岁就定型，那我在四十五岁时学术生涯才开始，以前都在搞运动呀。1980年我去美国时就是四十五啦！或许补充何先生的：人有开化得早的，有开化得晚的，早开早谢，晚开也会晚谢。我四十五岁才"开化"，"谢"得也就晚一点，到现在我觉得我不承认已经"谢"了，或许甚至还没有完全"开化"呢！也没有什么"老本"可吃的，我还觉得可以有所"进步"的。

现在要说起来，就是一则以喜，一则以忧，喜的是现在能做自己喜欢的事，忧的是时间不够了，还能再给你七十年研究？不可能了。

## 西方哲学与西方精神*

对于"西方哲学与西方精神"这个题目,我是从西方哲学在形成西方精神支柱方面起什么作用方面来领会的。西方文明是要靠一个精神支柱的,这个精神不是一蹴而就的。它是慢慢形成,慢慢凝聚,成了一股力量。自觉或不自觉地,这股力量推动着西方社会的进步和发展。西方社会之所以取得现在这样的成绩,发展到现在的地步,都跟这个精神有关系。那么,哲学在凝聚起这股精神的过程当中,到底起到什么作用?西方哲学它在思考、在考虑,在通常的历史过程当中,在跟西方人的生活世界、精神世界有关的问题中,它到底接触到了什么问题?我认为那就是弘扬理性的精神、弘扬自由的精神,就是在探索一个理性的精神跟自由的精神。

但是,哲学中所讲的"理性"与"自由"这两个概念,与我们日常所理解的理性与自由不同。而且,从现象上来看,"理性"和"自由"二者是不协调的,似乎"理性"要讲规则、讲规律的,而"自由"好像是不讲规则的;然而,从本质上来讲,这两者是一致的,理性的精神也就是自由的精神,自由的精神也就是理性的精神。

与理性相对的,是感性的东西、情感性的东西,受感性支配便是不自由的。人的自由、人的理性的境界,不在于人人都会做的饥餐渴饮,不在于做这些事来体现你是自由的人、理性的人,而在于你在本质的意义上有能力克服这

---
\* 原载《乾元国学》(北京大学哲学系内部刊物)2015年4月17日。

些东西，你有能力摆脱这些东西，体现了你是有更高的境界的人，尽管在一般情况下，不见得需要"克服-遏制"它。

**理性、自由的觉悟，往往最早表现在一种摆脱，摆脱了各种利害关系，摆脱了眼前的有用的东西，来追求一个更高的东西。这是理性的觉醒、自由的觉醒，某种意义上讲，也是人之为人的一种觉醒。**

我们称古代希腊是哲学的摇篮，因为它突出地体现了一种理性和自由的精神的觉悟，是他们在摆脱了直接的物质需要这样一种繁重的生活劳动、繁重的生活所迫的这种环境下面，想到了形而上学的问题，想到了理性和自由的问题，在这种精神下面，培养出一种科学性的精神，研究万事万物的原因。这样就第一次在理性和自由的精神的支配下面，出现了对万物、对世界的一种科学性的态度，而不是纯粹实用的、实际的态度。首先是要"摆脱"一些，而不是要"得到"一些什么。你看见了水，你并不马上想去喝，而是想先研究它是怎么回事。此时在哲学的理解上，你就自由了，因为你已经不受这个饥渴的支配了，同时水也自由了，它得以保存，它也就是自由的了。所以这个自由，是希腊人的很重要的觉悟，当然并不是说只有希腊人有这个觉悟，但是他们提得最突出、最系统，因此就成了一个哲学体系，哲学也就在这个基础上产生了，哲学家思考的就是这些问题。所以说，西方哲学的源头就是追求理性、追求自由，崇尚理性与自由，这是从希腊开始的一个传统。

"理性"和"自由"还体现在另外一个方面。刚才提到，要摆脱一些感性的东西、日常的、经验的东西，第一个要摆脱"自然"的必然性，这就把"自由"跟"自然"对立起来。**除了摆脱"自然"的必然性，我们还要摆脱另外一种必然性，就是人和人之间的一种必然性。所以我们如果要进一步把人解脱出来，就要让"理性"和"自由"摆脱"他人"。**这是一个很复杂，也是很"前卫"的问题。强调"自由"在人的社会生活中的重要性，强调"理性"在人的社会生活中的重要性，强调"理性"和"自由"在人和人之间的关系中的作用，这个时候，"理性"、"自由"的观念又往前推了一步。

到了近现代，西方哲学面临着的问题就是，"理性"、"自由"要摆脱"他人"，让"个性"、"个人"、"自我"张扬出来，这个工作做得最好的是康德，他使"理性"和"自由"的精神有了很大的推进。他不是把"自由"限制在希腊人理解的那种静观的、观察的"自由"上,而是进入"意志",意志、欲望而不需要任何感觉经验,同样是"理性"的,甚至是"更为优先"的理性,这个理性就叫做"实践理性"。

在康德的《纯粹理性批判》里的"纯粹的理论理性"还需要一些感觉的材料,只有当感觉经验进入你的理性的框架时,你才能构成一个知识体系,才能是一门科学;而在"实践理性"范围内,"纯粹理性"本身就有"现实性",因而就不需要任何感官直觉,这里也就是彻底的纯粹的"自由"。"自由"在"实践理性"里面突出了纯粹性,它完全不要感觉材料。

因为人是"自由"的,才有了"责任",才有了道德问题,才要负道德责任,才能在道德上是一个"道德存在者"。"责任"的出现,显示了"自由"的必然性,是推脱不了的。所以,"自由"的观念,在康德的《实践理性批判》里面得到了进一步的发展。

"纯粹理性"分成两个:"理论(思辨)理性"和"实践理性"。"实践"就是说实际的、是有行动的,当然这个行动是有"理性"的,也可以说,"实践"就是"理性"的行动。"自由"也是"理性"的,不是想做什么就做什么,不是随心所欲,"自由"不是放纵,"自由"是"理性"规定下的一个绝对的"命令",这个命令不受感觉经验规定和支配,所以"服从"它,反倒是"自由"的。你有"理性",也就注定了你是"自由"的。所以"理性"到了"实践"这个方面,它的自由度更高了。但是人们指出,康德的"意志自由",看起来是"雄赳赳,气昂昂",其实是软弱无能,没有"现实"的能力,没有现实性,完全是理想性的东西,是个纯形式的、形式主义的"自由"。这当然也是有道理的,不过,我们也可以注意到,康德已经有了这个意识,就是说"自由"不仅仅是一种消极的力量。

什么叫"消极的力量"?就是"摆脱",就是我什么都不要、我超然物外;但"自由"还有一种积极的因素含在康德的意思里面,"自由"意味着"创造"。康德自己并没有用这个词。但康德已经看到,既然我不需要任何的感性的直观的材料,我是一种纯粹的实践的能力,而这个"实践理性"本身就有实践的能力,这个力量在理性本身就有,不需要你时空给我提供,理性本身在实际上就有能力。"有能力"意味着什么?"有能力"意味着现实性,"能力"意味着"创造"。**康德至少在伦理道德方面强调了这个"实践理性"的一种自由创造性,"自由"创造了价值世界、伦理世界、道德世界,这个世界是它创造的。**

继康德区分了理论理性与实践理性之后,黑格尔把二者统一起来——绝对精神。"绝对"是"没对",就是包容,也就是后来雅斯贝尔斯说的"包容性"的意思,"理论理性"、"实践理性"全都包括进去了。在康德那已经开显了一个道德伦理的世界和价值的世界,因为意志自由地开创了这么一个道德伦理世界。**到了黑格尔,"理论理性"和"实践理性"统一了起来,这两个变成了一个,变成了一个"绝对精神"、"绝对世界",理论跟实践统一起来了。**但是,黑格尔也没有强调"自由"的"创造"意义,而开出这么一个路子来的,是在黑格尔以后的尼采。

尼采是最有力地推出"自由就是创造",讲到"自由"就要讲"创造",没有不"创造"的"自由"。尼采的贡献也是在这里,**整个伦理道德恰恰是根基在"自由",我的"自由"就是"创造",其它的全是经验的东西**。他是只管"创造"的,成败利钝,在所不计,"计谋-筹划"那是经验的事,实际上你也不可能穷尽一切的聪明才智保证你的意志自由能够有准确的现实的结果,"智者千虑,必有一失。"因此,我们只要顾及实现"自由"的机会,我们要非常彻底地相信这个机会、抓住这个机会,而不要去顾及现实的后果以及他人怎么评头论足,所谓"善-恶"的观念,全是经验的,而只有"自由"的"机会"是形而上的,这个"自由"是没有人能够剥夺去的,我不能放弃这个"自由",我要是放弃这个"自由",我就变成"常人"了。"常人"就是审时度势,看着形势怎么做事就怎么做事,这是常人的做法。作为"自由者"来说,我要克服我自己的常人的、庸人的一种心态,保持住我的"自由"的精神,来抓住实现我"自由创造"的机遇。

我们刚才讲的,"自由"为"自我",为"主体",然而,我自由,他人也自由,众人皆自由,于是"自由"之间也有个"关系"问题。于是,下一步的问题,是"自由者"的问题,众多的"自由者"之间是什么样的关系?我自己觉得这是当代西方哲学提出来的,也是西方哲学所面临着的一个相当重要的问题,我们大家共同研究、讨论。

## 爱自由的学问*

哲学来源于欧洲，来源于古代的希腊，这是一般的说法，当然也有不同的意见。哲学这个词，按希腊原来的意思，是"爱智"。"philosophia"，"philo"是爱，"sophia"是智慧，把这两个字拼到一起的人，最早是古代希腊的哲学家毕达哥拉斯。

"爱智"这个词大家通常都理解为爱智慧，追求智慧。按照这样来理解，哲学好像是一种爱，是一种情感。而情感和理智是矛盾的。所以"爱"的情感和理智的"智慧"正好是矛盾的。哲学恰恰是把这两个放在一起。哲学讲理性，硬邦邦的理性，讲爱就显得不够劲了。发展到后来，"爱智慧"这一个界定不够表达哲学的含义了。有一个大哲学家说哲学不仅是对智慧的爱，而且是理性的科学，是知识。哲学提升了。后来，我们慢慢觉得不妨把这两个词的意思颠倒过来说，一般的说法是追求智慧，现在颠倒过来说是关于爱的智慧。关于爱的智慧就是关于感性的智慧、关于欲望的智慧。就是说你作为有理智、有思想的人，你的爱，你的欲望、追求，都是智慧型的，不仅是本能型的。哲学就成了爱的智慧，爱的理性化。这样一来，感性就变成了受理性管辖的东西了。这样就回到了希腊的柏拉图的观点。喜欢西哲的不能不知道这个：柏拉图式的爱，是空的。什么意思？不仅仅是本能的、感性的，也是理性的爱。感性欲望怎么会变成理性的呢？爱什么就会变成理性的？这就是我今天想给大家介

---

\* 原载《乾元国学》（北京大学哲学系内部刊物）2016 年 10 月 8 日总 66 期。

绍的我最近的一些想法。这里的爱不是具体的,柏拉图的爱就是爱理念,爱思想,爱本质。我给它再加上一个意思,就是爱自由。哲学就是关于自由的追求的学问。

什么叫自由呢?第一个意思,就是它是摆脱感性的、摆脱本能的。自由在西方的语言里最初都是否定的意思,要摆脱,free,从什么里头解脱出来了,就自由了。西方哲学一直在自由这样一个否定的意义上向积极的方面、肯定的方面发展。经过很多代人的思考研究,一步一步把自由的概念、问题深化。为了给大家一个比较清楚的轮廓,我们不妨把西方哲学的发展看作自由问题深化的发展,一个深化的、完善化的过程。

下边分三个部分来给大家介绍。希腊人提出了哲学,希腊是哲学的摇篮,为什么这么说?自由在摇篮阶段主要是做什么工作?起什么作用?应该说是起了一个摆脱实用知识的作用。我们知道,知识一般是通过经验积累得来的,它一般分两层意思,最基本、最原始的意思就是一些实用的、经验的技能。这是任何民族,无论多么原始、落后都会有的。它们的目的是为了谋生,是一种工具。通过口传耳受,或者是一些简单的记录,可以代代相传。但是,到了希腊,有个突破,它可以摆脱或者说暂时地摆脱了这种迫切需要的实用的技能,而去思考世界的、事物的更加根本的因素。这种知识不是那种一般的经验技能所能涵盖的,它是科学知识,是 science,knowledge。

我一直觉得希腊人对人类最大的贡献,也是对哲学的最大贡献就是把科学性的思想方式揭示了出来,为人类提供了一个思想方式。这种思想方式不是把对象当作可以吃、穿的东西,而是把主观和客观的分割开来,使得主观能从客观中分离出来。这个世界,日月山川、桌椅板凳,我们先不把它们作一种功能性的了解,而是要把他们当作知识的考察对象来观察、研究、思考。这就是我们通常所说的主客分立。主客分立,后来挨批评挨得很厉害,认为这种思维方式是不对的,是二元对立的,对人类不好。但恰恰是把客观世界、日月山川作为一个对象,不把它当成我们的生活条件,不把它当成我们肢体的延伸,而是去客观地研究它。这样主体也自由了,客体也自由了。

在原始的阶段,人是受制于自然的。而只有把它分开,人自由出来,事物自由出来,这样反倒能掌握事物的本性。这种科学性的思想方式奠定了人类文明进一步发展的基础。在这个过程中，人也暂时摆脱实用的考虑，而自由地——不是被迫地去思考研究这些问题。这样做的结果，我们看到了，欧洲的历史说明这样的思维方式有大用处，就是无用中的大用。欧洲的哲学——我们通常意义上说的哲学就是在这样的基础上产生的。如果它只是局限于鼻子底下的利益，苏格拉底如果就是凿他的石头去卖钱，就不可能出来那些对话，不可能想那些问题。这是我们看到的欧洲哲学的积极的一面，自由的一面。

在古希腊的时候，自由的知识产生了，科学产生了。这是自由的思想的一个大突破。没有这个突破，以后哲学的发展甚至科学的发展都会受很大的限制。希腊作为哲学的摇篮就是在这个意义上说的。我们现在还在念古希腊哲学家的书。有两本必读书要推荐给大家：一本是柏拉图的《理想国》，另一本是亚里士多德的《形而上学》。我们读这些书，可以看到他们是如何追求自由的知识的。

柏拉图提出了"理念论"，亚里士多德提出一个"存在之存在为理念"，看起来很抽象，实际是很实在的问题。什么叫理念？比如日月山川，我们要看多少日月山川才能总结出日月山川的本质来？柏拉图还提到，要穿多少双鞋才能得出鞋的理念来？很难下界定。他是把这个颠倒过来，鞋就是理念先在，然后根据这一理念做出鞋来。万物都是这样，都像有个设计师根据理念来构建出万物。而构建出来的万物都不如理念原本。不是说具体的感性的东西是我们思想、理性产生的根据，思想、理性是模仿感性的东西。不是说这儿有个桌子，根据这个我们脑子里有个桌子的概念。而是说桌子的本质先有，这些具体的东西模仿这些本质的东西。这是哲学的一个很重要的解脱，眼前的东西是模仿普遍的东西的，而普遍的东西是什么？概念。万物的最本质的一个属性是存在，这是亚里士多德讲的。理念和质料是不同的，但内在是一致的。理念，用科学的话来说就是概念。这个概念式的思想方式在古希腊就奠定了。概念性的思想方式是自由的知识的存在形式，不是具体到感性的存在中去找知识。那样找来找去都是它跟我的关系，是捆绑在对象上的。要摆脱这些东西，对它们的研究是客观的、自由的对待。自由的知识就是概念式的知识，是概念式的存在方式。

这一方式应该说成也是它，败也是它，优点也是它，缺点也是它。有什么缺点？自由的思想方式是对的，但是它是形式化的、概念化的，好像是脱离现实的。这样一来，你的研究是你的研究，实际的东西是实际的东西，就出了主客分立、分离、分裂的毛病。这种思维方式带来了弊病，它慢慢走了一个形式化的道路，慢慢分化。最先是毕达哥拉斯的"数"，数学、几何学，然后有逻辑学。当年没有逻辑学这个名词，但是逻辑已经出来了。到亚里士多德就有了《前分析篇》、《后分析篇》。早年的逻辑称为"logos"，就是学问的意思。逻各斯很厉害，把一切都形式化。这样就使得思维片面了，爱跟智慧就发生矛盾了。智慧变成抽象的了，过于形式化了。然后世界就变成了两个世界——经验的世界和理性的世界，一个是逻辑的、形式的、概念的世界；一个是现实的世界。两者分开了。科学就是一些概念、判断、推理，讲必然性的推导。实际经验的过程不能推论，不是逻辑推导。不是用概念、判断来推理。因为你不可能穷尽一切经验，你不可能经历全部的实际过程，因此你的判断是允许有错误的。不可验证、不可检验的，不能证实或者证伪的都不是科学判断。或者说科学判断必须允许证明或者证伪。所以科学不是经验判断推算出来的，经验科学包括物理学，必须有感觉材料补充进来，光有公式、原理不行。原理可以运用到经验里头去，经验必须给你提供证明或者证伪的材料，这才是真理。所以知识判断就是后来的事了，慢慢明确了知识的判断除了形式的——比如数学、几何学、逻辑学以外，广义的科学包括自然科学和社会科学在内。还要靠经验，都是经验科学。要靠感觉经验给你提供材料，你才有内容。这个"提供"，有的哲学家称为"兑现"——如同我们现实当中拿一张支票去兑现现金。形式的、逻辑的东西是公理，要有现实的东西给你提供材料，没有材料就是空头支票。所以也要用这个"兑现"，让原理都有内容。

知识论到了现代阶段，自由的知识有一个明显的突破，内容方面、形式方面都明朗化了。自然科学必须得有感觉材料，要给它兑现，这样你的知识才是有内容的。哲学不是说爱智嘛，光一个智慧不行，得有感性的东西。所以哲学就在一个感性、一个理性的东西里头搅和，看你怎么理解。知识不能没有内容，逻辑可以不要内容，数学也可以把那个"象"不要了。科学的知识是要有内容的，没有内容的知识是形式知识，也有意义。但是经验科学、自然科学都是有内容的。这样一来，自由就受到限制了。刚才我们说，从希腊开始，知识自由了，但是这些都是形式的东西，你能做主的不都是形式的东西吗？不都是概念性的东西吗？概念、判断、推理都是理性可以自己做主的，不需要经验。逻辑从哪儿出来？也有说从亿万次实践中总结出来的，这是列宁说的，虽然这种观点也可以理解，但什么叫亿万次？哪一段算亿万次？怎么到希腊就产生出来了逻辑来了？怎么中国先秦的《墨经》就出来逻辑了？没有一个确定的界限。欧洲哲学里有很重要的一个概念"a priori"，翻译成中文比较难说，大概可以说是推理性的。什么意思？就是不需要经验，不需要内容，是理性自主的，这是自由的。但是这个自由有点玄乎了，太抽象了。概念是抽象概念，推理也是逻辑推理，其内容还得由感觉提供。所以，我们讲科学知识的必然性不是理性产生出来的。因此它的必然性、自由性、自主性在一定范围里还是受限制的。就像一个国家的法律，制定的时候是根据国家自主的权力而制定的，但法律还得照顾到老百姓自己的特点。知识也一样，知识王国也要有子民啊，光有那些法律是没用的，得有人才行。民是内容，法律是形式。即便说你这个法律是先天的，也得要子民来跟法律结合起来形成一个"kingdom"。这个意义下，尽管理性是君主，是立法者，是自由的、自主的，你还得受制于与子民——感觉经验的关系。感觉经验不是理性产生出来的，相对于概念、判断来说是外来的。所以，希腊的知识性的自由是挡不住哲学的，哲学要绝对自由。如何实现？让我的子民也从我这儿产生出来，理性要让对象也由其中产生。对象如何产生？可以回到柏拉图来看，"理念"并不是根据经验总结出来的，是理性自己生出来的。先有这些理念，然后感觉经验去摹仿理念。日月山川有其对应的东西，但是有一些东西是感觉经验世界没有的，与理念之间没有一一对应的关系。这恰恰证明了理念不是感觉经验里来的。哲学史里说自由本身——意志自由、灵魂不死、神这三个东西在感觉经验世界里没有。感觉提供不出自由来，感觉本身是环环相扣的，扭结在一起，因而不自由。灵魂不朽是说永恒，感觉世界里也没有，一直在变。神，比如上帝——上帝是中国的词汇，西方就称作神，即"god"，是不可感的。这个就是纯粹的理念，跟桌椅板凳不一样。这个理念是不是一个幻想的产物呢？不是，这是理性里根深蒂固的。你思考它，没有矛盾，不会有"方的圆"这样观念上矛盾的东西。你思想神，没有矛盾；思考永恒、不朽，也没有矛盾。你可以思考它，但不能知道它。到了这个阶段，知识论跟道德论就分开了。这三个大理念在知识论里头不能有对象，是非对象化的。因此它不是知识，不可能形成科学，不是科学的对象。说有一门科学专门来研究神，可以说有，但是伪科学，是神学——"theology"。古代希腊认为神是不朽的，人要追求不朽。但它不是经验科学，而是超越经验的东西。这个东西不是胡思乱想，不是胡诌的，是合理的，但是它不可知，它是一种道德理念，是德性的问题。道德跟知识分开了，道德不是经验知识，从自然科学或者经验科学的意义上来讲，道德是不可知的，不是知识的对象。道德的根基就在意志自由本身，没有自由就没有责任。因此，自由就从受限制的知识里头进入到了无限制的道德领域了。也不是完全无限制，而是理性自己限制自己。一定意义上限制就更大了，更加严格了。前边的还可以推托，材料和理论可以相互支持，知识里有对错，而道德里没有对错，是善恶问题。

这三个大理念在知识里没有对象，而在道德里是现实的，是实实在在的东西，每个人都能体验出来。我做任何事情，就知识来说是有客观原因的，但无论有多少条客观理由，都不能抵消你做这个事情的责任，出了事你就责无旁贷。有人问萨特：德国法西斯打来了，我妈妈又病了，我该怎么办？是去参加抵抗运动还是回家照顾我妈妈？萨特说：我无可奉告，这是你的自由。你去打德国人，就要承担你妈妈会因而病死的责任；你去照顾你妈妈，就要承受德国人打进来而你没抵抗的责任。道德就知识来讲没有内容，它不教给你该做什么、怎么做，它就教你一条：你责无旁贷。这一条就引导了上边三个理念的出现。

知识跟道德分割以后，理性绝对自主了，基督教的一神才得出来，通过道德进入信仰。相对地，知识性的神都是多神。因为是知识性的，通过想象去塑造多神。中国如此，希腊也如此，有宙斯、海神波塞冬，都是实际性的神了。只有基督教的神是一神，道德性出来了。在道德的意义上讲这个神，它不是空洞的。尽管在知识上它是空洞的。这个唯一的神是理性自己设定的，作为一个对象自己设定的。它就是一个理念，理念是理性自主、自由设定出来的。在这个阶段，我们的知识论先搁在那儿，剩下的是道德问题。将知识悬搁起来是为道德、信仰留下空间，为理念提供现实性。其内容不是感性提供的，而是来自理性自己的设定。这是西哲的一个最大的转变环节。扩大开来，所有的概念都可以理解成是理性自己设定的。不仅仅是这三个理念,这三个只是最突出、最明显而已。理性在感觉世界里头所形成的概念都是理念,最原始的理性。最自主、自由的设定的对象就是理念。我们睁眼看到的这个世界就是理念的世界。看、听、感觉全是理性的感觉。我们的爱也是理性的爱,自由也是理性的自由。我们所看到的日月山川、桌椅板凳都是理念,而感觉是后来的事。人不是一睁眼就看到感觉经验的。感觉是科学的对象,要经过分析的,是物理学、心理学的对象。最原始的、最基本的、最重要的、最基础的感觉是理念的。比如我们看到一个东西,没人会直接看到这是光波的折射,也没人直接听到声波的传导,而都是理念。哲学就在这个阶段如此来理解概念的形式和内容,内容也还是来自理性的。

这个阶段就是欧洲哲学的成熟期,就是德国十八、十九世纪的哲学。这是最重要的一段哲学——从康德到黑格尔。这里也提供基本参考书:康德的三个批判《纯粹理性批判》、《实践理性批判》、《判断力批判》,黑格尔的《精神现象学》。他们的书至今还是我们做西方哲学或者说做哲学的必读书。前两年在北大哲学系给一年级讲课,我就开这些书,辅导老师就说别读这个,太难了。我说就得读这个,与其去看那些边缘的材料,不如直接读这些经典著作。哲学就是要读原著。直接读,一遍读不懂,就两遍、三遍、四遍。我们读了一辈子了,现在还在读。人跟人还是不一样的,机缘会合,正好在那个时期出了那么一批人,一直到现在都还没有离开他们的解释。但是有一条,他们说的我们眼中的世界、我们所能理解的世界都是理念的世界。也就是说从哲学的角度来看,哲学的概念不是抽象的,理念是哲学概念的内容。因此,理念就是理性自己设定的,自己设定自己的界限。没有这一界限就没有自己的学说了。就好像哲学家在概念里有一个世界,这个世界是跟现实世界颠倒的,是可理解的世界,不是荒谬的。荒诞的世界也不是没有,是哲学进入现代以后的一种表现。可理解的世界不在时间的绵延里头,而是超时空的。在时空中时间的绵延、变化,是不允许你有一个可理解的体系的,不允许你有一个理念的体系的。时间的问题进入哲学、进入自由,自由就不是理性自己设定自己的这么一个自由了。时间就是自由,时间就是变化,时间就是矛盾,时间就是存在。理念可以说是最高的存在,但相对于时空中的东西来说、相对于经验中的东西来说是非存在。时间是感性、理性之间变化的总过程，是一个动态的东西。在时间的领域里没有道德，这是尼采的观点。一定的社会，比如说"文革"时期家庭出身是很重要的，是一条标准，现在就没了，道德规范是随时而变的，是历史学的、社会学的范畴。而永恒的至善即理念，它是超时空的。康德在一篇文章——《万物的终结》里谈到必须到万物全体变化以后才会有永恒，变化中怎么能有永恒？万物终结以后，你是好人就上天堂，末日审判就是这样，已经超出了时空。

但是，实际的存在、实际的历史恰恰都是时间的绵延。所以，所谓现代哲学又把超时空的东西拉回到时间中来。在这儿还要给大家推荐一本书，海德格尔的《存在与时间》。这个人现在的影响大得不得了，他提出的问题非常严重。他提出的问题从哲学的存在论上讲，进入时空之后就没有永恒了，都是临时的、有限的。有时限的问题是什么问题？没有永恒，人是有死的，会死的，要死的，这是真理。这又回到希腊去了，关于神和人。为什么那个时候哲学叫神学？神跟人的区别就是人是会死的，神是不死的。他们的观念还是比较模糊，不死无非就是更有力、更强、更长。永恒，超时空，自由具有这些特征。道德是不是永恒的？康德说的万物终结以后只有道德永恒，德性是这样，自由也是这样。他有一个思想，大家不太喜欢：向死而生，人生下来就是朝死而去的。这样一来是不是太消极了？海德格尔阐述了很多很有意思的问题，比如人有能力提前进入死亡，他能想到死的问题，将死作为一个问题提出来。动物不能，动物有死，但不能提前思考死，不会想到向死而生。生死如一，如何一？只有将它看成一个过程才能是一，不然就有些强词夺理。生的过程也就是死的过程，将死作为一个过程，将它动起来。存在就是时间了，不是理念了，那么一生的过程不就是一死的过程吗？死不是一个点，生也不是一个点。生是动态的，而死同样也是动态的。存在是一个动的东西，动不是一个简单的位移，动是创造的过程。在这个意义上，我们可不可以反过来说呢？既然是一个过程，我们干吗要这么消极呢？我们可以反过来说向生而死。

死在现代哲学里头，进入二十世纪后半期，是一个很大的问题。人的物质生活都比较好了，都在想这个怎么回事，怎么理解。海德格尔的观点也算是一种理解。他的说法可以从积极的一面说向生而死，就意味着死是生的一个环节，死是为了生。于是就有再生的问题，这样就把基督教的一些问题都涵盖进来了。死的意义变得积极起来了，死的分量就重了。怎么说？有来生，不是说真的活过来了，而是死而不亡，你的工作、你的事业、你的著作，所有这一切都还活着，可能还是真正地活着，更实际地发挥着作用。我们今天讲的所有的历史，不都是再生的吗？哪个还活着呢？没有那种经验意义上的活着，这些不活着的恰恰是存在的。不是提前进入死亡，是提前进入再生，提前进入未来。在这个意义上，我们是不是可以对当代西方哲学里的问题有积极层面的理解呢？

所以我说，我们哲学是化解宗教的一个力量。再生、复活、耶稣复活，直到现在还活在很多人的心里。不光是基督徒，非教徒也会念他的书，也会信他。这些问题，我们哲学可以把它们包容进来，那么我们这个自由就更上一层楼了，因为我们用理性将不可理解的东西变成可以理解的东西了。

《叶秀山全集》总目

**叶秀山全集·第一卷**
《京剧流派欣赏》
《前苏格拉底哲学研究》
《苏格拉底及其哲学思想》

**叶秀山全集·第二卷**
《书法美学引论》
《古中国的歌——京剧演唱艺术赏析》
《思·史·诗——现象学和存在哲学研究》

**叶秀山全集·第三卷**
《美的哲学》
《无尽的学与思——叶秀山哲学论文集》
《愉快的思》

**叶秀山全集·第四卷**
《叶秀山学术文化随笔》
《当代学者自选文库·叶秀山卷》
《叶秀山文集·哲学卷》（上）

《叶秀山文集·哲学卷》（下）
《叶秀山文集·美学卷》

**叶秀山全集·第五卷**
《叶秀山文集·散文随笔卷》
《说"写字"》
《中西智慧的贯通——叶秀山中国哲学文化论集》
《哲学作为创造性的智慧——叶秀山西方哲学论集（1998—2002）》

**叶秀山全集·第六卷**
《西方哲学史（学术版）第一卷　总论》（上篇）
《中国社会科学院学术委员文库·叶秀山文集》
《哲学要义》

**叶秀山全集·第七卷**
《永恒的活火——古希腊哲学新论》
《学与思的轮回——叶秀山 2003—2007 年最新论文集》

**叶秀山全集·第八卷**
《科学·宗教·哲学——西方哲学中科学与宗教两种思维方式研究》

**叶秀山全集·第九卷**
《启蒙与自由——叶秀山论康德》
《"知己"的学问》
《在，成于思》
《哲思边缘——叶秀山散文精选》

**叶秀山全集·第十卷**
《哲学的希望——欧洲哲学的发展与中国哲学的机遇》

**叶秀山全集·第十一卷**
美学论文补遗
哲学论文补遗

**叶秀山全集·第十二卷**
散文随笔补遗
访谈演讲补遗

# 叶秀山作品全目

**1957 年**

1. 《什么是美?》,原载文艺报编辑部编《美学问题讨论集》第二集,作家出版社 1957 年版,收入《叶秀山全集》第十一卷《美学论文补遗》。

**1958 年**

2. 《美学讨论中的主要分歧》,原载《哲学社会科学动态》1958 年第 1 期,收入《叶秀山全集》第十二卷《散文随笔补遗》。
3. 《也谈王国维的"境界"说》,原载《光明日报》1958 年 3 月 16 日《文学遗产》第 200 期,收入《叶秀山全集》第五卷《叶秀山文集·散文随笔卷》。
4. 《"美是主客观统一"说质疑》,原载《新建设》1958 年第 3 期,后收入文艺报编辑部编《美学问题讨论集》第四集,作家出版社 1959 年版,收入《叶秀山全集》第十一卷《美学论文补遗》。
5. 《从"味儿"想到的》(署名秋文),原载《中国戏剧》1958 年第 3 期,收入《叶秀山全集》第十二卷《散文随笔补遗》。
6. 《评朱光潜先生的〈克罗齐的美学批判〉》,原载《新建设》1958 年第 12 期,收入《叶秀山全集》第十一卷《美学论文补遗》。

**1959 年**

7. 《可以更集中一些》(署名秋文),原载《戏剧报》1959 年第 2 期,收入

《叶秀山全集》第十二卷《散文随笔补遗》。

8. 《漫谈京剧的派别》（署名秋文），原载《新文化报》1959 年第 10 期，收入《叶秀山全集》第十二卷《散文随笔补遗》。

9. 《戏剧的精炼及其他》（署名秋文），原载《江苏戏曲》1959 年第 7 期，收入《叶秀山全集》第十二卷《散文随笔补遗》。

**1960 年**

10. 《京剧音韵杂谈》（署名秋文），原载《戏曲音乐》1960 年第 4 期，收入《叶秀山全集》第十二卷《散文随笔补遗》。

11. 《也谈山水花鸟画》（署名秋文），原载《美术》1960 年 5 月号，收入《叶秀山全集》第五卷《叶秀山文集·散文随笔卷》。

12. 《从"笑"谈起》（署名秋文），原载《文汇报》1960 年第 14 期，收入《叶秀山全集》第十一卷《美学论文补遗》。

13. 《书法是一种艺术》（署名秋文），原载《文汇报》1960 年 11 月 27 日，收入《叶秀山全集》第五卷《叶秀山文集·散文随笔卷》。

**1961 年**

14. 《品》，原载《文汇报》1961 年 1 月 23 日，收入《叶秀山全集》第五卷《叶秀山文集·散文随笔卷》。

15. 《言菊朋演唱艺术欣赏》（署名秋文），原载《上海戏剧》1961 年第 2 期，收入《叶秀山全集》第一卷《京剧流派欣赏》。

16. 《杂谈戏曲表演程式》（署名秋文），原载《上海戏剧》1961 年第 3 期，收入《叶秀山全集》第十二卷《散文随笔补遗》。

17. 《山水诗的阶级性问题》，原载《文学评论》1961 年第 2 期，收入《叶秀山全集》第五卷《叶秀山文集·散文随笔卷》

18. 《谈"字正腔圆"》，原载《光明日报》1961 年 4 月 12 日，收入《叶秀山全集》第十二卷《散文随笔补遗》。

19. 《从余派谈京剧演唱的"韵味"》，原载《文汇报》1961 年 5 月 24 日，收入《叶秀山全集》第一卷《京剧流派欣赏》。

20.《谈文采》，原载《文汇报》1961 年 6 月 11 日，收入《叶秀山全集》第五卷《叶秀山文集·散文随笔卷》。

21.《马派和谭派表演风格之比较——兼谈表演风格之朴实和华丽》（署名秋文），原载《人民日报》1961 年 6 月 28 日，收入《叶秀山全集》第一卷《京剧流派欣赏》。

22.《"美学"正名》，原载《文汇报》1961 年 7 月 4 日，收入《叶秀山全集》第五卷《叶秀山文集·散文随笔卷》。

23.《中国传统戏曲舞台形象之美——梅兰芳〈舞台生活四十年〉的一些美学问题》（署名秋文），原载《上海戏剧》1961 年第 9 期，收入《叶秀山全集》第一卷《京剧流派欣赏》。

24.《"偏爱"和"偏见"——谈京剧流派的欣赏和评价》（署名秋文），原载《文汇报》1961 年第 12 期，收入《叶秀山全集》第一卷《京剧流派欣赏》。

25.《论京剧流派》（署名秋文），原载《文汇报》1961 年第 24 期，收入《叶秀山全集》第一卷《京剧流派欣赏》。

26.《王国维的文艺思想简评》，原载《文学遗产》1961 年第 A08 期，收入《叶秀山全集》第十一卷《美学论文补遗》。

27.《为欣赏者留有余地》，原载《上海文学》1961 年第 5 期，收入《叶秀山全集》第五卷《叶秀山文集·散文随笔卷》

28.《黑格尔论艺术的真实和历史的真实》，原载《文汇报》1961 年 9 月 8 日，收入《叶秀山全集》第四卷《叶秀山文集·美学卷》。

29.《关于培根对亚里士多德哲学观点的批判》，原载中国科学院哲学研究所西方哲学史组编《培根哲学思想——培根诞生四百周年纪念文集》，商务印书馆 1961 年版，收入《叶秀山全集》第十一卷《哲学论文补遗》。

30.《舞台艺术中美的内容和形式》，原载《新建设》1961 年第 11 期，收入《叶秀山全集》第十一卷《美学论文补遗》。

**1962 年**

31.《观剧杂感》，原载《文汇报》1962 年 9 月 28 日，收入《叶秀山全集》第五卷《叶秀山文集·散文随笔卷》。

32.《京剧流派欣赏》（署名秋文），上海文艺出版社 1962 年 6 月版，收入《叶秀山全集》第一卷。

**1963 年**

33.《论话剧艺术的哲理性》，原载《文汇报》1963 年 2 月 23 日，收入《叶秀山全集》第四卷《叶秀山文集·美学卷》。

**1964 年**

34.《评周谷城先生的"绝对境界"说》，原载《新建设》1964 年第 1 期，收入《叶秀山全集》第十一卷《美学论文补遗》。

35.《康德的道德哲学》，原载《新建设》1964 年第 5—6 期合刊，收入《叶秀山全集》第四卷《叶秀山文集·哲学卷》（下）。

**1965 年**

36.《论京剧〈红灯记〉》，原载《新建设》1965 年第 8—9 期合刊，收入《叶秀山全集》第四卷《叶秀山文集·美学卷》

**1974 年**

37.《批判康德的"天才"论》，原载汝信、叶秀山、傅乐安主编《欧洲哲学史上的先验论和人性论批判（论文集）》，人民出版社 1974 年版，收入《叶秀山全集》第十一卷《哲学论文补遗》。

38.《欧洲近代哲学史上的资产阶级人性论》，原载汝信、叶秀山、傅乐安主编《欧洲哲学史上的先验论和人性论批判（论文集）》，人民出版社 1974 年版，收入《叶秀山全集》第十一卷《哲学论文补遗》。

39.《古希腊智者学派的主观唯心主义诡辩论》，原载汝信、叶秀山、傅乐安主编《欧洲哲学史上的先验论和人性论批判（论文集）》，人民出版社 1974 年版，收入《叶秀山全集》第十一卷《哲学论文补遗》。

**1978 年**

40.《费希特早期政治思想及其哲学体系的建立》,原载中国社会科学院哲学研究所西方哲学史研究室编《外国哲学史研究集刊》第一辑,上海人民出版社 1978 年版,收入《叶秀山全集》第十一卷《哲学论文补遗》。

41.《论古希腊米利都学派的主要哲学范畴》,原载《哲学研究》1978 年第 11 期,后成为《前苏格拉底哲学研究》第二部分,收入《叶秀山全集》第一卷《前苏格拉底哲学研究》。

**1979 年**

42.《中国书法艺术的特点》(署名秋文),原载《文艺论丛》第 6 辑,上海文艺出版社 1979 年 2 月版,后成为《书法美学引论》之"分析篇",收入《叶秀山全集》第二卷《书法美学引论》。

43.《赫拉克利特的宇宙观》,原载《哲学研究》编辑部编《外国哲学史论文集》第一辑,山东人民出版社 1979 年 11 月版,后成为《前苏格拉底哲学研究》之第四部分,收入《叶秀山全集》第一卷《前苏格拉底哲学研究》。

44.《试论悲剧的美学意义》(署名秋文),原载《美学》第一期,上海文艺出版社 1979 年版,收入《叶秀山全集》第十一卷《美学论文补遗》。

45.《乔姆斯基简介》,原载中国社会科学院哲学研究所现代外国哲学组编《当代美国资产阶级哲学资料》第三集,商务印书馆 1979 年版,收入《叶秀山全集》第十一卷《哲学论文补遗》。

**1980 年**

46.《期待着大演员》,原载《艺术世界》1980 年第 5 期,收入《叶秀山全集》第五卷《叶秀山文集·散文随笔卷》。

47.《古代雅典民主制与希腊戏剧之繁荣》,原载《美学》第 2 期,上海文艺出版社 1980 年 7 月版,收入《叶秀山全集》第三卷《无尽的学与思》。

48.《巴门尼德在古希腊哲学史上的地位》,原载中国社会科学院哲学研究所西方哲学史研究室编《外国哲学史研究》第二辑,上海人民出版社 1980 年版。后成为《前苏格拉底哲学研究》第五部分之二。收入《叶秀山全集》

第一卷《前苏格拉底哲学研究》。

**1981 年**

49.《关于苏格拉底的历史评价问题》,原载《哲学研究》编辑部编《外国哲学史论文集》第二辑,山东人民出版社 1981 年 5 月版,后成为《苏格拉底及其哲学思想》之引言与第一、第二部分,收入《叶秀山全集》第一卷《苏格拉底及其哲学思想》。

50.《中国戏曲艺术的美学问题(研究提纲)》,原载《文艺论丛》第 12 辑,上海文艺出版社 1981 年 8 月版,收入《叶秀山全集》第四卷《叶秀山文集·美学卷》。

51.《康德的先验宇宙论的二律背反》,原载《论康德黑格尔哲学》,上海人民出版社 1981 年版,收入《叶秀山全集》第九卷《启蒙与自由》。

**1982 年**

52.**《前苏格拉底哲学研究》**,三联书店 1982 年 6 月版。人民出版社 1983 年 11 月纳入"西方哲学史研究丛书"出版,内容不变。人民出版社 1998 年 1 月纳入"哲学史家文库"出版,内容不变。社会科学文献出版社 2007 年 5 月纳入"中国社会科学院文库"出版,内容不变。收入《叶秀山全集》第一卷。

**1983 年**

53.《喜剧的本质与中国古典喜剧的特点》,原载《中国古典悲剧喜剧论集》,上海文艺出版社 1983 年 5 月版,收入《叶秀山全集》第四卷《叶秀山文集·美学卷》。

54.《西方研究古希腊哲学的一些趋向》,原载《中国哲学年鉴·1983》,中国大百科全书出版社 1983 年版,收入《叶秀山全集》第四卷《叶秀山文集·哲学卷》(上)。

55.《关于哲学史方法及早期希腊哲学研究中的几个问题》,1983 年在广州的讲稿,刊印在广东省高等院校政治理论教学研究会情报资料室编印的材料上，收入《叶秀山全集》第四卷《叶秀山文集·哲学卷》（上）。

**1984 年**

56.《梅兰芳——中国古典审美理想的化身》（署名秋文），原载《戏剧论丛》1984 年第 3 期，收入《叶秀山全集》第十一卷《美学论文补遗》。

57.《哲学·美学·戏剧·京剧》，原载《美学集刊》1984 年，收入《叶秀山全集》第三卷《愉快的思》。

58.《苏格拉底》，原载叶秀山、傅乐安编《西方著名哲学家评传》第一卷，山东人民出版社 1984 年版，收入《叶秀山全集》第十一卷《哲学论文补遗》。

**1985 年**

59.《论美学在康德哲学体系中的地位》，原载《外国美学》第 1 辑，商务印书馆 1985 年 2 月版，收入《叶秀山全集》第九卷《启蒙与自由》。

60.《我是怎样喜欢起哲学来的——答〈社会科学评论〉编辑部问》，原载《社会科学评论》1985 年第 9 期，收入《叶秀山全集》第三卷《愉快的思》。

61.《第六届国际康德会议简纪》，原载《哲学研究》1985 年第 11 期，收入《叶秀山全集》第五卷《叶秀山文集·散文随笔卷》。

62.《试论维特根斯坦从〈逻辑哲学论〉到〈哲学的研究〉转变的哲学意义》，原载《外国哲学》第 5 辑，商务印书馆 1985 年版，以"试论《逻辑哲学论》到《哲学研究》的转变"为题收入《叶秀山全集》第三卷《无尽的学与思》。

**1986 年**

63.《古代希腊之艺术观念和艺术精神》，原载《外国美学》第 2 辑，商务印书馆 1986 年 4 月版，收入《叶秀山全集》第三卷《无尽的学与思》。

64.《谈谈学习哲学的一些方法问题》，原载《中国社会科学院研究生院学报》1986 年第 4 期，收入《叶秀山全集》第三卷《愉快的思》。

65.《历史性的思想与思想性的历史——谈谈现代哲学与哲学史的关系》，原载《哲学研究》1986 年第 11 期，收入《叶秀山全集》第三卷《愉快的思》。

66.《康德〈纯粹理性批判〉"分析篇"的一些问题》，原载《康德黑格尔研究》第一辑，上海人民出版社 1986 年版，收入《叶秀山全集》第四卷《叶秀山文集·哲学卷》（下）。

67.《康德论"道德律"》，原载姜丕之、汝信主编《康德黑格尔研究》第二辑，上海人民出版社 1986 年版，收入《叶秀山全集》第十一卷《哲学论文补遗》。

68.《符号哲学与符号美学——论苏珊·兰格的哲学和美学思想》，原载《美·艺术·时代》第二辑，百花文艺出版社 1986 年版，收入《叶秀山全集》第十一卷《美学论文补遗》。

69.**《苏格拉底及其哲学思想》**，人民出版社 1986 年 2 月版。人民出版社 1997 年 5 月纳入"哲学史家文库"出版，内容不变。收入《叶秀山全集》第一卷。

**1987 年**

70.《欧洲形而上学的历史命运——记 1987 年斯图加特国际黑格尔哲学大会》，原载《哲学研究》1987 年第 10 期，收入《叶秀山全集》第五卷《叶秀山文集·散文随笔卷》。

71.《艺术·神话·历史——读卡西尔〈论人〉》，原载《外国美学》第 4 辑，商务印书馆 1987 年 12 月版，后成为《思·史·诗》第二部分，收入《叶秀山全集》第二卷《思·史·诗》。

72.**《书法美学引论》**，宝文堂书店 1987 年 6 月版，收入《叶秀山全集》第二卷。

**1988 年**

73.《谈"美育"》，原载《美学研究》第 1 辑，社会科学文献出版社 1988 年 1 月版，收入《叶秀山全集》第三卷《无尽的学与思》。

74.《中西文化之"会通和合"——读钱穆〈现代中国学术论衡〉有感》，原载《读书》1988 年第 4 期，收入《叶秀山全集》第三卷《愉快的思》。

75.《灵魂的归宿——为刘耀中先生〈荣格、弗洛伊德与艺术〉一书而写》，原载《读书》1988 年第 6 期，收入《叶秀山全集》第三卷《愉快的思》。

76.《守护着那诗的意境——读宗白华〈美学与意境〉》，原载《读书》1988 年第 8 期，收入《叶秀山全集》第三卷《愉快的思》。

77.《寻求学术工作的"度"——写在"博士论丛"第一批书出版之后》，原载《光明日报》1988 年 8 月 18 日，收入《叶秀山全集》第三卷《愉快的思》。

78.《"逻辑学"——西方哲学思想之家——写在郭小平〈黑格尔逻辑学：历史与本文研究〉出版之际》，原载《光明日报》1988 年 10 月 9 日，收入《叶秀山全集》第三卷《愉快的思》。

79.《为庆祝建院十周年而公布一份答卷》，原载《中国社会科学院研究生院学报》1988 年第 5 期，收入《叶秀山全集》第十二卷《散文随笔补遗》。

80.**《古中国的歌——京剧演唱艺术赏析》**（署名秋文），宝文堂书店 1988 年 5 月版，收入《叶秀山全集》第二卷。

81.**《思・史・诗——现象学和存在哲学研究》**，人民出版社 1988 年 12 月版。人民出版社 1999 年 1 月纳入"哲学史家文库"出版，内容不变。人民出版社 2010 年 3 月纳入"中国文库"出版，内容不变。收入《叶秀山全集》第二卷。

**1989 年**

82.《"哲学"面对"历史"的挑战》，原载《史学理论》1989 年第 1 期，收入《叶秀山全集》第三卷《无尽的学与思》。

83.《意义世界的埋葬——评隐晦哲学家德里达》，原载《中国社会科学》1989 年第 3 期，收入《叶秀山全集》第三卷《无尽的学与思》。

84.《写在〈中国审美意识的探讨〉出版之际》，原载《中国审美意识的探讨》，中国戏剧出版社 1989 年 5 月版，以"三十年前之宿愿"为题收入《叶秀山全集》第三卷《愉快的思》。

85.《英伦三月话读书》，原载《读书》1989 年第 6 期，收入《叶秀山全集》第三卷《愉快的思》。

86.《现代西方美学主要思潮和表演艺术》，原载《外国美学》第 5 辑，商务印书馆 1989 年 7 月版，收入《叶秀山全集》第三卷《无尽的学与思》。

**1990 年**

87.《论福柯的"知识考古学"》,原载《中国社会科学》1990 年第 4 期,收入《叶秀山全集》第三卷《无尽的学与思》。

88.《学者的使命》,原载《读书》1990 年第 10 期,收入《叶秀山全集》第三卷《愉快的思》。

**1991 年**

89.《读那总是有读头的书——重读黑格尔〈精神现象学·序言〉》,原载《读书》1991 年第 4 期,收入《叶秀山全集》第三卷《愉快的思》。

90.《哲学的希望与希望的哲学——利科对解释学之推进》,原载《中国社会科学院研究生院学报》1991 年第 4 期,收入《叶秀山全集》第三卷《无尽的学与思》。

91.《"诗言志"小注》,原载《中国诗学》,人民出版社 1991 年 9 月版,收入《叶秀山全集》第三卷《愉快的思》。

92.《未来总是好的》,原载香港《二十一世纪》1991 年 10 月号总第 7 期,收入《叶秀山全集》第五卷《叶秀山文集·散文随笔卷》。

93.《戏剧作为一种艺术形式》,原载曹其敏《戏剧美学》,人民出版社 1991 年 10 月版,收入《叶秀山全集》第四卷《叶秀山文集·美学卷》。

94.《中国戏曲表演体系在世界戏剧表演流派中的地位》,原载曹其敏《戏剧美学》,人民出版社 1991 年 10 月版,收入《叶秀山全集》第四卷《叶秀山文集·美学卷》。

95.《从哲学方面说"读书明理"》,原载《读书》1991 年第 12 期,收入《叶秀山全集》第三卷《愉快的思》。

96.**《美的哲学》**,人民出版社 1991 年 9 月版,收入《叶秀山全集》第三卷。

**1992 年**

97.《我想有个家——西方哲学中"家"的观念》,原载香港《法言》1992 年 2 月号,收入《叶秀山全集》第三卷《愉快的思》。

98.《评伽达默的美学观》,原载《外国美学》第 9 辑,商务印书馆 1992 年 3 月版,收入《叶秀山全集》第十一卷《美学论文补遗》。

99.《"现象学"和"人文科学"——"人"在斗争中》,原载《中国社会科学院研究生院学报》1992年第2期,收入《叶秀山全集》第三卷《无尽的学与思》。

100.《描画出一个活的世界——〈葛鸿桢书画集〉观后》,原载《文汇报》1992年5月7日,收入《叶秀山全集》第三卷《愉快的思》。

101.《我读〈老子〉书的一些感想》,原载《道家文化研究》第二辑,上海古籍出版社1992年8月版,收入《叶秀山全集》第四卷《当代学者自选文库·叶秀山卷》。

102.《"碎片"与"体系"》,原载布尔《理性的历史》,社会科学文献出版社1992年9月版,收入《叶秀山全集》第三卷《愉快的思》。

103.《沈有鼎先生和他的大蒲扇》,原载《读书》1992年第9期,收入《叶秀山全集》第三卷《愉快的思》。

104.《过于短暂的豁然贯通——再谈哲学的"读书明理"》,原载《读书》1992年第12期,收入《叶秀山全集》第三卷《愉快的思》。

**1993年**

105.《生命的轨迹》,原载《上海青年报》1993年1月12日,收入《叶秀山全集》第三卷《愉快的思》。

106.《毕达哥拉斯学派和希腊科学精神》,原载《社会科学战线》1993年第2期,收入《叶秀山全集》第七卷《永恒的活火》。

107.《希腊"神话"——作为理解世界的一种方式》,原载《东方论坛》1993年第2期,收入《叶秀山全集》第七卷《永恒的活火》。

108.《今人当自爱》,原载武汉《艺坛》1993年第3—4期合刊,收入《叶秀山全集》第三卷《愉快的思》。

109.《中西哲学话"长生"》,原载《中国哲学史》1993年第2期,收入《叶秀山全集》第四卷《当代学者自选文库·叶秀山卷》。

110.《关于"文物"之哲思——参观台北"故宫博物院"有感》,原载《哲学研究》1993年第7期,收入《叶秀山全集》第三卷《愉快的思》。

111.《"有人在思"——谈中国书法艺术的意义》,原载《书法研究》1993年第 3 期，收入《叶秀山全集》第三卷《愉快的思》。

112.《我是还要买书的》，原载《文汇读书周报》1993 年 7 月 17 日，收入《叶秀山全集》第三卷《愉快的思》。

113.《论"维特根斯坦现象"》，原载《哲学评论》第 1 辑，社会科学文献出版社 1993 年版，收入《叶秀山全集》第三卷《愉快的思》。

114.《论巴门尼德的"有"与芝诺悖论》，原载《哲学评论》第 1 辑，社会科学文献出版社 1993 年版，收入《叶秀山全集》第七卷《永恒的活火》。

115.《街上匾额，观之不尽》，原载《书法通讯》1993 年，收入《叶秀山全集》第三卷《愉快的思》。

**1994 年**

116.《在〈中国书法〉杂志座谈会上的发言》，原载《中国书法》1994 年第 2 期，以"漫谈中国书法艺术"为题收入《叶秀山全集》第四卷《叶秀山学术文化随笔》。

117.《没有时尚的时代？——论"后现代"思潮》，原载《读书》1994 年第 2 期，收入《叶秀山全集》第三卷《愉快的思》。

118.《段师傅启示录》，原载台湾《联合报》1994 年 3 月 18 日，收入《叶秀山全集》第三卷《愉快的思》。

119.《古代希腊原子论的"原子"与"空无"观念》，原载《中国社会科学院研究生院学报》1994 年第 2 期，收入《叶秀山全集》第七卷《永恒的活火》。

120.《中国文化与科技发展》，原载《哲学研究》1994 年第 4 期，收入《叶秀山全集》第三卷《愉快的思》。

121.《谈黑格尔哲学的意义——怀念丕之同志》，原载《哲学研究》1994 年第 5 期，收入《叶秀山全集》第三卷《愉快的思》。

122.《难得朴实——读〈程砚秋传〉后》，原载《戏剧电影报》1994 年 6 月 5 日，收入《叶秀山全集》第三卷《愉快的思》。

123.《重新认识康德的"头上星空"》，原载《哲学动态》1994 年第 7 期，收入《叶秀山全集》第九卷《启蒙与自由》。

124. 《中西关于"形而上学"问题方面的沟通》,原载《场与有》第 1 集,东方出版社 1994 年 8 月版,以"西方反形而上学传统和中西哲学之汇通"为题收入《叶秀山全集》第四卷《叶秀山学术文化随笔》。

125. 《"理性"、"非理性"及其他》,涂成林《现象学的使命》前言,广东人民出版社 1994 年 8 月版,收入《叶秀山全集》第三卷《愉快的思》。

126. 《谈"哲学"的"用处"》,原载《原道》第 1 集,中国社会科学出版社 1994 年 10 月版,收入《叶秀山全集》第三卷《愉快的思》。

127. 《"画面"、"语言"和"诗"——读福柯的〈这不是烟斗〉》,原载《外国美学》第 10 辑,商务印书馆 1994 年 10 月版,收入《叶秀山全集》第三卷《无尽的学与思》。

128. 《哲学与思想》,原载《现象学与海德格尔》,台北:远流出版公司 1994 年 10 月版,收入《叶秀山全集》第三卷《愉快的思》。

129. 《论艺术的古典精神——纪念艺术大师梅兰芳》,原载《哲学研究》1994 年第 12 期,收入《叶秀山全集》第四卷《叶秀山学术文化随笔》。

130. **《叶秀山哲学论文集——无尽的学与思》**,台湾:仰哲出版社 1994 年 5 月版。其前言、后记收入《叶秀山全集》第五卷《叶秀山文集·散文随笔卷》。

**1995 年**

131. 《"诗"与"史"的结合——谈梅兰芳艺术精神》,原载《戏剧电影报》1995 年 1 月 6 日,收入《叶秀山全集》第三卷《愉快的思》。

132. 《古典的和时尚的》,原载《中国文化报》1995 年 1 月 8 日,收入《叶秀山全集》第三卷《愉快的思》。

133. 《京剧要出大演员、大评论家》,原载《中国戏剧》1995 年第 1 期,收入《叶秀山全集》第五卷《叶秀山文集·散文随笔卷》。

134. 《说"人相忘乎道术"》,原载《读书》1995 年第 3 期,收入《叶秀山全集》第三卷《愉快的思》。

135. 《从 Mythos 到 Logos》,原载《中国社会科学院研究生院学报》1995 年第 2 期,收入《叶秀山全集》第七卷《永恒的活火》。

136. 《"哲学"要"化解""宗教"的问题——读凡乎策〈利科哲学论圣经的叙述性〉》，原载《国外社会科学》1995年第4期，收入《叶秀山全集》第三卷《愉快的思》。
137. 《我敬畏的金先生》，原载《金岳霖的回忆与回忆金岳霖》，四川人民出版社1995年7月版，收入《叶秀山全集》第四卷《叶秀山学术文化随笔》。
138. 《京剧"韵味"及其他》，原载《中国戏剧》1995年第9期，收入《叶秀山全集》第四卷《叶秀山学术文化随笔》。
139. 《说不尽的康德哲学》，原载《哲学研究》1995年第9期，收入《叶秀山全集》第四卷《叶秀山学术文化随笔》。
140. 《何谓"人诗意地居住在大地上"》，原载《读书》1995年第10期，收入《叶秀山全集》第四卷《当代学者自选文库·叶秀山卷》。
141. 《读书注意少而精》，原载《济南日报》1995年10月2日，收入《叶秀山全集》第五卷《叶秀山文集·散文随笔卷》。
142. 《希腊奥林帕斯山上诸神与希腊神话之古典精神》，原载《外国美学》第12辑，商务印书馆1995年版，收入《叶秀山全集》第七卷《永恒的活火》。
143. 《漫谈庄子的"自由"观》，原载《道家文化研究》第8辑，上海古籍出版社1995年11月版，收入《叶秀山全集》第四卷《叶秀山学术文化随笔》。
144. **《无尽的学与思——叶秀山哲学论文集》**，云南大学出版社1995年6月版，收入《叶秀山全集》第三卷。

## 1996年

145. 《与叶秀山先生谈书法》，原载《书法研究》1996年第1期，收入《叶秀山全集》第十二卷《访谈演讲补遗》。
146. 《谈写读书笔记》，原载《中国社会科学院研究生院学报》1996年第1期，收入《叶秀山全集》第五卷《叶秀山文集·散文随笔卷》。
147. 《"学而时习之"及其他》，原载《开放时代》1996年第1期，收入《叶秀山全集》第四卷《叶秀山学术文化随笔》。
148. 《余叔岩艺术的启示》，原载《艺坛》1996年第2期，收入《叶秀山全集》

第四卷《叶秀山学术文化随笔》。

149.《〈虞愚自写诗卷〉读后》,原载《进学昌诗翰墨香——纪念虞愚先生》,甘肃人民出版社 1996 年 3 月版,收入《叶秀山全集》第四卷《叶秀山学术文化随笔》。

150.《亚里士多德与形而上学之思想方式》,原载《自然哲学》第 2 辑,中国社会科学出版社 1996 年版,收入《叶秀山全集》第七卷《永恒的活火》。

151.《请存留着这份"寂寞"——〈虞愚文集〉出版想到的》,原载《文汇报》1996 年 6 月 1 日,收入《叶秀山全集》第四卷《学术文化随笔》。

152.《"人""有"一个"世界"("存)在"——世纪之交话哲学》,原载《场与有》第 3 集,中国社会科学出版社 1996 年 6 月版,收入《叶秀山全集》第四卷《叶秀山学术文化随笔》。

153.《学者的情怀》,原载《读书》1996 年第 8 期,收入《叶秀山全集》第四卷《叶秀山学术文化随笔》。

154.《论"放心"——读〈金岳霖的回忆与回忆金岳霖〉偶感》,原载《文汇报特刊》1996 年 8 月,收入《叶秀山全集》第四卷《叶秀山学术文化随笔》。

155.《但愿能做一点翻译工作》,原载《人民政协报》1996 年 11 月 12 日,收入《叶秀山全集》第四卷《叶秀山学术文化随笔》。

156.《一个难度很大的研究课题》,原载章建刚、杨志明《艺术的起源》序,云南大学出版社 1996 年 12 月版,收入《叶秀山全集》第十二卷《散文随笔补遗》。

157.《道家哲学与现代"生"、"死"观》,原载《中国文化》1996 年第 2 期,收入《叶秀山全集》第四卷《叶秀山学术文化随笔》。

158.**《愉快的思》**,辽宁教育出版社 1996 年 9 月版,收入《叶秀山全集》第三卷。

**1997 年**

159.《条条道路通哲学》,原载《人民政协报》1997 年 1 月 6 日,收入《叶秀山全集》第四卷《叶秀山学术文化随笔》。

160.《从脸谱说起》，原载《戏剧电影报》1997 年 1 月 29 日，收入《叶秀山全集》第四卷《叶秀山学术文化随笔》。

161.《康德的"自由"、"物自体"及其他》，原载《中国社会科学院研究生院学报》1997 年第 1 期，收入《叶秀山全集》第九卷《启蒙与自由》。

162.《世纪的困惑——中西哲学对"本体"问题之思考》，原载《中国哲学史》1997 年第 1 期，收入《叶秀山全集》第四卷《叶秀山学术文化随笔》。

163.《"思潮"与"学术"》，原载《学术思想评论》第一辑，辽宁大学出版社 1997 年 1 月版，收入《叶秀山全集》第五卷《叶秀山文集·散文随笔卷》。

164.《京剧的编导演》，原载《戏剧电影报》1997 年 2 月 20 日，收入《叶秀山全集》第五卷《叶秀山文集·散文随笔卷》。

165.《无尽的学与思——访著名学者叶秀山研究员》，原载《思想者》（山东大学哲学系内部刊物）1997 年第 2 期，收入《叶秀山全集》第十二卷《访谈演讲补遗》。

166.《"舞蹈"进入"哲学"的视野》，原载《读书》1997 年第 4 期，收入《叶秀山全集》第五卷《叶秀山文集·散文随笔卷》。

167.《〈袖珍美学丛书〉重印前言》，原载《袖珍美学丛书》，东方出版社 1997 年 4 月重印版，收入《叶秀山全集》第五卷《叶秀山文集·散文随笔卷》。

168.《延展中之中华人文精神》，原载《人民政协报》1997 年 5 月 5 日、19 日，收入《叶秀山全集》第四卷《叶秀山学术文化随笔》。

169.《来一个"昆乱不挡"》，原载《戏剧电影报》1997 年 5 月 15 日，收入《叶秀山全集》第五卷《叶秀山文集·散文随笔卷》。

170.《继往开来话"商务"——商务印书馆百年》，原载《中华读书报》1997 年 6 月 11 日，收入《叶秀山全集》第五卷《叶秀山文集·散文随笔卷》。

171.《到剧场去看什么》，原载《戏剧电影报》1997 年 6 月 19 日，收入《叶秀山全集》第五卷《叶秀山文集·散文随笔卷》。

172.《"哲学"如何"解构""宗教"——论康德的〈实践理性批判〉》，原载《哲学研究》1997 年第 7 期，收入《叶秀山全集》第九卷《启蒙与自由》。

173.《说"五十而知天命"》，原载《开放时代》1997 年第 4 期，收入《叶秀山全集》第四卷《叶秀山学术文化随笔》。

174.《论中国戏剧中的歌舞》，原载《戏剧电影报》1997 年 7 月 17 日，收入《叶秀山全集》第五卷《叶秀山文集·散文随笔卷》。

175.《论科学的人文精神》，原载《人民政协报》1997 年 9 月 8 日，收入《叶秀山全集》第四卷《叶秀山学术文化随笔》。

176.《中国书法》，英文百科辞条之中文稿，作于 1997 年 9 月 10 日，收入《叶秀山全集》第五卷《叶秀山文集·散文随笔卷》。

177.《缓称"梅学"》，原载《戏剧电影报》1997 年 10 月 9 日，收入《叶秀山全集》第五卷《叶秀山文集·散文随笔卷》。

178.《郑元者〈艺术之根〉序》，原载《人民政协报》1997 年 10 月 20 日，收入《叶秀山全集》第五卷《叶秀山文集·散文随笔卷》。

179.《我的神父朋友张振东》，原载《中国经济时报》1997 年 11 月 7 日，收入《叶秀山全集》第五卷《叶秀山文集·散文随笔卷》。

180.《再谈学者的使命》，原载《中华读书报》1997 年 11 月 26 日，收入《叶秀山全集》第五卷《叶秀山文集·散文随笔卷》。

181.《中国艺术之"形而上"意义》，原载《中国文化》1997 年 12 月第 15—16 期合刊，收入《叶秀山全集》第四卷《叶秀山学术文化随笔》。

182.《京剧流派的再思考》，原载《戏剧电影报》1997 年，收入《叶秀山全集》第五卷《叶秀山文集·散文随笔卷》。

**1998 年**

183.《论时间引入形而上学之意义》，原载《哲学研究》1998 年第 1 期，收入《叶秀山全集》第四卷《叶秀山文集·哲学卷》（下）。

184.《海德格尔"案件"之反思》，原载《开放时代》1998 年第 1 期，收入《叶秀山全集》第四卷《叶秀山文集·哲学卷》（下）。

185.《中国人研究西方哲学》，原载《博导晚谈录》，天津人民出版社 1998 年 2 月版，收入《叶秀山全集》第五卷《叶秀山文集·散文随笔卷》。

186.《王治河〈福柯哲学思想述评〉序》，原载《中国经济时报》1998 年 2 月 4

日,收入《叶秀山全集》第五卷《叶秀山文集·散文随笔卷》。

187.《我爱辞书——写在〈后现代主义辞典〉出版之际》,原载《济南日报》1998年2月15日,收入《叶秀山全集》第五卷《叶秀山文集·散文随笔卷》。

188.《"登堂入室"方是"至友"》,原载《人民政协报》1998年3月2日,收入《叶秀山全集》第四卷《叶秀山学术文化随笔》。

189.《我说"开卷有益"》,原载《齐鲁晚报》1998年3月17日,收入《叶秀山全集》第五卷《叶秀山文集·散文随笔卷》。

190.《世间为何会"有""无"?》,原载《中国社会科学》1998年第3期,收入《叶秀山全集》第四卷《叶秀山文集·哲学卷》(下)。

191.《亚里士多德的工具论》,原载《社会科学战线》1998年第3期,收入《叶秀山全集》第七卷《永恒的活火》。

192.《怀念哲学所图书馆》,原载《中华读书报》1998年4月15日,收入《叶秀山全集》第五卷《叶秀山文集·散文随笔卷》。

193.《欲罢不能之读》,原载《齐鲁晚报》1998年5月5日,收入《叶秀山全集》第五卷《叶秀山文集·散文随笔卷》。

194.《"和谐"——孔子和苏格拉底的共同"理想"》,原载《中国哲学史》1998年第2期,收入《叶秀山全集》第四卷《叶秀山文集·哲学卷》(下)。

195.《读书与写书》,原载《齐鲁晚报》1998年7月14日,收入《叶秀山全集》第五卷《叶秀山文集·散文随笔卷》。

196.《从无到有和从有到无——胡孚琛〈道学通论〉前言》,原载《人民政协报》1998年9月28日,收入《叶秀山全集》第五卷《叶秀山文集·散文随笔卷》。

197.《"悠闲出智慧"说》,原载《方法》1998年第9期,收入《叶秀山全集》第五卷《叶秀山文集·散文随笔卷》。

198.《古今中外,有分有合》,原载《中国社会科学院研究生院学报》1998年第5期,收入《叶秀山全集》第五卷《叶秀山文集·散文随笔卷》。

199.《论"事物"与"自己"》,原载《场与有》第5集,中国社会科学出版社 1998 年 11 月版，收入《叶秀山全集》第九卷《启蒙与自由》。
200.《科学性思维方式视角中的柏拉图"理念论"》，原载《庆祝杨向奎先生教研六十年论文集》，河北教育出版社 1998 年 12 月版，收入《叶秀山全集》第七卷《永恒的活火》。

**1999 年**

201.《六十岁的祈祷》，原载张志林、吴重庆主编《自由交谈》第 4 辑，四川文艺出版社 1999 年 1 月版，收入《叶秀山全集》第十二卷《散文随笔补遗》。

202.《哲学的"回忆"与哲学的"希望"》，原载董驹翔、董翔薇编《哲人忆往》，中国青年出版社 1999 年 1 月版，收入《叶秀山全集》第十二卷《散文随笔补遗》。

203.《京剧的学术意识——读蒋锡武〈京剧精神〉有感》，原载《人民政协报》1999 年 1 月 27 日，收入《叶秀山全集》第五卷《中西智慧的贯通》。

204.《我读古书的几则笔记》，原载《中国哲学史》1999 年第 1 期，收入《叶秀山全集》第十二卷《散文随笔补遗》。

205.《哲学作为交叉学科的关节点》，原载《方法》1999 年第 2 期，收入《叶秀山全集》第十二卷《散文随笔补遗》。

206.《论海德格尔如何推进康德之哲学》，原载《中国社会科学》1999 年第 3 期，收入《叶秀山全集》第九卷《启蒙与自由》。

207.《西方哲学研究中的中国视角》，原载《中国哲学年鉴·1998》，哲学研究杂志社 1999 年 3 月版，收入《叶秀山全集》第四卷《叶秀山文集·哲学卷》（下）。

208.《语言、存在与哲学家园》，原载《文史哲》1999 年第 2 期，以"想起了'语言是存在的家'"为题收入《叶秀山全集》第五卷《中西智慧的贯通》。

209.《"哲学"须得把握住"自己"——从海德格尔解读黑格尔〈精神现象学〉想到的》，原载《哲学研究》1999 年第 6 期，收入《叶秀山全集》第五卷《哲学作为创造性的智慧》。

210. 《需要重新研究克罗齐——写在彭刚〈克罗齐历史哲学研究〉出版之际》，原载彭刚《精神、自由与历史——克罗齐历史哲学研究》，清华大学出版社 1999 年 6 月版，收入《叶秀山全集》第五卷《哲学作为创造性的智慧》。

211. 《我的一些老唱片及其他》，原载《园林好》1999 年 9 月 20 日，收入《叶秀山全集》第九卷《哲思边缘》。

212. 《古典哲学的永恒魅力》，原载《美中社会和文化》1999 年 12 月，收入《叶秀山全集》第五卷《哲学作为创造性的智慧》。

213. **《叶秀山学术文化随笔》**，中国青年出版社 1999 年 1 月版，收入《叶秀山全集》第四卷。

214. **《当代学者自选文库·叶秀山卷》**，安徽教育出版社 1999 年 4 月版，收入《叶秀山全集》第四卷。

## 2000 年

215. 《世纪寄语书法艺术》，原载《中国书法》2000 年第 1 期，收入《叶秀山全集》第十二卷《散文随笔补遗》。

216. 《论哲学的"创造性"——重谈德国古典哲学》，原载《开放时代》2000 年第 1 期，收入《叶秀山全集》第九卷《启蒙与自由》。

217. 《我们为什么要读书》，原载《文汇读书周报》2000 年 3 月 4 日，收入《叶秀山全集》第五卷《哲学作为创造性的智慧》。

218. 《提高什么》，原载《京剧大观》2000 年 3 月 26 日，收入《叶秀山全集》第十二卷《散文随笔补遗》。

219. 《答韦君琳先生书》，原载《江淮时报》2000 年 3 月 31 日，收入《叶秀山全集》第五卷《中西智慧的贯通》。

220. 《试读〈大学〉》，原载《中国哲学史》2000 年第 1 期，收入《叶秀山全集》第五卷《中西智慧的贯通》。

221. 《徐慕云〈梨园影事〉及其他》，原载《散文》2000 年第 6 期，收入《叶秀山全集》第十二卷《散文随笔补遗》。

222. 《仍在路上》，原载《中国图书商报》2000 年 7 月 4 日，收入《叶秀山全集》第十二卷《散文随笔补遗》。

223.《说"变"》，原载《文汇读书周报》2000 年 8 月 5 日，收入《叶秀山全集》第五卷《中西智慧的贯通》。

224.《大雅之音复而不厌》，原载《戏剧电影报》2000 年 8 月 28 日，收入《叶秀山全集》第九卷《哲思边缘》。

225.《试读〈中庸〉》，原载《中国哲学史》2000 年第 3 期，收入《叶秀山全集》第五卷《中西智慧的贯通》。

226.《做哲学的辛苦》，原载《人民政协报》2000 年 9 月 1 日，收入《叶秀山全集》第十二卷《散文随笔补遗》。

227.《由谭鑫培七张半唱片谈起》，原载《戏剧电影报》2000 年 9 月 4 日，收入《叶秀山全集》第五卷《中西智慧的贯通》。

228.《哲学还会有什么新问题》，原载《哲学研究》2000 年第 9 期，收入《叶秀山全集》第五卷《哲学作为创造性的智慧》。

229.《书道贵新》，《李国超书法艺术》序，人民美术出版社 2000 年 10 月版，收入《叶秀山全集》第五卷《中西智慧的贯通》。

230.《哲学需要"认真"的态度——写在刘立群君〈超越西方思想〉即将出版之际》，原载刘立群《超越西方思想》，社会科学文献出版社 2000 年 10 月版，收入《叶秀山全集》第五卷《哲学作为创造性的智慧》。

231.《王国维与哲学》，原载《燕京学报》2000 年 11 月新九期，收入《叶秀山全集》第五卷《中西智慧的贯通》。

232.《利科的魅力》，原载《利科北大讲演录》，北京大学出版社 2000 年 12 月版，收入《叶秀山全集》第五卷《哲学作为创造性的智慧》。

233.《哲学作为创造性的学问》，原载《哲学门》2000 年第 2 期，收入《叶秀山全集》第九卷《启蒙与自由》。

234.**《叶秀山文集》**四卷【哲学卷（上）、哲学卷（下）、美学卷、散文随笔卷】，重庆出版社 2000 年 3 月版，前三卷收入《叶秀山全集》第四卷，后一卷收入《叶秀山全集》第五卷。

235.**《说"写字"》**，辽宁教育出版社 2000 年 4 月版，收入《叶秀山全集》第五卷。

**2001 年**

236.《史家的哲学问题》,原载《文汇读书周报》2001 年 1 月 6 日,收入《叶秀山全集》第五卷《中西智慧的贯通》。

237.《与新生谈读哲学书》,原载《中国教育报》2001 年 1 月 18 日,收入《叶秀山全集》第五卷《哲学作为创造性的智慧》。

238.《创造与传统——新世纪哲学断想》,原载《中国哲学史》2001 年第 1 期,收入第五卷《中西智慧的贯通》。

239.《试释尼采之"永恒轮回"》,原载《浙江学刊》2001 年第 1 期,收入《叶秀山全集》第五卷《哲学作为创造性的智慧》。

240.《希腊哲学从宇宙论到伦理学的过渡》,原载《江苏行政学院学报》2001 年第 1—2 期,收入《叶秀山全集》第七卷《永恒的活火》。

241.《"哲学""活在"法国——写在杜小真〈遥远的目光〉即将出版之际》,原载《哲学研究》2001 年第 3 期,收入《叶秀山全集》第五卷《哲学作为创造性的智慧》。

242.《温故而知新》,原载《中国社会科学院研究生院学报》2001 年第 2 期,收入《叶秀山全集》第五卷《中西智慧的贯通》。

243.《我的读书方式及其沿革》,原载《万象》2001 年第 4 期,收入《叶秀山全集》第五卷《中西智慧的贯通》。

244.《京剧的不朽魅力》,作于 2001 年 4 月 22 日,收入《叶秀山全集》第五卷《中西智慧的贯通》。

245.《哲学:多读多思》,原载《中国教育报》2001 年 5 月 10 日,转载于《新华文摘》2001 年第 8 期,收入《叶秀山全集》第十二卷《散文随笔补遗》。

246.《何谓"超人"——尼采哲学探讨之二》,原载《浙江学刊》2001 年第 5 期,收入《叶秀山全集》第五卷《哲学作为创造性的智慧》。

**2002 年**

247.《说"诚"》,原载《论证》第 2 辑,广西师范大学出版社 2002 年 1 月版,收入《叶秀山全集》第五卷《中西智慧的贯通》。

248.《珍惜做学问的大好时间》，原载《中国教育报》2002年2月28日，收入《叶秀山全集》第五卷《哲学作为创造性的智慧》。

249.《从屈原的死谈起》，原载《浙江社会科学》2002年第2期，收入《叶秀山全集》第五卷《中西智慧的贯通》。

250.《试论尼采的"权力意志"——尼采哲学探讨之三，兼论尼采的哲学问题及其在哲学史上的地位》，原载《浙江学刊》2002年第3期，收入《叶秀山全集》第五卷《哲学作为创造性的智慧》。

251.《于奇智〈凝视之爱〉之序》，原载于奇智《凝视之爱：福柯医学历史哲学论稿》，中央编译出版社2002年5月版，收入《叶秀山全集》第十二卷《散文随笔补遗》。

252.《尼采的道德谱系》，原载《云南大学学报（社会科学版）》2002年第3期，收入《叶秀山全集》第十一卷《哲学论文补遗》。

253.《发扬中华文明传统促进人文社会科学》，原载《中国社会科学院院报》2002年7月30日，收入《叶秀山全集》第十二卷《散文随笔补遗》。

254.《从康德到列维纳斯——兼论列维纳斯在欧洲哲学史上的意义》，原载《中国社会科学院研究生院学报》2002年第4期，收入《叶秀山全集》第九卷《启蒙与自由》。

255.《走出自己与保存自己》，原载《社会科学报》2002年10月3日，收入《叶秀山全集》第十二卷《散文随笔补遗》。

256.**《中西智慧的贯通——叶秀山中国哲学文化论集》**，江苏人民出版社2002年7月版，收入《叶秀山全集》第五卷。

## 2003年

257.《尼采在西方哲学中的地位》，2001年11月29日在北京师范大学的讲演，原载文池主编《大学演讲录》第二辑，新世界出版社2003年版，收入《叶秀山全集》第十二卷《访谈演讲补遗》。

258.《哲学何所"思"》，原载《人民日报》2003年2月14日，收入《叶秀山全集》第十二卷《散文随笔补遗》。

259.《斯宾诺莎哲学的历史意义——再读斯宾诺莎的〈伦理学〉》，原载《江苏行政学院学报》2003 年第 1 期，收入《叶秀山全集》第六卷《叶秀山文集》。

260.《沉思在这片土地上》，原载《社会科学管理与评论》2003 年第 1 期，收入《叶秀山全集》第十二卷《散文随笔补遗》。

261.《哲学与科学的历史互动》，原载《人民日报》2003 年 8 月 8 日，收入《叶秀山全集》第十二卷《散文随笔补遗》。

262.《尼采论悲剧》，原载《清华哲学年鉴》（2002），河北大学出版社 2003 年 10 月版，收入《叶秀山全集》第十一卷《美学论文补遗》。

263.**《中西文化会通》（上、下）**，台北：未来书城股份有限公司 2003 年 10 月版，与江苏人民出版社 2002 年版《中西智慧的贯通》内容完全一样。

264.**《哲学作为创造性的智慧——叶秀山西方哲学论集（1998—2002）》**，江苏人民出版社 2003 年 11 月版，收入《叶秀山全集》第五卷。

**2004 年**

265.《程砚秋艺术的启示——程砚秋百年诞辰有感》，原载《中国戏剧》2004 年第 1 期，收入《叶秀山全集》第九卷《哲思边缘》。

266.《哲学的三种境界》，原载《江苏行政学院学报》2004 年第 1 期，收入《叶秀山全集》第六卷《叶秀山文集》。

267.《我的"金钱"观之变迁》，原载《社会学家茶座》第 7 辑，山东人民出版社 2004 年 2 月版，收入《叶秀山全集》第十二卷《散文随笔补遗》。

268.《做学问不可急功近利》，原载《全国新书目》2004 年第 3 期，收入《叶秀山全集》第十二卷《散文随笔补遗》。

269.《20 世纪中国哲学家的思路历程——漫谈〈20 世纪西方哲学东渐史〉》，作于 2004 年 7 月 22 日，收入《叶秀山全集》第七卷《学与思的轮回》。

270.《片断的哲思与哲思的片断》，作于 2004 年 9 月 10 日，收入《叶秀山全集》第七卷《学与思的轮回》。

271.《康德之"启蒙"观念及其批判哲学》，原载《中国社会科学》2004 年第 5 期，收入《叶秀山全集》第九卷《启蒙与自由》。

272.《为什么还要读康德的书？——康德逝世 200 年有感》，原载《中国社会科学院院报》2004 年 11 月 18 日，收入《叶秀山全集》第九卷《启蒙与自由》。

273.《悼念王玖兴先生》，作于 2004 年 11 月 28 日，收入《叶秀山全集》第七卷《学与思的轮回》。

274.《西方哲学的主要问题——危机的哲学与哲学的危机》，原载《云南大学学报（社会科学版）》2004 年第 6 期，收入《叶秀山全集》第十一卷《哲学论文补遗》。

275.**《西方哲学史（学术版）第一卷　总论》**，江苏人民出版社 2004 年 7 月版，叶秀山撰写了其"上篇"，收入《叶秀山全集》第六卷。

### 2005 年

276.《"思无邪"及其他》，作于 2004 年 5 月 27 日，原载《中国哲学史》2005 年第 1 期，收入《叶秀山全集》第七卷《学与思的轮回》。

277.《岁末的思念》，作于 2005 年 1 月 10 日，收入《叶秀山全集》第七卷《学与思的轮回》。

278.《人，诗意的栖居》，原载徐怀谦《智慧的星空——与思想者对话录》，昆仑出版社 2005 年 1 月版，收入《叶秀山全集》第十二卷《访谈演讲补遗》。

279.《哲学的"未来"观念》，原载《江苏行政学院学报》2005 年第 1—2 期，收入《叶秀山全集》第六卷《叶秀山文集》。

280.《康德论哲学与数学及其他——读康德〈纯粹理性批判〉"先验方法论"想到的》，作于 2005 年 2 月 20 日，收入《叶秀山全集》第九卷《启蒙与自由》。

281.《为未来欧洲哲学研究出一些题目》，原载《面向 21 世纪人文社会科学 100 个重大问题》，山东教育出版社 2005 年 4 月版，收入《叶秀山全集》第十一卷《哲学论文补遗》。

282.《"哲学"与图像-声音-文字》，作于 2005 年 5 月 16 日，收入《叶秀山全集》第七卷《学与思的轮回》。

283.《哲学的意义》，原载任继愈主编《文津演讲录之五》，北京图书馆出版社 2005 年 7 月版，收入《叶秀山全集》第十二卷《访谈演讲补遗》。

284. 《"他者"与"自我"——再读黑格尔〈精神现象学〉的一些感想》，作于 2005 年 9 月 30 日，收入《叶秀山全集》第九卷《启蒙与自由》。

285. 《哲学作为哲学——对哲学学科性质的思考》，原载《中国社会科学》2005 年第 6 期，收入《叶秀山全集》第七卷《学与思的轮回》。

286. **《中国社会科学院学术委员文库·叶秀山文集》**，上海辞书出版社 2005 年 5 月版，收入《叶秀山全集》第六卷。

**2006 年**

287. 《"在""自由者"之间——黑格尔"对立之统一与和谐"思想再思考》，原载《江苏行政学院学报》2006 年第 1 期，收入《叶秀山全集》第十一卷《哲学论文补遗》。

288. 《"移步不换形"之"形"的深层意义》，原载蒋锡武主编《艺坛》第四卷，上海书店出版社 2006 年 1 月版，收入《叶秀山全集》第十二卷《散文随笔补遗》。

289. 《"进入""时间"是"接近""事物本身"的唯一方式》，原载《学术月刊》2006 年第 1 期，后收入金惠敏主编《差异》第 5 辑，河南大学出版社 2008 年 9 月版，收入《叶秀山全集》第十一卷《哲学论文补遗》。

290. 《答程炼》，原载黄裕生等编《斯人在思——叶秀山先生七十华诞纪念文集》，江苏人民出版社 2006 年 3 月版，收入《叶秀山全集》第十二卷《散文随笔补遗》。

291. 《一元大始——〈学术家园〉新年寄语》，原载王晓宁主编《学海星光集》，南开大学出版社 2006 年 3 月版，收入《叶秀山全集》第十二卷《散文随笔补遗》。

292. 《坚守学术岗位》，原载《人民日报》2006 年 3 月 24 日，收入《叶秀山全集》第十二卷《散文随笔补遗》。

293. 《治学须扬长补短》，原载《河南日报》2006 年 6 月 7 日，收入《叶秀山全集》第十二卷《散文随笔补遗》。

294. 《柏格森——"时间-绵延"引进哲学的先驱》，原载程广云主编《多元 2006》首都师范大学出版社 2006 年 9 月版，收入《叶秀山全集》第十一卷《哲学论文补遗》。

295.《作为导论的哲学——〈哲学要义〉绪言》，原载《浙江学刊》2006 年第 5 期，收入《叶秀山全集》第六卷《哲学要义》。

296.《说谭论马》，原载《中国京剧》2006 年第 10 期，收入《叶秀山全集》第十二卷《散文随笔补遗》。

297.《矛盾-和谐与自由-发展》，作于 2006 年 12 月 19 日，收入《叶秀山全集》第七卷《学与思的轮回》。

298.《三十年学术工作感想》，作于 2006 年 12 月 25 日，收入《叶秀山全集》第七卷《学与思的轮回》。

299.**《哲学要义》**，世界图书出版公司 2006 年 10 月版，收入《叶秀山全集》第六卷。

**2007 年**

300.《哲学须得向科学学习——再议哲学与科学的关系》，原载《江苏行政学院学报》2007 年第 1 期，收入《叶秀山全集》第九卷《启蒙与自由》。

301.《列维纳斯面对康德、黑格尔、海德格尔——当代哲学关于"存在论"的争论》，原载《文史哲》2007 年第 1 期，收入《叶秀山全集》第九卷《启蒙与自由》。

302.《"厚积薄发"与"一本万利"》，原载《人民政协报》2007 年 3 月 12 日，收入《叶秀山全集》第七卷《学与思的轮回》。

303.《哲学之"锐气"，久而弥笃——祝〈费希特著作选集〉（五卷）出版》，原载《博览群书》2007 年第 6 期，收入《叶秀山全集》第七卷《学与思的轮回》。

304.《作为精神家园的哲学》，原载陆挺、徐宏主编《人文通识讲演录·哲学卷（一）》，文化艺术出版社 2007 年 6 月版，收入《叶秀山全集》第十二卷《访谈演讲补遗》。

305.《哲学中的贯通精神》，2002 年 4 月在东南大学人文大讲座上的演讲，原载《人文通识讲演录·哲学卷（一）》，文化艺术出版社 2007 年 6 月版，又载《解放日报》2010 年 8 月 8 日，收入《叶秀山全集》第十二卷《访谈演讲补遗》。

306. 《写在〈古希腊哲学新论〉前面》，原载《中国图书评论》2007 年第 8 期，收入《叶秀山全集》第七卷《永恒的活火》。

307. 《从纯粹的学问到真实的事物——"纯粹哲学丛书"改版序》，原载《文景》2007 年第 8 期，收入《叶秀山全集》第十二卷《散文随笔补遗》。

308. 《学无止境》，原载中国社会科学院青年人文社会科学研究中心编《学问有道：学部委员访谈录》上册，方志出版社 2007 年 8 月版，收入《叶秀山全集》第十二卷《访谈演讲补遗》。

309. 《欧洲哲学发展趋势与中国哲学的机遇》，原载《浙江学刊》2007 年第 6 期，收入《叶秀山全集》第十卷《哲学的希望》。

310. 《抓住中国哲学发展的机遇——访中国社会科学院研究员叶秀山》，原载《人民日报》2007 年 11 月 9 日，收入《叶秀山全集》第十二卷《访谈演讲补遗》。

311. 《哲思中的艺术》，作于 2006 年 10 月 27 日，《古中国的歌》和《说"写字"》二书 2007 年新版共同的后记，收入《叶秀山全集》第七卷《学与思的轮回》。

312. **《古中国的歌——叶秀山论京剧》**，中国人民大学出版社 2007 年 3 月版，收入上海文艺版《京剧流派欣赏》、宝文堂版《古中国的歌》，以及"京剧论札"33 篇文章。中国人民大学出版社 2013 年 4 月重版改名为**《古中国的歌——叶秀山京剧论札》**，内容不变。如下三篇论文首次收入集子，统一收入《叶秀山全集》第十二卷《散文随笔补遗》。

   a)《提高什么》

   b)《漫谈京剧的派别》

   c)《徐慕云〈梨园影事〉及其他》

313. **《说"写字"——叶秀山论书法》**，中国人民大学出版社 2007 年 3 月版，收入宝文堂版《书法美学引论》、辽宁教育版《说"写字"》，以及"书论散叶"9 篇。中国人民大学出版社 2013 年 4 月再版，改名为**《说"写字"——叶秀山书法谈丛》**，内容不变。

314. 《永恒的活火——古希腊哲学新论》，广东人民出版社 2007 年 10 月版，收入《叶秀山全集》第七卷。

**2008 年**

315. 《黑格尔论"自由"的现实性——读黑格尔〈精神现象学〉第四章"意识自身确定性的真理"》，原载《江苏行政学院学报》2008 年第 2 期，收入《叶秀山全集》第七卷《学与思的轮回》。

316. 《说"学问"》，原载《中国社会科学院报》2008 年 6 月 5 日，收入《叶秀山全集》第九卷《在，成于思》。

317. 《欧洲哲学视野中的"知识"和"道德"——读列维纳斯〈存在之外〉一些感想》，原载《世界哲学》2008 年第 5 期，收入《叶秀山全集》第九卷《启蒙与自由》。

**2009 年**

318. 《哲学作为爱自由的学问》，原载《江苏行政学院学报》2009 年第 1 期，收入《叶秀山全集》第九卷《启蒙与自由》。

319. 《"学问"的"自由"与"自由"的"学问"》，原载《社会科学战线》2009 年第 6 期，收入《叶秀山全集》第九卷《"知己"的学问》。

320. 《德国古典哲学对中国哲学研究的意义》，原载《中国社会科学报》2009 年 6 月 23 日，收入《叶秀山全集》第十二卷《散文随笔补遗》。

321. 《叶秀山：仁者寿，仁者无忧》，原载陈洁《山河判断笔尖头》，三联书店 2009 年 8 月版，收入《叶秀山全集》第十二卷《访谈演讲补遗》。

322. 《为新时代哲学发展努力工作——改革开放 30 年西方哲学史研究感想》，原载中国社会科学院科研局、学部工作局编《30 年回顾与评析——中国社会科学院纪念改革开放 30 周年学术报告集》，社会科学文献出版社 2009 年 9 月版，收入《叶秀山全集》第十二卷《散文随笔补遗》。

323. 《有"流行"才成流派》，原载《人民日报》2009 年 11 月 26 日，收入《叶秀山全集》第十二卷《散文随笔补遗》。

324. 《读〈世界哲学〉双月刊》，原载《中国社会科学报》2009 年 12 月 17 日，收入《叶秀山全集》第十二卷《散文随笔补遗》。

325. 《学与思的轮回——叶秀山 2003—2007 年最新论文集》，江苏人民出版社 2009 年 8 月版，收入《叶秀山全集》第七卷。

326. 《科学·宗教·哲学——西方哲学中科学与宗教两种思维方式研究》，社会科学文献出版社 2009 年 12 月版，收入《叶秀山全集》第八卷。

**2010 年**

327. 《不知说些什么的大学生活》，原载徐中玉等《我的大学时代》，福建教育出版社 2010 年 7 月版，收入《叶秀山全集》第十二卷《散文随笔补遗》。

328. 《"书"的生命与"读书-写书"》，原载《秘书工作》2010 年第 9 期，收入《叶秀山全集》第十二卷《散文随笔补遗》。

329. 《康德的"批判哲学"与"形而上学"》，原载《南京大学学报（哲学·人文科学·社会科学版）》2010 年第 5 期，又载《中国哲学年鉴》（2012），收入《叶秀山全集》第九卷《启蒙与自由》。

330. 《美的哲学》，世界图书出版公司 2010 年 11 月版，补有"重订本前言"。北京联合出版公司 2016 年 8 月重版，内容不变。"重订本前言"收入《叶秀山全集》第十二卷《散文随笔补遗》。

**2011 年**

331. 《学术研究与学术行政》，原载《社会学家茶座》2011 年第 1 期，收入《叶秀山全集》第十二卷《散文随笔补遗》。

332. 《论"思潮"与"学术"》，原载《江苏行政学院学报》2011 年第 1 期，收入《叶秀山全集》第九卷《"知己"的学问》。

333. 《试释"逻各斯"》，原载《中国社会科学院研究生院学报》2011 年第 1 期，收入《叶秀山全集》第九卷《"知己"的学问》。

334. 《重新研究德国古典哲学》，作于 2011 年 3 月 28 日，收入《叶秀山全集》第九卷《启蒙与自由》。

335. 《"托出去"——答郑培凯》，原载《文汇报》2011 年 5 月 19 日，收入《叶秀山全集》第九卷《哲思边缘》。

336.《试析康德"自然目的论"之意义》,原载《南京大学学报(哲学·人文科学·社会科学版)》2011年第5期,收入《叶秀山全集》第九卷《启蒙与自由》。

337.《小文章,大问题——读康德〈论哲学中一种新近升高的口吻〉》,原载《浙江学刊》2011年第6期,收入《叶秀山全集》第九卷《启蒙与自由》。

**2012 年**

338.《人有"希望"的权利——围绕着康德"至善"的理念》,原载《世界哲学》2012年第1期,收入《叶秀山全集》第九卷《"知己"的学问》。

339.《康德的法权哲学基础》,原载《江苏行政学院学报》2012年第1期,收入《叶秀山全集》第九卷《启蒙与自由》。

340.《"一切哲学的入门"——研读〈判断力批判〉的一些体会》,原载《云南大学学报(社会科学版)》2012年第1期,收入《叶秀山全集》第九卷《启蒙与自由》。

341.《我们在何种意义上有权作出"预言"——康德论"预言"之可能根据》,原载《江苏社会科学》2012年第4期,收入《叶秀山全集》第九卷《"知己"的学问》。

**2013 年**

342.《德国古典哲学的基本观念及其发展路线——在这种视野中关于"存在"的一些理解》,原载《世界哲学》2013年第1期,收入《叶秀山全集》第九卷《"知己"的学问》。

343.《启蒙的精神与精神的启蒙》,原载《江苏行政学院学报》2013年第1期,收入《叶秀山全集》第九卷《"知己"的学问》。

344.《黑格尔哲学断想——围绕着"自由"与"必然"问题》,原载《中国社会科学院研究生院学报》2013年第1期,收入《叶秀山全集》第九卷《"知己"的学问》。

345.《格己致知——从德国哲学论哲学之为"知己"的科学》,原载《华中师范大学学报(人文社会科学版)》2013年第2期,收入《叶秀山全集》第九卷《"知己"的学问》。

346. 《确信"自由"的"存在",追求"存在"的"自由"》,原载《浙江学刊》2013年第4期,收入《叶秀山全集》第十卷《哲学的希望》。

347. 《从"理智-理性"到"信仰"——克尔凯郭尔思路历程》,原载《世界哲学》2013年第6期,收入《叶秀山全集》第十一卷《哲学论文补遗》。

348. **《启蒙与自由——叶秀山论康德》**,江苏人民出版社2013年2月版,收入《叶秀山全集》第九卷。

349. **《"知己"的学问》**,中国社会科学出版社2013年8月版,收入《叶秀山全集》第九卷。

**2014 年**

350. 《欧洲哲学从"知识论"到"存在论"的"转向"》,原载《江苏行政学院学报》2014年第1期,收入《叶秀山全集》第十卷《哲学的希望》。

351. 《欧洲哲学史上的时空关系——从柏拉图〈蒂迈欧篇〉所想到的》,原载《中国社会科学院研究生院学报》2014年第1期,收入《叶秀山全集》第十卷《哲学的希望》。

352. 《你给我"自由",我给你一个"德性"的世界——拟"哲学"与"宗教"的"对话"》,原载《云南大学学报(社会科学版)》2014年第1期,收入《叶秀山全集》第十卷《哲学的希望》。

353. 《转向"经验"的亚里士多德哲学》,原载《陕西师范大学学报(哲学社会科学版)》2014年第5期,收入《叶秀山全集》第十卷《哲学的希望》。

**2015 年**

354. 《"神性",太"神性"了——克尔凯郭尔的"神"》,原载金泽、赵广明主编《宗教与哲学》第四辑,社会科学文献出版社2005年版,收入《叶秀山全集》第十一卷《哲学论文补遗》。

355. 《"感性世界"的挑战》,原载《江苏行政学院学报》2015年第1期,收入《叶秀山全集》第十卷《哲学的希望》。

356. 《"理性"的"求(务)实""精神"》,原载《清华大学学报(哲学社会科学版）》2015 年第 1 期，收入《叶秀山全集》第十卷《哲学的希望》。

357.《试论斯宾诺莎"概念论"与莱布尼兹"单子论"》，原载《中国社会科学院研究生院学报》2015 年第 1 期，收入《叶秀山全集》第十卷《哲学的希望》。

358.《欧洲中古"神学"的"天国"》，原载《云南大学学报（社会科学版）》2015 年第 1 期，收入《叶秀山全集》第十卷《哲学的希望》。

359.《概念论与概率论：从笛卡尔说起》，原载《清华西方哲学研究》2015 年第 1 期，收入《叶秀山全集》第十卷《哲学的希望》。

360.《中国哲学精神之绵延》（一），原载《清华西方哲学研究》2015 年第 2 期，收入《叶秀山全集》第十卷《哲学的希望》。

361.《"否定"的意义——研读黑格尔〈精神现象学〉的一点体会》，原载《世界哲学》2015 年第 2 期，收入《叶秀山全集》第十卷《哲学的希望》。

362.《佛家思想的哲学理路——学习佛经的一些体会》，原载《世界宗教研究》2015 年第 2 期，收入《叶秀山全集》第十卷《哲学的希望》。

363.《西方哲学与西方精神》，原载《乾元国学》（北京大学哲学系内部刊物）2015 年，收入《叶秀山全集》第十二卷《访谈演讲补遗》。

364.《论"瞬间"的哲学意义》，原载《哲学动态》2015 年第 5 期，收入《叶秀山全集》第十卷《哲学的希望》。

**2016 年**

365.《对于中国哲学之过去和将来的思考》，原载《江苏行政学院学报》2016 年第 1 期，收入《叶秀山全集》第十卷《哲学的希望》。

366.《读〈老子〉书札记》，原载《中国社会科学院研究生院学报》2016 年第 1 期，收入《叶秀山全集》第十卷《哲学的希望》。

367.《东西哲学的交汇点——〈作为意志和表象的世界〉再读》，原载《哲学动态》2016 年第 1 期，收入《叶秀山全集》第十卷《哲学的希望》。

368.《中国哲学精神之绵延（二）——扬雄〈太玄〉的哲学意义》，原载《清华西方哲学研究》2016 年第 1 期，收入《叶秀山全集》第十卷《哲学的希望》。

369.《中国哲学精神之绵延（三）：理学（道学）的产生和程颢-程颐的哲学思想》（遗稿），原载《清华西方哲学研究》2016 年第 2 期，收入《叶秀山全集》第十卷《哲学的希望》。

370.《海德格尔、列维纳斯及其他——思想札记》，原载《世界哲学》2016 年第 3 期，收入《叶秀山全集》第十卷《哲学的希望》。

371.《爱自由的学问——西方哲学的主题》，原载《乾元国学》（北京大学哲学系内部刊物）2016 年 10 月 8 日总第 66 期，收入《叶秀山全集》第十二卷《访谈演讲补遗》。

372.《〈庄子〉的"反讽"精神——读〈庄子〉书札记》，原载《浙江学刊》2016 年第 6 期，收入《叶秀山全集》第十卷《哲学的希望》。

**2017 年**

373.《胡塞尔先验现象学对欧洲哲学发展的贡献》，原载《哲学动态》2017 年第 1 期，收入《叶秀山全集》第十卷《哲学的希望》。

374.**《在，成于思》**，商务印书馆 2017 年 4 月版，收入《叶秀山全集》第九卷。

375.**《哲思边缘——叶秀山散文精选》**，海天出版社 2017 年 7 月版，收入《叶秀山全集》第九卷。

**2018 年**

376.**《哲学的希望——欧洲哲学的发展与中国哲学的机遇》**，江苏人民出版社 2019 年 1 月版，收入《叶秀山全集》第十卷。